国家社科基金重点项目"回流农民工的社会作用及其影响因素研究"(16ASH006)研究成果

国家社科基金丛书

GUOJIA SHEKE JIJIN CONGSHU

回归与超越

——回流农民工的社会作用研究

Homecoming and Surpassing:
a Study of the Social Role of Returned Migrant Workers

刘玉侠 鲁文 著

人民出版社

序

　　不论是新农村建设,还是现在正在推进的乡村振兴,都遇到很多问题,而最关键的问题是缺人,特别是缺受过一定教育并有较多阅历的中青年。迄今,绝大多数村庄已经没有了中青年,他们都外出了,剩下的都是老人,过去还有妇女和儿童,现在越来越多的妇女、儿童也都出去了,或者带着孩子在城镇或县城陪读。在这样的情况下,村庄的建设和发展基本上无从谈起。早在 20 世纪 90 年代,就有学者提倡让部分农民工回乡创业,特别是 1997 年一些一线城市限制农民工就业,确实出现了一些农民工回到农村另找就业,甚至有少数人也做了一些所谓的创业,因此有学者就下判断说,农民工出现"回乡创业潮"。但是,白南生等人通过在安徽、四川等地农村的田野调查发现,回乡的农民工很少,回乡创业的农民工就更少。2008 年全球金融危机波及我国,使得东南沿海地区的企业生产受到影响,当时有近 2000 万农民工因没有工作而返回农村老家,但是当经济出现复苏苗头,他们又纷纷外出寻找非农就业机会。农村流动人口从 20 世纪 80 年代开始一直到 2016 年,其数量基本上处在上升之中,从 2017 年开始出现减少,意味着有一些人开始返回家乡了。他们究竟是为什么回农村? 他们的年龄多大? 他们回乡干什么？对乡村经济发展、社会治理以及政治文化带来怎样的影响呢？他们会不会像以前那些回流人员那样在不久的将来又外出呢？2020年初新型冠状病毒暴发以来，一些农民工无法外出就业复工，甚至有的出去了却找不到工作，又返回乡村，那么他们回村能做什么？乡村振兴能否抓住这样的机会乘势而上呢？刘玉侠等所著的这本专著，也许可以为这些问题提供一些答案。

　　本书是国家社科基金重点课题的研究成果。回流农民工的研究并不是一个新选题，但是，对他们做深入、系统的研究，还是不多，有创见性观点更少。大多研究集中在农民工回流的原因上。有的用生命周期理论来解释农民工的回流行为，认为农民工长期外出打工，到了一定年龄，身体不足以支持务工，他们又没有在城市立住脚和融入城市社会，所以只能返回乡村，寻找晚年养老生活。有的研究发现，一些人因为要赡养年老的父母，或者陪读孩子，或者因为生病等原因，不得不放弃在外打工，返回农村。还有研究发现，近几年北上广等一线城市以各种方式"驱离"外来人口尤其是农村流动人口，把他们当作不受欢迎的"低端人口"，与此同时，家乡由于精准脱贫和乡村振兴等因素，家门口有了比以前更多的就业机会，因此选择了回乡，但是不一定在村里就业。当然，也有一些研究者关注到回流农民工对乡村治理和乡村振兴的作用，比如不少村干部都有外出的经历，还有一些回流农民工在乡村创业等，因此他们被认为是乡村振兴所需要的"乡贤"。实际上回流与流出紧密相关，同样回流与在外工作和生活也密不可分，另外，回流与没有外出也有直接关系，回流更会与回流地社会产生关系等等，所以，回流不只是简单的回到乡村。迄今为止，很少有研究者把回流放在这样一个前后链接、复杂系统的过程中进行探讨和分析。而这正是刘玉侠等所著的这本专著所要实现的研究目的，或者说是其特色。

农民工的回流也许在其外出时就已经被决定了,特别是那些把外出务工经商作为手段的农民工,并不是把外出作为目的,所以,他们在外出过程中一直在谋划着回流的准备,比如把钱寄回家盖房子或者在家乡的小城镇买房子等,因此在外即使再苦再累也不重要,重要的是为回流能赚到他们想赚到的钱。当然也有农民工从迈出家门的那一步就决定了他们不想回流,他们把外出视为离开他们不喜欢的乡村而想在异乡寻找期望的归宿。从这一点上看,回流与外出有着密切的关系。当然这并不意味着那些在外出时就想回流或者外出时就不想回流的人都一定会如原初所想、所愿的,这里还有在外出的过程中出现他们预想不到的事情,也有可能改变他们的初衷。绝大部分农民工在外的时间不会只是半年或一年,甚者都有几年乃至几十年经历。在这么长时间里,当然会出现一些分化,有少数农民工经过自己的努力,改变了社会经济地位,赚了一些钱,在流入地买了房子,配偶与子女都跟着出来,扎根当地社会,他们基本上就不会回流,可能会偶尔回到老家看看亲戚朋友,重温一下少年时的酸甜苦辣。当然有一些本来想完全离开家乡不想回流的农民工,却由于在外的生活、就业、收入以及社会交往等方面并不如意,没有达到其期望,因此改变了初衷,选择了返回家乡。另外,一些突发事件也可能阻挡农民工在外的脚步,比如有亲人生病了,或者自己生病了,或者孩子在校表现不好等等,都有可能让他们放弃在外的工作和生活,毅然而然地返回家乡,当然这也是需要付出很大的牺牲,做出艰难的决定。不管怎样,在外的经历不仅会影响他们继续在外或是回流,而且也会影响他们回流后的心态、行为和作用。《回归与超越:回流农民工的社会作用研究》一书展现了不同类型的回流,如发展型回流、家庭亲情型回流等等。由此可见,在研究回流行为的过程中,不能避开他们在外的经历、阅历以及当初外出的初衷和想法等,否则,对回流的理解就不深刻，出现断裂，反过来对回流的社会作用，就不能有很好的理解和有说服力的解释。

同样，回流也不是一个简单的选择。在我的研究和观察中，有的农民工不是回到村里，而是选择在其家乡的小城镇或县城，有的直接回到村里，有的在村与小城镇之间来回活动，所以我称之为"城乡两栖"。这种城乡两栖的现象越来越多，特别是对那些年纪偏轻的回流者来说，是一种普遍的选择。他们的回流在很大程度上是结构性力量驱使的，并不是他们本意选择的，带有明显的无奈，实际上他们还是喜欢城市生活方式，同时城市也会给他们带来更多的收入。他们不甘心回到村里，一方面村庄不能给他们提供城市那样的丰富生活，另一方面他们在村庄里难以找到赚更多钱的机会。与此同时，村庄也有吸引他们的另一面，比如村庄还有他们的房子、宅基地以及一些城市没有的资源，因此，他们也并不愿意完全放弃村庄。所以他们选择了在城乡之间找到自己认为最佳的生活机会和方式。他们利用两栖的空间，既能充分利用好城乡两边的资源，打通城乡融合渠道，又能参与乡村社会治理，在改变乡村社会的同时也实现自己的追求。

同样，即使那些回到村庄的农民工，也不是纯粹地回村养老了，而是要寻找和塑造新的生活方式和期望。他们外出的经历对他们在乡村的行为和作用有着不可忽视的影响。《回归与超越：回流农民工的社会作用研究》一书详细地从社会、经济、治理、文化等多方面对回流农民工进行了有意思的调查和探讨。在我的田野调查中也有相似的发现。就拿村干部来说，目前出现了年轻化趋势，不像过去，没有一个年轻人愿意当村干部，因为没有什么报酬，那是 15 年前，当时大部分不发达的农村，干部都是 60 岁以上的老人，流行着一个幽默说法："5 个村支委，只有 4 颗牙齿。"但是后来政府给村干部增加报酬，而且对村庄的转移支付也在增大,于是渐渐地有一些中青年特别是中年农民工甚至个体户、小老板开始返回村里,有的是自愿的,也有被乡镇政府动员召回的,不管怎样,他们回到了村里,增强了村庄干部的领导力和发展力。去年在西南非常偏远的村庄调查时发现,那里虽然山高路遥,地理环境并不好,但是,以前大量的青壮年外出务工经商,现在搞精准脱贫,村书记被从外出打工中召回,其他村干部也回流,在政府帮助下,建立饮水灌溉工程,利用独特的地理气候环境,在山坡上种植特色水果以及发展黑山羊等,激起了留在村里的中老年村民的兴趣和活力。虽然并不是所有有外出经历的回流者都能带来村庄发展,但是,凡是有外出阅历的村干部,看问题的视野高一些,行动力也强一些。所有这些在本书中都有涉猎。本书详细地探讨了回流农民工在农村中发生的社会、经济、政治、文化等各方面的作用,以事实说明,不论年龄大小,回流农民工对乡村发展和振兴有着相当重要的作用。

但是,目前回流的农民工在数量上还是偏少,不少回流者年龄偏大,他们大多还是因为年龄原因而返回农村,更偏向于回村养老;还有一些中年回流农民工,回来的目的更多是照顾父母或者孩子,他们还有可能外出。就乡村振兴而言,农民工确实是最大的"人才库",但是问题是,目前的大多数农村还不具备吸引他们回流的条件。这里就有一个发展悖论:一方面乡村振兴需要不少人才和青壮年劳动力,另一方面目前的乡村还没有具备吸引他们回乡的条件和机会。那么在这里,政府应该为他们创造一些回流的条件和机会,具体地说,至少需要有这样的政策创新:第一,在土地政策、金融政策、税收政策、技术支持政策、住房政策、市场体系建设政策等方面创造良好的就业和创业条件,也就是构筑回流农民工发展的政策体系。第二,提高农村公共服务质量,尤其是要提高农村教育和医疗卫生服务质量。不少中青年农民工都有子女跟随自己外出流动,在流入地接受教育,其中一个原因也是流出地教育比流入地差不少,当然子女在身边也便于教育等。有不少农民工选在城市务工经商,其中有一个目的是让自己的孩子接受比家乡更好的教育。所以,农村教育质量不高,是阻挡农民工回流的一个重要因素。第三,改善农村社会保护体系,提高农村居民的社会地位。2020年有人大代表在"两会"上提出建立农民工退休制度方案。当然这个提案如果不以农民退出务农劳动以及退出土地为前提条件,那是一个能确保和提高农民社会权利的好提案,实施了这样的提案,自然会改善农民的社会地位。除此之外,农民还应该享受与城市居民同等的社会福利权利,医疗保障和医疗服务是另一个重要的福利权益,还有农村养老服务体系、生活便利体系等等。

当然,不能指望这些条件能在短时间内获得明显的改善,事实上这些条件也是随着乡村振兴的推进而不断得以改善的。但是,要吸引一些农民工回流,要让他们看到乡村条件在不断改善,而且在不久的将来会有明显的改善,给予他们能实现的好预期。最重要的是,一方面政府能为他们提供强有力的政策支持,另一方面给他们回流后有更多的自主性,即让他们能充分地决定自己干什么不干什么,政府千万别对他们的就业和创业选择有直接的干预甚至强制要求,否则就会把他们吓跑。

总而言之,乡村振兴的关键是需要一批积极参与振兴的人才和劳动力,建设一支强有力的乡村振兴人才队伍。这个人才队伍包括方方面面的人才,如政府治理人才、公共服务人才、技术人才、资本人才和劳动人才,农民工是乡村振兴所依靠的最关键的人才,只要有不少农民工回流乡村,或者在家乡的城镇与农村之间就业、创业,那么,乡村振兴就有了坚实的社会基础。由此可见,《回归与超越:回流农民工的社会作用研究》在这方面做了很好的探索,尤其是对回流农民工与乡村振兴的关系进行了深入的调查研究,有一定的现实价值。当然这个议题在本书基础上还可以继续做深入的挖掘,能够更好地服务于乡村振兴和国家发展,也能为一些农民工回流就业创业提供理论和政策建议支持。

王春光

中国社会科学院社会学研究所副所长

2020 年 7 月 21 日

目　　录

第一章　问题的提出 …………………………………… 001

第一节　研究背景 ……………………………………… 001

第二节　文献综述 ……………………………………… 007

第三节　问题聚焦 ……………………………………… 018

第四节　研究设计 ……………………………………… 020

第二章　理论基础与分析框架 ………………………… 025

第一节　理论基础 ……………………………………… 025

第二节　基于理论研究的思考 ………………………… 032

第二节　理论分析框架构建 …………………………… 035

第三章　谁是回流农民工 ……………………………… 039

第一节　基础概念：农民工与回流农民工 …………… 040

第二节　调查研究设计 ………………………………… 044

第三节　回流农民工特征 ……………………………… 053

第四章　回流农民工的外出经历 ……………………………… 071

　第一节　农民工进城 …………………………………… 071

　第二节　农民工进城后的职业选择与变动 ……………… 094

　第三节　农民工的城市维权 …………………………… 108

　第四节　小结 …………………………………………… 112

第五章　农民工的回流 …………………………………… 114

　第一节　个人的发展需要 ……………………………… 115

　第二节　家庭的责任召唤 ……………………………… 126

　第三节　生存的无奈选择 ……………………………… 135

　第四节　故乡的眷恋与期盼 …………………………… 142

　第五节　农民工的回流与城镇化、农村发展 ………… 149

　第六节　小结 …………………………………………… 154

第六章　回流农民工的社会参与 ………………………… 156

　第一节　回流农民工社会参与现状 …………………… 159

　第二节　回流农民工社会参与的多维比照 …………… 177

　第三节　回流农民工社会参与影响因素 ……………… 204

　第四节　小结 …………………………………………… 209

第七章　回流农民工的政治参与 ………………………… 211

　第一节　政治参与背景 ………………………………… 211

　第二节　政治参与内涵与回流农民工政治参与意义 …… 217

　第三节　回流农民工政治参与现状与比较分析 ……… 220

　第四节　村治精英的互动 ……………………………… 235

第五节　小结 ……………………………………………… 244

第八章　回流农民工的经济参与 …………………………… 245

第一节　经济参与概况 …………………………………… 245

第二节　赋闲:个人与家庭的双重抉择 ………………… 248

第三节　务农:多数人的选择 …………………………… 252

第四节　打零工:工商业元素的输入与乡村发展的融合……… 257

第五节　创业:少数人的成功 …………………………… 263

第六节　回流农民工的创业绩效 ………………………… 274

第七节　小结 ……………………………………………… 286

第九章　回流农民工的身份重构 …………………………… 288

第一节　复杂的乡村舆论场 ……………………………… 288

第二节　回流农民工的行动实践与角色构建 …………… 295

第三节　回流农民工的他人评价 ………………………… 300

第四节　现代化背景下乡村舆论场的再造 ……………… 305

第五节　小结 ……………………………………………… 320

第十章　总结、讨论与思考 ………………………………… 322

参考文献 ……………………………………………………… 346

附录一 ………………………………………………………… 358

附录二 ………………………………………………………… 369

后　记 ………………………………………………………… 372

第一章　问题的提出

改革开放以来，户籍制度的松解和区域经济差异的刺激，推动了人口的快速流动，进而形成了一个新型社会群体——农民工，这些人离开农村进入城市，从土地上的农民逐渐变为工厂里的工人。长期以来，农民工流动呈现单向流动的特征，即从农村流入城市，但是近年来，这种传统的流动方式发生了变化，农民工回流成为一种新型社会现象。在国家和社会深刻意识到农村劳动力人口外流给农村发展造成严重问题时，农民工回流或许能为农村社会的健康发展带来新的期望，支撑乡村振兴战略的深入实施。本书便是基于这样的背景而开展，以期通过翔实的调查、系统的分析和严谨的论证，提出切实可行的政策建议，服务新时代乡村社会的发展和乡村振兴战略的实践。

第一节　研究背景

进入新时期以来，我国人口流动的结构在发生转变，与此同时，农民工流动的结构也在发生调整，农民工回流趋势越加明显。在乡村振兴的大背景下，需要翔实分析农民工回流的特征、路径、逻辑和效果等内容，才能系统呈现回流农民工乡村社会再参与价值，以推进和服务乡村振兴的深入实施。

一、人口流动的结构转变

2019 年 1 月，由国家卫生健康委流动人口服务中心、中国人口与发展中心等共同研究的《中国城市流动人口社会融合评估报告 No. 1》显示，2018 年我国流动人口规模为 2.41 亿人，大约每 6 个人中就有 1 人参与了人口流动的洪潮；总体来看，我国流动人口规模呈现先增长后下降的趋势，从 1982 年的 657 万人到 2015 年的 2.47 亿人再到 2018 年的 2.41 亿人。[①]

人口流动深受国家政策和市场经济的影响，"在改革开放以前，我国更倾向于采用政府指令和制定计划的方式配置人力资源，改革开放以后则越来越多地采用市场的方式配置人力资源"[②]。因此，对我国而言，国家政策是人口流动的前提要素，而市场经济加速了人口流动。

纵览改革后的人口流动管理政策，可将人口流动状况分为四个时期来理解[③]：第一个阶段是 20 世纪 80 年代初期至 90 年代初期，逐步放开阶段。随着《国务院关于农民进入集镇落户问题的通知》（国发〔1984〕141号）的发布，国家放宽了农村人口进入中小城镇就业生活的限制，促进了农村人口向城市转移。1984 年开始，国家允许农民进入县城以下的城镇、集镇务工经商，同时，公民身份管理和粮食供给体制的改革也方便了人口流动。这一阶段，我国流动人口规模从 1982 年的 657 万人增加至1990 年的 2135 万人，年均增长约 7%。第二个阶段是 20 世纪 90 年代初到党的十八大前，随着公平理念的提出和贯彻，流动人口规模快速增长。20 世纪 90 年代后，人口流动政策有所放宽，但十分有限，且主要由中央

---

① 国家卫生健康委员会：《2018 年中国 2.41 亿人口处于"流动"状态》，2019 年 1 月 30 日，见 http://finance.sina.com.cn/roll/2019-01-30/doc-ihrfqzka2289054.shtml。

② 李强：《当前我国城市化和流动人口的几个理论问题》，《江苏行政学院学报》2002 年第1 期，第 65 页。

③ 国家卫生健康委员会：《〈中国流动人口发展报告 2018〉内容概要》，2018 年 12 月 22 日，见 http://www.nhc.gov.cn/wjw/xwdt/201812/a32a43b225a740c4bff8f2168b0e9688.shtml。

政府自上而下推动,地方政府支持人口流动的积极性不高;进入21世纪,公平对待流动人口的理念被提出并加以贯彻,相关政策发生了重要变化。2006年,国务院出台的第一个关于农民工问题的系统性文件——《关于解决农民工问题的若干意见》(国发〔2006〕5号),提出"公平对待、一视同仁"的基本原则。2012年7月,国务院印发《国家基本公共服务体系"十二五"规划》(国发〔2012〕29号),为流动人口享有均等化的基本公共服务提供了制度保障。这一时期,流动人口规模从1990年的2135万人增加至2010年的22143万人,年均增长约12%。第三个阶段是从党的十八大到2014年,大力推进市民化阶段,流动人口规模的增速在明显降低。党的十八大报告提出"加快改革户籍制度,有序推进农业转移人口市民化,努力实现城镇基本公共服务常住人口全覆盖";2014年3月,中共中央、国务院印发《国家新型城镇化规划(2014—2020年)》;随后国务院印发《关于进一步推进户籍制度改革的意见》(国发〔2014〕25号)和《关于进一步做好为农民工服务工作的意见》(国发〔2014〕40号),流动人口的相关服务政策进一步完善,流动人口的获得感、幸福感日益增强。这段时期流动人口规模年均增长约2%。第四个阶段是从2015年至今,流动人口规模呈现下降趋势。这一阶段国家继续推进流动人口的市民化,如党的十九大报告进一步强调破除阻碍人口流动的壁垒,促进市民化的发展,特别要求"破除妨碍劳动力、人才社会性流动的体制机制弊端,使人人都有通过辛勤劳动实现自身发展的机会"。2015年国家统计局公布全国流动人口总量为2.47亿人,比2014年下降了约600万人;2016年全国流动人口规模比2015年减少了171万人,2017年继续减少了82万人,2018年再减300万人至2.41亿人。

二、农民工流动结构的调整与回流

农民工是流动人口的主要组成部分。根据2018年国家统计局发布的

《2018 年农民工监测调查报告》①显示,2018 年农民工总量 28836 万人,比 2017 年增加 184 万人,增长 0.6%;农民工增量比上年减少 297 万人,总量增速比上年回落 1.1 个百分点。在农民工总量中,在乡内就地就近就业的本地农民工 11570 万人,比上年增加 103 万人,增长 0.9%;到乡外就业的农民工 17266 万人,比上年增加 81 万人,增长 0.5%。在外出农民工中,进城农民工 13506 万人,比上年减少 204 万人,下降 1.5%;到省外就业的农民工 7594 万人,比上年减少 81 万人,下降 1.1%;在省内就业的农民工 9672 万人,比上年增加 162 万人,增长 1.7%。省内就业农民工占外出农民工的 56%,所占比重比上年提高 0.7 个百分点。这说明农民工在省内就业的趋势在加强,乡内就地就业人数在上升,人口跨区域外流现象在逐步缓解。跨省外流务工人数明显减少,意味着农民工回流规模在逐渐扩大,取而代之的是在省内完成就业,这类群体规模超过一半。

中西部地区是农民工流出核心区域,根据 2018 年数据显示,流入东部地区的农民工数量在减少,取而代之的是中西部就业人数在增加。从输入地看,2018 年在东部地区就业的农民工 15808 万人,比上年减少 185 万人,下降 1.2%,占农民工总量的 54.8%。其中,在京津冀地区就业的农民工 2188 万人,比上年减少 27 万人,下降 1.2%;在长三角地区就业的农民工 5452 万人,比上年增加 65 万人,增长 1.2%;在珠三角地区就业的农民工 4536 万人,比上年减少 186 万人,下降 3.9%。在中部地区就业的农民工 6051 万人,比上年增加 139 万人,增长 2.4%,占农民工总量的 21.0%。在西部地区就业的农民工 5993 万人,比上年增加 239 万人,增长 4.2%,占农民工总量的 20.8%。在东北地区就业的农民工 905 万人,比上年减少 9 万人,下降 1.0%,占农民工总量的 3.1%。

综合以上数据可知,农民工流动的结构在逐渐发生调整,农民工从中西部

---

① 国家统计局:《2018 年农民工监测调查报告》,2019 年 4 月 29 日,见 http://www.cinn. cn/headline/201904/t20190429_211528.html。

流入东部沿海发达地区的状态在改变,与此同时,农民工的回流趋势不断明朗,尤其是东部地区农民工回流现象最为明显。

三、乡村振兴战略的实践

改革开放后,囿于城乡二元结构的体制困境,农村与城市的发展差距越来越大,农村空心化、空壳化现象日益加深,随之而来的是农村经济增长乏力、农村社会矛盾加剧、农村生态环境受损和农村治理难以呈现实效等等问题,如何改善和美化农村整体环境成为21世纪国家治理的重点实践方向。为此,党的十六届五中全会提出建设社会主义新农村,按照"生产发展、生活宽裕、乡风文明、村容整洁、管理民主"的要求一改农村贫弱脏乱差等问题,但是,尽管国家投入了巨大的人财物资源,这项重大的农村改革政策却未能从根本上解决农村社会存在且延续着的系列社会问题。进入新时期后,党的十九大报告提出了一项历史性的举措——实施乡村振兴战略,旨在全面实现乡村社会的系统振兴。

所谓乡村振兴就是要在五个方面实现改变,即产业兴旺、生态宜居、乡风文明、治理有效、生活富裕。要实现乡村振兴目标,习近平总书记提出要重点把握产业振兴、人才振兴、文化振兴、生态振兴和组织振兴,依托五个振兴来实现乡村振兴的目标。而这五个振兴中,人才振兴是关键。换言之,要实现乡村振兴必然要面对"人"和"人才"短缺的困境。2018年1月,中央发布一号文件《中共中央 国务院关于实施乡村振兴战略的意见》(中发〔2018〕1号),该文件将人才视为乡村振兴的重要支撑,提出"要把人力资本开发放在首要位置,畅通智力、技术、管理下乡通道,造就更多乡土人才,聚天下人才而用之"。文件提出要多渠道来构建和培育乡村振兴的人才体系,一方面要加大新型职业农民的培育力度,实施新型职业农民培育工程;另一方面要加强农村专业人才队伍建设,如乡村教师队伍建设、农业技术队伍建设、农业服务人才队伍建设等;此外,要借助高校、科研院所的科研技术力量,服务农业发展,施行农技推广服务特聘计划。与此同时,还要鼓励社会各界投身乡村建设,吸引更多人才投身农业。同年9月,中共中央、国务院印发了《乡村振兴战略规划(2018—2022年)》,这是我国出台的第一个全面推进乡村振兴战略的五年规划,是统筹谋划和科学推进乡村振兴战略的行动纲领。该规划围绕乡村振兴的总要求,细化了具体实施的策略举措。在促进乡村产业兴旺方面,部署了一系列重要举措,构建现代农业产业体系、生产体系、经营体系,完善农业支持保护制度。同时,提出发展壮大乡村产业,激发农村创新创业活力。在促进乡村生态宜居方面,提出强化资源保护与节约利用,推进农业清洁生产,集中治理农业环境突出问题,实现农业绿色发展,推进美丽宜居乡村建设,持续改善农村人居环境。在促进乡村乡风文明方面,提出传承发展乡村优秀传统文化,培育文明乡风、良好家风、淳朴民风,建设邻里守望、诚信重礼、勤俭节约的文明乡村,推动乡村文化振兴。在促进乡村治理有效方面,建立健全党委领导、政府负责、社会协同、公众参与、法治保障的现代乡村社会治理体制,推动乡村组织振兴,打造充满活力、和谐有序的善治乡村。在促进乡村生活富裕方面,提出加快补齐农村民生短板,如在改善农村交通物流设施条件、加强农村水利基础设施网络建设、拓宽转移就业渠道以及加强农村社会保障体系建设等方面,均细化了一系列措施。

因此,在乡村振兴战略实施的新背景下,如何夯实农村发展的人才基础,解决农村空心化、空壳化等现实问题,不仅成为国家政策考量的重要内容,也是社会各界参与社会治理的重要起点,基于此,本书顺应而生,在认识人口流动的结构转变和农民工回流的现实基础上,希冀以农民工回流为基点,分析农民工回流的动因以及农民工回流后参与乡村社会实践的现状,拓展农民工回流效应的理解,同时结合乡村振兴的时代背景,提出有效实现农民工价值回流的政策建议,致力于当前农村发展这一主流社会问题的理解和解决。

第二节　文献综述

自 1949 年中华人民共和国成立以来,农民工回流发生在不同阶段,而不同时期影响农民工回流的具体原因也各不相同。自 20 世纪 90 年代起,围绕农民工回流这一主题展开的研究逐渐延伸和深化。为此,本节主要从两方面梳理文献,一是总体阐述农民工回流的历程及其研究状态,二是聚焦农民工回流的研究主题分类梳理。

一、农民工回流历程及其研究演变概况

农民工回流发生的前提是农村劳动力向城市流入,关于农村劳动力流出议题的探讨由来已久,成果十分丰富,在此不再另做梳理,具体可见孔祥成、刘芳的梳理[①]。需要强调的是,早期分析农村劳动力向城市流动的研究多采用推拉理论,对此,李强认为中国的推拉模式与国际上相比存在巨大差异,其中最主要的差异在于户籍制度,它不仅对推拉发生一般的影响,而且还使得推拉失去效力,这样中国的人口流动将不再遵循一般的推拉规律。[②]

受不同时期政策和社会经济因素的影响,我国出现了多次农民工"回流潮"。陈世海对农民工回流问题做了系统梳理,指出我国农民工回流经历了治理整顿时期、国企改革时期、国际金融危机时期以及主动回流时期,农民工对留城与回流的自主选择权在逐步扩大,主动回流的趋势已基本形成。[③] 20

---

① 孔祥成、刘芳:《20 世纪 90 年代以来中国农村剩余劳动力流动问题研究综述》,《贵州财经学院学报》2002 年第 5 期,第 7—11 页。

② 李强:《影响中国城乡流动人口的推力与拉力因素分析》,《中国社会科学》2003 年第 1 期,第 125—136 页。

③ 陈世海:《农民工回流辨析:基于现有研究的讨论》,《农林经济管理学报》2014 年第 3 期,第 265—272 页。

世纪 60 年代初的"三年困难时期"，90 年代初期乡镇企业转型以及 90 年代中后期国有企业的改革，都促使中央对城镇人口实施严格的压缩政策，不少城市出台了限制农村劳动力进城的政策措施，使许多已从农村转入工业部门的劳动力又重新回到农村，出现了劳动力的逆向回流。2008 年国际金融危机的出现，沿海制造业企业纷纷破产倒闭，就业机会急剧减少，导致大规模的农民工回流。近年来，随着东部地区经济结构调整、产业升级和劳动密集型等传统产业向西迁移，以及国家政策的引导如乡村振兴战略的实施等等，农民工回流成为一种普遍现象。

关于农民工回流的研究最早可以追溯到 20 世纪 90 年代，李红卫等较早关注到农民工回流现象。①而后，农民工回流的影响因素、代际差异和实践参与等研究逐渐展开，这在下文中将具体阐述。在乡村振兴背景下，实践研究重点逐渐转向农民工返乡创业。2005 年开始，农民工返乡创业发展为一种潮流；2008 年中央一号文件明确指出各地政府要推出相关的鼓励政策和措施来支持农民工的自主创业活动；2015 年，我国经济发展步入新常态，国家大力提倡"大众创业、万众创新"，为尽快建立一个多层次、多样化的返乡创业新局面，国务院办公厅印发了《关于支持农民工等人员返乡创业的意见》（国办发〔2015〕47 号），加速推进了农民工返乡创业进程。随着国家"三农"政策的不断出台和多项制度性改革创新的不断实践，现代化农业发展变得"有利可图"，吸引了一部分农民工返乡探索农业生产经营和农产品加工等创业实践。由此，农业经营者以及生产者的角色性质发生变化，他们不再是单一的家庭联产承包制农户，部分转变为带有市场经济色彩的家庭农场主和职业经理人。因此，从这方面可以看出，农民工回流成为促进农村现代化转变的一个重要实践机制。

---

① 李红卫：《农村劳动力"回流"——中国农村发展的沉重包袱》，《农村经济》1990 年第 3 期，第 11 页。

二、农民工回流研究的主题聚焦

综合现有成果,关于农民工回流的研究主要表现在三个方面:一是分析农民工回流的影响因素及其效应;二是引入代际变量,阐述新老两代回流农民工的特征、回流成因和结果;三是研究农民工回流后的就业选择与参与状况等。

(一)农民工回流影响因素及其效应的研究

王春超等人基于湖北农民工回流调查数据分析,认为制度转型和沿海地区的产业结构调整是促使农民工回流的宏观影响因素。[1] 刘延华将农民工回流的影响因素概括为经济社会发展、个人、家庭和社会保障等。[2] 赵亮等人基于金融危机事件分析,认为年龄和流动距离对农民工回流具有正向影响,务工时间、务工收入和受教育程度对农民工回流具有负向影响。[3] 胡枫、史宇鹏采用湖北省的农村劳动力调查数据分析,指出农民工回流不仅受人力资本因素的影响,还与老人需要赡养、农业负担较重、与家人团聚等家庭因素以及输出地经济发展程度有关。[4] 江胜蓝则从个人和家庭层面分析了农民工回流的影响因素,当农民工基于个人原因选择回流时,性别、农民工类型和健康状况对农民工回流行为选择有正向影响,婚姻状况、配偶是否陪同和回流前工作环境对农民工回流行为选择有负向影响;当农民工基于家庭原因选择回流时,自身与家庭成员健康状况、学龄人口数量和回流前单位是否欠薪对农民工回流行为选择有正向影响,农民工类型、性别和婚姻状况对农民工回流行为选择有负

---

① 王春超、李兆能、周家庆:《躁动中的农民流动就业——基于湖北农民工回流调查的实证研究》,《华中师范大学学报(人文社会科学版)》2009年第3期,第60—67页。
② 刘延华:《农民工回流原因、回乡就业现状与对策研究》,《山东行政学院学报》2018年第4期,第45—51页。
③ 赵亮、张世伟、樊立庄:《金融危机环境下农民工回流问题分析》,《江西社会科学》2009年第8期,第227—229页。
④ 胡枫、史宇鹏:《农民工回流的选择性与非农就业:来自湖北的证据》,《人口学刊》2013年第2期,第71—80页。

向影响。① 袁方等人对 2009—2012 年上海实地调研数据分析,发现影响农民工回流最显著的三个可行能力指标分别是:经济状况、生活状况和精神感受,而农民工自由发展和各项能力的获得对回流有显著负影响。② 刘新争、任太增分析了 1009 份河南省的回流农民工调查数据,结果表明身份认同对农民工回流意愿影响最为显著,进城务工时间长短、居住方式、年龄、文化程度、单位性质、城镇养老保险、与家乡的联系等其次,进一步对这些因素归类表明,个人特征综合影响最强,工作权益因素次之,社会保障因素较弱,职业因素最弱。③

上述研究重点关注农民工回流的具体影响因素,进一步展开的是对农民工回流成因的理论分析。刘铮从经济学上分析了农民工回流行为,认为农民工回流是利益比较的理性选择和工资内涵的现实要求,工资内涵主要是以马克思工资决定理论为基础,将工资理解为三种需要,劳动力自然再生产需要、养育家人的需要和提供自身素质的需要。④ 李明桥等人则从生命历程来看待农民工回流现象,认为农民工回流是生命周期呈现的结果反映。⑤ 解释农民工回流成因的一般逻辑是沿用推拉理论。如刘成斌认为,城乡经济体制导致的城乡收入差异和收入机会不公平,推动了农民工回流;家庭责任、子女教育以及农村建设成果,则拉动了农民工回流。⑥ 吴艳文、李蓓蓓认为经济增速放缓和产业升级、外出农民工收入增速放缓、就业结构性矛盾突出、社会保障程

---

① 江胜蓝:《农民工的省际间回流行为影响因素研究——基于安徽省回族农民工问卷调查的实证分析》,《农业部管理干部学院学报》2014 年第 1 期,第 90—96 页。

② 袁方、史清华、卓建伟:《农民工回流行为的一个新解释:基于森的可行能力理论》,《中国人力资源开发》2015 年第 1 期,第 87—96 页。

③ 刘新争、任太增:《农民工回流意愿的影响因素与农民工分流机制的构建——基于二分类 Logistic 模型的实证分析》,《学术研究》2017 年第 7 期,第 95—102 页。

④ 刘铮:《劳动力无限供给的现实悖论——"农民工回流"的成因及效应分析》,《清华大学学报(哲学社会科学版)》2006 年第 3 期,第 125—129 页。

⑤ 李明桥、傅十和、王厚俊:《对农村劳动力转移"钟摆现象"的解释》,《人口研究》2009 年第 1 期,第 46—54 页。

⑥ 刘成斌:《农民工的终结》,社会科学文献出版社 2017 年版。

度低、归属感缺乏,是引发农民工回流的城市推力;对美好生活的追求、亲情、收入落差不断弥合、农村惠民政策得力,是促使农民工回流的农村拉力。① 但周大鸣、姬广绪则认为农民工回流不是简单城乡推拉力的结果,而更是农民工主体性的一种选择,是一种对"二元"体制无力抗争的结果。② 对此,刘新争等人的量化研究也指出,我国农民工的回流主要表现为农民工的主观行为选择。③ 此外,保虎从宏观、中观和微观三个层面细分了农民工回流的原因,宏观主要是从国家政策角度上考虑,中观是居于城乡推拉力的作用思考,微观则聚焦农民工个体的理性需求,如返乡养老、返乡就业和创业等;同时,他提出中国呈现的农民工回流不同于欧美等西方发达国家的"逆城市化",其背后暗含着独特的实践逻辑。④

以上研究阐述了农民工回流的影响因素及其效应关系,并对农民工回流成因做出了一些理论性解释。回流农民工存在代际差异,为了多方位理解农民工回流问题,因此,部分研究从代际差异的视角展开了进一步探索。

(二)代际差异下的农民工回流现象的研究

融入流入地艰难是农民工回流的直接原因,但农民工在社会认同和社会融入上是否存在代际差异? 对此,王春光研究指出,相比于老一代农民工,新生代农民工在外出动机、发展期望、制度性身份认可和乡土认同等方面存在差异,以至于一些新生代农民工努力去认同流入地社会。⑤ 但是,这并非意味着

---

① 吴艳文、李蓓蓓:《高质量发展背景下农民工回流问题探析》,《理论导刊》2019年第3期,第59—71页。

② 周大鸣、姬广绪:《回流的主位视角:企业农民工流动研究》,《广西民族大学学报(哲学社会科学版)》2010年第3期,第74—78页。

③ 刘新争、任太增:《农民工回流意愿的影响因素与农民工分流机制的构建——基于一分类Logistic模型的实证分析》,《学术研究》2017年第7期,第95—102页。

④ 保虎:《农民工"逆城市化"现状与反思》,《当代经济管理》2018年第6期,第46—53页。

⑤ 王春光:《新生代农村流动人口的社会认同与城乡融合的关系》,《社会学研究》2001年第3期,第63—76页。

农民工在社会融入上呈现显著代际差异。李培林、田丰采用 2011 年中国社会状况综合调查数据，从经济、社会、心理和身份四个层面描述了新老两代农民工社会融入状况，发现两代农民工社会融入状况并没有根本差异，而政策制度因素对农民工社会融入影响更为重要。[①] 李强同样指出，农民工遭遇的主要是"不融入"问题，即并非农民工不想融入城市，而是因为受到城市制度的制约，从而导致在思想上并未做好融入城市的准备，以至于处于"不融入"位置。[②]

新生代农民工尽管在流入地融入受限，但他们也出现了一些新式融入方式，潘华将其描述为"回流式"市民化。新生代农民工不同于老一代农民工，像候鸟一样往返于大城市—中小城市—农村的流动链条上，他们有更强进城意愿和融入城市的各种能力，各类城市户籍有差别的变迁和城乡建设一体化的浪潮给新生代农民工提供了向上流动渠道，在此背景下，他们不断建构自己的市民化自主探索路径，故此，潘华将这种路径概括为"接替—融入"式的市民化路径。[③] 新生代农民工返乡意愿受到多重因素的影响，郑文杰等人对北京市 200 位新生代农民工的调查数据分析，发现性别、平均月收入、劳动合同签订情况对其回流意愿存在显著负影响，归属感和是否有对象或配偶有显著正影响，家乡就业机会和居住满意度等因素影响不显著。[④] 此外，喻贞认为新生代农民工的禀赋越高，回流意愿越强烈；环境因素制约了新生代农民工的回流决定；个体偏好于生活环境型或长期发展型的新生代农民工更倾向于选择

① 李培林、田丰：《中国农民工社会融入的代际比较》，《社会》2012 年第 5 期，第 1—24 页。
② 李强：《中国城市化进程中的"半融入"与"不融入"》，《河北学刊》2011 年第 5 期，第 106—114 页。
③ 潘华：《"回流式"市民化：新生代农民工市民化的新趋势——结构化理论视角》，《理论月刊》2013 年第 3 期，第 171—174 页。
④ 郑文杰、李忠旭：《大城市新生代农民工返乡意愿更强烈吗？——基于北京市的实证分析》，《农业经济》2015 年第 7 期，第 13—15 页。

回流。①

总体而言,新老两代回流农民工存在结构性差异。刘玉侠、陈瑞伞结合安徽、贵州、浙江三个省份 28 个村庄的调研数据分析,发现新老两代回流农民工在回流动因、思想观念、技能水平、职业选择、政治参与、生活方式等方面均存在差异。为此,文章提出地方政府可基于此作出精准政策制定,以促进回流农民工更好地参与社会,如政府可以有针对性地对回流农民工进行政策指引,发挥新生代回流农民工优势,鼓励其创业、参与乡村治理等;引导老一代回流农民工由传统农民向现代型农民转变,重视解决老一代回流农民工关注的社会保障问题。②

(三)农民工回流后的影响及其就业选择取向的研究

农民工回流对流出地、流入地有怎样的影响,对个人发展或家庭生活又有怎样的变化? 农民工回流后就业取向或途径又会呈现怎样的特征? 围绕这些问题,研究者展开了进一步探究。

首先是农民工回流对流出地和流入地的影响效应。陶琳阐述了西双版纳曼飞龙村农民工回流过程,指出回流农民工就近就地就业具有显在影响,包括参与地方治理改善人居环境、投身创业为地方增加就业机会与经济收入,以及夯实人力资源基础推动民族传统文化的传承与发展等等。③ 杨智勇、李玲则认为农民工回流具有显在的消极影响,如阻碍城市化建设、引发城市用工荒、加剧农村人地矛盾、影响农村社会治安、抑制农业生产、减缓农业产业化进程等等,同时对于农民工自身而言,也存在一定负面影响,如自我身份认同困境

① 喻贞:《基于异质性特征的新生代农民工回流决策研究》,《财经问题研究》2016 年第 5 期,第 123—129 页。

② 刘玉侠、陈瑞伞:《回流农民工代际差异比较分析》,《浙江社会科学》2018 年第 10 期,第 87—94 页。

③ 陶琳:《西双版纳曼飞龙村回流农民工就近就地就业及其影响》,《广西民族大学学报(哲学社会科学版)》2018 年第 2 期,第 75—81 页。

和农村适应性障碍等；故此，文章提出政府应该制定一系列有针对性、可操作性政策，鼓励农村劳动力积极、合理和有序回流，以减少或降低其产生的消极影响。① 按一般逻辑理解，农民工回流有利于乡村社会发展，但是也给原本治理能力有限的乡村带来了挑战，尤其在劳动力供给和产业发展不均衡的现实环境下。为此，陈菊娟、李振宇从供给侧改革背景出发，探讨化解农民工回流后社会治理困境的策略和实现路径，具体思路包括推进农村户籍制度改革吸引城市人才反哺农村，健全农村社会应急联动机制解决农村突出治安问题，发展农村特色经济优化农村劳动力供给侧结构，鼓励回流农民工参与农村公共安全治理。②

其次是农民工回流对个体或家庭发展的影响效应。吴昊通过建构"脆弱性—生计资本"理论框架探讨农民工家庭回流后的贫困风险和应对策略，指出农民工家庭返乡经历了三个阶段，分别是返乡初期、就近创业和多元经营：在返乡初期，其生计资本系统失衡，脆弱性高；通过就近创业，回流农民工家庭提升生计资本，减少脆弱性；通过多元经营强化了生计资本，逐渐实现良性发展。③ 李放等人以老年回流农民工为对象，建构模型检验老年回流农民工生活满意度的影响因素，结果显示：老年农民工返乡后，子女对他们的经济和照料支持都有一定增加，同时与子女的关系也更加亲密，而这些变化能够提高老年回流农民工的生活满意度；但是回流后个人收入大幅减少，这在很大程度上又降低了这一群体的生活满意度；此外，养老保险制度的缺陷也影响到其生活满意度的提升。④ 周蕾、李林桐探讨了人力资本与社会资本两个变量对回流

① 杨智勇、李玲：《论农民工"回流"现象的原因及其消极影响》，《当代青年研究》2015 年第 1 期，第 94—100 页。

② 陈菊娟、李振宇：《供给侧改革背景下农民工回流的社会治安困境与调和路径》，《河南警察学院学报》2017 年第 1 期，第 104—107 页。

③ 吴昊：《返乡农民工家庭的贫困风险与策略应对——基于"脆弱性—生计资本"框架的分析》，《湖北师范学院学报（哲学社会科学版）》2016 年第 1 期，第 116—120 页。

④ 李放、宗晓菲、沈苏燕：《老年回流农民工的生活变化及对生活满意度的影响研究》，《贵州省党校学报》2019 年第 1 期，第 86—94 页。

农民工收入的作用机理与效果,研究显示:经营型与低技能型人力资本的收入效应更加依赖于社会资本禀赋,低技能型与经营型人力资本在社会资本作用下,可获得中高水平收入;而高技能型人力资本市场化程度较高,较少依赖社会资本。① 乡村振兴为农民工回流创造了新的机遇,也产生了新的效应,沈君彬将新时期农民工回流效应概括为三重:第一重效应是"职业声望提升效应",第二重效应是"家庭幸福感增强效应",第三重效应是"乡村振兴引领效应"。②

最后是农民工回流后的就业选择问题。农民工回流后的就业形式包括务农、创业、打工等;同时,不同就业选择其实也存在各式挑战,例如种地收益少且风险大、创业环境差、乡镇企业就业待遇低等。③ 农民工回流后有多种就业选择,但不同类型或者偏好的择业选择有其内在机理。刘迎君认为回流农民工创业选择主要受禀赋特质的影响,大多数回流农民工选择在县域范围内开展创业活动;同时,其创业的行业选择和形式偏好具有一定地域分层特征,禀赋特质通过初始禀赋、务工禀赋积累、家庭禀赋拓展,对农民工回流创业的地域选择产生影响:初始禀赋主要表现为男性和教育年限高的农民工更倾向于选择县城开展创业活动,务工禀赋积累表现为农民工会结合行业经验和技能优势匹配最能发挥其自身价值的地域层级,家庭禀赋拓展则集中体现为不同类别的家庭禀赋对农民工创业地域选择差异化的支持功能。④ 杨忍等人基于珠三角外围地区不同地域类型的 15 个村的问卷调查资料,采用 Logistic 回归模型,对回流农民工就业选择特征及非农就业的影响因素进行综合分析,研究

---

① 周蕾、李林桐:《外出务工人力资本积累、家乡社会资本与回流农民工收入》,《农村经济》2019 年第 4 期,第 80—87 页。

② 沈君彬:《乡村振兴背景下农民工回流的决策与效应研究——基于福建省三个山区市 600 位农民工的调研》,《中共福建省委党校学报》2018 年第 9 期,第 93—99 页。

③ 刘延华:《农民工回流原因、回乡就业现状与对策研究》,《山东行政学院学报》2018 年第 4 期,第 45—51 页。

④ 刘迎君:《禀赋特质、农民工回流创业与地域分层意愿》,《贵州社会科学》2017 年第 3 期,第 133—140 页。

发现:1.外出务工工资性收入的资本积累,是返乡从事零售、杂货、服装和个体修理等个体经营的基础,非农就业在空间选择上倾向于中心镇或县(区);2.农村人口外流致使农村人地关系发生显著变化,农地生计保障性功能弱化,农地规模经营的租种成本降低,部分农村回流劳动力选择从事农业生产,主要以种植经济果林、药材为主,助推了农用地非粮化;3.回流农民工非农就业受到个人、家庭和村庄特征等多元因素影响,个人特征表现在年龄越小、受教育程度越高的回流者从事非农职业的倾向性越大,家庭特征表现在家庭务农人数与务工人数越少、农田面积越小的回流农民工倾向于从事非农职业,村庄特征表现在距离县城越近的农村劳动力从事非农职业的概率越大;基于此,文章指出县域村镇体系的中心地发展与规划建设是乡村转型发展的关键地域节点。① 徐双军聚焦回流农民工再就业问题,从社会支持角度展开分析,指出返乡农民工再就业社会支持方面存在诸多不足,主要表现在:政府在返乡农民工再就业方面保障政策不到位、形式化,市场在维护返乡农民工权益方面不规范,企业存在歧视返乡农民工的问题,返乡农民工自身受教育水平低且学习能力不足;为此,文章从社会支持网络的主体出发,建议政府、市场、企业和返乡农民工个人都要明确自身不足,搭建好强大的返乡农民工再就业社会支持网络。②

除以上专题性研究外,还有一些综合性研究,如戚迪明从三方面探讨了农民工回流议题,即农民工为什么会回流,回流到哪里去,回流后从事什么工作,研究指出农民工回流主要原因是家庭因素,其次是城市工作环境、年龄、身体状况等因素;农民工回流地可分为县镇和农村,选择县镇的原因是离家近同时又喜欢城市生活,选择返回农村是因为熟悉农村生活、想回农村过安定生活;

---

① 杨忍、徐茜、张琳、陈燕纯:《珠三角外围地区农村回流劳动力的就业选择及影响因素》,《地理研究》2018 年第 11 期,第 2305—2317 页。
② 徐双军:《返乡农民工再就业社会支持问题研究》,《安阳工学院学报》2019 年第 3 期,第 12—15 页。

回流后较回流前职业类型有明显变化,力工、零工、服务员和低技能工人等比例下降,而自雇、办事员等比例上升。① 此外,一些研究对农民工回流的研究现状做了反思。齐小兵指出,农民工回流的研究主要集中于回流规模、回流原因、回流农民工群体特征以及回流造成的社会影响等方面,总体上看,中国农民工回流研究仍处于起步阶段,而且过多地侧重于宏观层次的回流原因分析与回流影响的考察,缺少对回流农民工个人层面的具体分析,还需要进行更为深入、细致的调研分析与经验考察。② 陈世海认为国内学者大量借鉴推拉理论、新劳动力迁移理论、社会网理论、社会资本理论以及产业转移理论来探讨农民工回流现象,但尚未凝练出本土化理论体系;学术领域针对农民工回流影响因素、对策开展了丰富研究,但是认为农民工回流是城镇化倒退,是一种向下流动、不利于缩小城乡差距等观点有待商榷。③ 任洲、刘爱军认为,目前对农民工回流的研究还有多个角度有待进一步深入探讨:大多局限于宏观角度,对于农民工个体的研究还有待进一步深入;缺乏具体政策制定的研究;对回流农民工所产生的作用分析多集中于经济发展方面,对文化、政治生活、法制等方面的分析较少。④

综合以上可知,关于农民工回流议题的探讨历程较长,且研究成果甚为丰富,但仍存在需要进一步拓展的方面。如回流农民工社会、政治和经济等参与状况,回流农民工角色认知变化以及角色认知建构、重构等问题;此外,目前研究多聚焦"回流",系统性视角下的审视还有待展开,即从外出—回流—再实践整体理解农民工流动问题。因此,这些尚未回应的问题为本研究的展开提

---

① 戚迪明:《城市化进程中农民工回流决策与行为:机理与实证》,博士学位论文,沈阳农业大学,2013 年。

② 齐小兵:《我国回流农民工研究综述》,《西部论坛》2013 年第 2 期,第 28—34 页。

③ 陈世海:《农民工回流辨析:基于现有研究的讨论》,《农林经济管理学报》2014 年第 3期,第 265—272 页。

④ 任洲、刘爱军:《农民工回流问题研究综述》,《农村经济与科技》2015 年第 5 期,第163—166 页。

供了切入口,也将成为本书价值意义所在。

第三节　问题聚焦

本书立足于乡村振兴大背景,在已有研究基础上,展开问卷设计、调查和个案访谈,收集相关数据和研究材料,并综合利用定量和定性的研究方法,来深化农民工回流问题的探讨,重点聚焦的问题包括以下方面。

一、回流农民工身份特质问题

回流农民工均有过外出务工经历,异文化体验或差别化的社会生活实践对个体是有影响的,但是这种影响造就的身份特质主要呈现在哪些方面,目前这方面的研究还未得到充分展开。一般而言,这种变化可能会呈现在个体认知、行动能力和资源禀赋等方面,但仍需进一步论证和充分诠释。要充分认知回流农民工身份特质问题,一般可通过以下四个角度来对比分析:一是对比分析农民工回流前后的特质变化,从而能直观理解回流农民工自身的结构变化;二是对比分析回流农民工与在外农民工的特质差异,从而进一步反思农民工回流的动因,换言之,揭示具有哪一类身份特质的农民工更愿意选择回流;三是对比分析回流农民工与在地村民的特质差异,以进一步思考回流农民工参与乡村治理、乡村振兴的可能性和价值;四是对比回流农民工内部的特质差异,回流农民工并非毫无差异、整齐划一,至少已有研究表明,回流农民工存在代际差异,为此,至少需要引入代际变量,来认识如新老两代回流农民工的特质差异。

二、回流农民工乡村社会参与问题

现有研究主要聚焦回流农民工再就业问题,换言之,这是对回流农民工经济参与问题的研究。除此之外,其社会参与和政治参与又是怎样一种状态?

对于这些问题已有研究较少涉及,以至于难以全景式理解回流农民工群体。为此,本书将从社会参与、政治参与和经济参与等方面系统阐述回流农民工在乡村社会的实践状况、偏好及其路径,从而立体化、多维度呈现回流农民工的实践行为。展开这方面的研究和讨论,具有显在的价值。通过回流农民工社会参与的描述和分析,能够为乡村社会生活方式的变革和推进提供价值参考;通过回流农民工政治参与的描述和分析,能够为推进乡村社会治理现代化提供路径参考;通过回流农民工经济参与的描述和分析,能够为乡村产业振兴提供可行的经验借鉴。这对乡村社会发展和充分挖掘运用回流农民工潜在价值具有重要意义。

三、回流农民工角色认知与构建问题

回流可以理解为一种发生机制,它在影响乡村社会变化的同时,也带来了农民工角色认知的变化。基于此,有必要分析农民工角色变化和身份建构问题。对此,可从三个层面展开:一是分析乡村社会个体身份构建的形成机制,从而为后续问题的研究奠定基础;二是分析农民工回流前后自我角色认知的变化;三是从他者立场,分析回流农民工在乡村社会中的身份认知问题。

四、农民工流动的理论诠释问题

现有研究多是聚焦回流单一过程,进而引入如推拉理论等解释农民工流动现象,但这种研究视角忽视了系统诠释问题,未将外出和返乡再参与衔接起来,以至于难以从宏观层面和理论层面认知农民工流动问题。农民工外出、回流和返乡再参与是一个系统性的行为实践过程,在行为选择上有其内在的逻辑和机制,如何突破现有理论呈现契合中国农民工流动问题的本土化解释框架,在如今显得尤为必要,从而才能够对农民工流动议题做一个总体性回应。这也是一些研究者大力倡导和探索的,即提炼本土化理论解释路径理解中国农民工流动问题。关于这部分内容,将在第二章中进一步阐述。

第四节　研究设计

一、研究内容

(一)主要内容

本书主要内容体现在四个方面:一是在现有研究基础上,构建新式理论解释框架,解释农民工流动问题;二是从流动的全过程描述和分析农民工的特质、差异和行为参与;三是描述和分析回流农民工的身份特质,依据回流动因和主动性程度等条件细分回流农民工,确认具备怎样的身份属性特征农民工更愿意选择回流;四是从社会参与、政治参与和经济参与描述和分析回流农民工的行为实践,从而为政策制定提供经验借鉴,以更好支持回流农民工在农村建设中发挥更大、更积极作用。

(二)具体内容

结合研究主题、聚焦的问题和主要内容,本书具体包括十个章节。

第一章通过研究背景的分析和文献梳理,阐述和明确本书关注的基本问题、研究内容和基本思路。第二章通过人口迁移相关理论的梳理和已有的研究思考,设计并搭建本书的理论分析框架。第三章主要描述和分析相关调查数据,以呈现回流农民工的基本特征。

第四章到第八章主要从农民工外出、回流和返乡参与三个维度,解释农民工回流的相关内容。其中,第四章主要对农民工进城务工的原因、生活方式、就业状况、社会交往与社会保障等方面展开全景式描述和分析,并探讨农民工城市务工经历对回流行为的影响作用;第五章主要是分析农民工的回流动因,并根据回流动因的差异对回流农民工进行类型划分,进而阐述不同类型回流农民工的群体差异;第六章主要是通过社会参与意识和行为两方面描述回流农民工社会参与状况,并对不同类型的回流农民工、回流农民工与未回流农民工、回流农民工与在地村民展开比较分析,以进一步呈现回流农民工社会参与的特性与影响因素;第七章主要描述和分析回流农民工政治参与现状,并通过不同群体的对比分析,进一步呈现回流农民工政治参与的特性和影响因素;第八章主要从赋闲、务农、打零工和创业等四个方面阐述回流农民工经济参与状况及偏好,并进一步分析回流农民工的创业行为及其影响因素。

第九章主要从乡村舆论场的角度出发,通过回流农民工行动实践的观察和分析,来理解回流农民工身份重构问题。第十章是本书的最后一章,在回顾和总结前几章内容基础上,展开理论思考和学术讨论,同时,结合本书的研究内容,对发挥回流农民工价值作为和助力乡村振兴实践提出政策建议。

二、研究方法

(一)研究思路

本书在梳理相关文献基础上,搭建理论分析框架,运用问卷调查、个案访谈等方法收集和整理相关资料,阐述回流农民工群体的基本特征,并从外出、回流和返乡参与全过程审视农民工的流动,通过回流农民工、在地村民和未回流农民工的对比分析,呈现回流农民工的群体差异和身份特质,进而从社会参与、政治参与和经济参与三个维度深度剖析回流农民工的实践差异和价值作为,最后结合乡村社会身份建构机制探讨回流农民工的角色认知和身份重构等内容,以便对农民工回流问题做出全景式理解。此外,在实证分析的基础上,结合人口迁移理论和乡村振兴时代背景展开学术对话和政策思考,以深化农民工流动的理论认知和发挥回流农民工服务乡村振兴的价值作用。本书基本按照这样的研究技术路线展开:背景分析—文献梳理—提出问题—理论回顾—建立理论分析框架—数据分析和过程阐述—理论提炼与对策建议。

（二）具体方法

1.文献分析法。系统收集和整理研究农民工回流与人口迁移主题相关的国内外文献，包括经验研究和理论研究，进而厘清研究思路，明确研究问题，建构分析框架。

2.问卷调查法。考虑到东中西部的地区差异，为了保障调查数据更具代表性，本研究选取了东部浙江省、中部江西省和安徽省、西部贵州省四地作为问卷调查点。根据问卷调查的抽样程序，在每个地区选择一定比例的样本量，以了解回流农民工的基本情况和构成。

3.深度访谈法。在问卷调查的同时，选择与回流农民工及其家人、在地村民、村干部等群体，进行深度访谈，以补充和丰富研究材料，以便数据与访谈材料能够得到相互支持、相互验证。

4.案例调查法。这部分主要是关于回流农民工乡村参与的材料挖掘和补充，对调查中发现的成功或失败案例进行深度调查，从成功案例中寻找经验，从失败案例中寻找教训，并以此来检验本研究提出的基本观点。

三、研究价值

（一）研究视角的创新

本书全过程考察了农民工流动状况，能够深化农民工问题的系统认知，规避因单一过程研究而导致认识受限、偏差的情况出现。目前关于农民工或农村流动人口的研究基本是单一过程的考察：或研究农民劳动力流出问题，或探讨农民工城市融入状况，或分析农民工回流现象。本书指出，农民工流动是一个系统过程，而非单一行动，为此需要考察农民工流动的全过程,从而才能全面理解农民工在流动中所呈现的各种行为反映和行动决策。

(二)学术思想的创新

目前关于农民工流动问题的探讨,多采用经济学的人口迁移理论来解释,或基于特定调查数据而做出经验回应,较少对其中逻辑做出进一步探讨。农民工回流既有宏观社会经济结构因素的影响,又有微观个体意愿、发展期望和生命历程变化等因素影响,还存在家庭责任履行、文化适应和认同等中观因素的影响。但这些因素作用于个体并引发个体行为决策的逻辑还有待于细致回应。为此,本书在既有经验研究和理论诠释基础上,引入需求理论,通过"流出"、"回流"和"返乡参与"三个阶段的历时性考量,围绕"人生历程"、"家庭分工"、"价值追求"、"风险规避"和"角色认知"五个方面展开细致分析,以对农民工流动问题的理论解释做出进一步探讨。

(三)研究方法的创新

本书注重理论研究与实证研究的有机结合,保证研究论述的科学性。首先,本研究是建立在跨区域实证调研基础上,从而能够尽量规避样本的同质性;其次,对相关群体进行多维度对比分析,更全面和科学地细化揭示回流农民工的群体特质;最后,在实证研究基础上进行理论解释,从而保障本书逻辑清晰、论述有力、论点有据。

(四)现实价值的创新

在乡村振兴、脱贫攻坚和决胜全面建成小康社会的时代背景下,人才对乡村发展至关重要,而农民工回流恰为乡村社会发展提供人才支撑带来了良好机遇。因此,如何发挥好回流农民工服务乡村振兴的价值变得至关重要。本书在阐述回流农民工群体特质、社会参与、政治参与和经济参与（创业行为）等内容基础上，重点分析了回流农民工乡村实践参与的影响因素，并基于存在的问题，提出了一些优化乡村发展和推进乡村振兴的政策建议，这对精准制定和实施乡村发展的相关政策、盘活乡村人才资源具有一定助益。

第二章　理论基础与分析框架

第一次工业革命后,随着生产力的解放和交通工具的革新,人类在空间上大范围的迁移和流动成为可能。人口流动作为一项综合性社会实践,既有复杂的社会动因,也有特定的社会结果导向,吸引了包括经济学、管理学和社会学等多门社会科学的关注。因此,本章主要阐述人口流动的相关理论基础,为本书理论解释框架的构建奠定基础。

第一节　理论基础

关于人口流动问题的探讨,最先发生于西方理论界,伴随着第一次工业革命的发生,西方发达国家出现大量农民离开农村进入城市,成为工人的人口流动现象。基于此,以经济学为主的理论研究者从个体经济理性、产业结构特征等角度阐述了人口流动发生的社会动因。

一、国外人口流动理论的演进

关于这方面的研究,杨肖丽[①]、戚迪明[②]等人做了较充分阐述。为此,该

---

①　杨肖丽:《城市化进程中农民工的迁移行为模式及其决定》,博士学位论文,沈阳农业大学,2009 年。

②　戚迪明:《城市化进程中农民工回流决策与行为:机理与实证》,博士学位论文,沈阳农业大学,2013 年。

部分内容将在其基础之上做进一步梳理。国外对于人口流动的研究最早可以追溯到 17 世纪中后叶的威廉·配第（William Petty）时期，至今已有四个多世纪。配第在其名著《政治算数》（1672）中研究了劳动力在不同部门间流动的原因：随着经济的不断发展，产业中心将逐渐由有形财物的生产转向无形的服务性生产。1691 年，配第根据当时英国的实际情况明确指出：工业往往比农业、商业往往比工业的利润多得多。因此劳动力必然由农业转向工业，而后再由工业转向商业。1940 年，英国籍经济学家科林·克拉克（Colin G.Clark）在配第的研究基础之上，经过经济大样本的观察、计量和比较之后，认为随着人均国民收入水平的提高，劳动力首先从第一产业（农业）向第二产业（工业或制造业）转移，当人均国民收入水平进一步提高时，劳动力便向第三产业（商业或服务业）转移。克拉克认为他的发现只是印证了配第在 1691 年提出的观点而已，故后人把克拉克的发现称之为"配第—克拉克定理"。

配第—克拉克定理是从经济学的角度侧面说明了人口在产业格局中的迁移规律，而拉文斯坦（E.G.Ravenstein）的人口迁移法则是公认最早的人口迁移理论。拉文斯坦基于英国人口迁移的观察和研究，于 1885 年发表了《论迁移的规律》，系统地分析了人口迁移的现象和规律，并且提出了他的迁移法则：（1）大多数迁移主要基于经济因素；（2）乡村居民较城镇居民更具迁移倾向；（3）迁移人口数量与迁移距离成反比；（4）人口迁移具有阶梯特征，即城市周边居民先迁入城市，留下的空隙地区由迁移的偏远地区居民占据；（5）每一次移民潮发生后，总有一次反向的、补偿性的移民潮出现；（6）女性偏好短距离迁移；（7）向外迁移主要发生在 20—35 岁。

拉文斯坦的人口迁移法则在随后的 20 世纪依旧被大量的经验所证实，西方学者借此从人口地理学、政治经济学、发展经济学等诸多学科出发，提出了一系列相应理论。其中，最广为人知和应用最为广泛的当属"推-拉理论"。赫伯尔（R.Herberle）在 1938 年发表的《乡村—城市迁移的原因》一文中指出，迁移是由一系列力量引起的，这些力量包括使一个人离开一个地方的"推力"

和吸引他到另一个地方的"拉力",推力和拉力的共同作用促使人们由乡村向城市迁移。20世纪50年代末,唐纳德·博格(D.J.Bogue)明确提出了人口转移的推拉理论。他认为,从运动学的观点看,人口转移是两种不同方向的力相互作用的结果,一种是促使人口转移的力量,即有利于人口转移的正面积极因素;另一种是阻碍人口转移的力量,即不利于人口转移的负面消极因素。在博格提出该理论后,迈德尔(G.Mydal)、索瓦尼(Sovani)、贝斯(Base)、特里瓦撒(Trewartha)都做了一些修正,而李(E.S.Lee)则在《移民人口学之理论》一文中提出了推拉理论的完整分析框架,包括迁出地的影响因素、迁入地的影响因素、迁移过程的障碍和个体特征等四方面的内容,试图解释从迁出地到迁入地的过程中所遇到的拉力和推力以及不同人群对此的反映,人口流动则是由这些因素共同作用的结果。

第二次世界大战以后,随着经济理论的快速发展,研究人口迁移问题的学者们利用经济理论把以前的迁移原则、规律模型化,出现了较为有名的刘易斯模型和托达罗模型。

1954年,美国经济学家刘易斯(W.A.Lewis)发表了《劳动无限供给条件下的经济发展》一文,提出了著名的关于劳动力迁移的刘易斯模型。该模型把发展中国家的国民经济划分为以农业为主的传统部门和以工业为主的现代部门,传统的农业部门由于没有资本等要素投入,使得劳动边际生产率低,工资率也较低,出现大量劳动力剩余;而现代工业部门劳动边际生产率较高,其工资率远高于农业部门。在农业劳动力自主选择情况下其有从农村流向城市的倾向。只要城市工业部门保持高于农村收入的工资率,就可以从农村源源不断地获得劳动力,即现代工业部门获得的劳动力供给是"无限的"。同时由于农业部门的边际生产率较低,从中转移出部分劳动力,不仅不会减少总产量,反而会提高人均产出水平。1961年,美国经济学家费景汉(J.C.H.Fei)和拉尼斯(G.Ranis)发表《经济发展的一种理论》一文,该文在对刘易斯模型进行修正的基础上,进一步发展了农村劳动力迁移模型,一般认为他们是从动态角度研究农业和工业均衡增长的二元结构理论。费景汉和拉尼斯认为，刘易斯模型有两点缺陷：一是对农业在促进工业发展的作用重视不够，二是农业劳动力向工业部门流动的先决条件应是农业劳动力生产率的提高。基于此，费景汉和拉尼斯提出了农业剩余劳动力转移为核心的 F—R 模型。该模型把双元经济结构的演变分为三个阶段，这三个阶段直接表现为农业劳动力的流动过程：第一个阶段，传统的农业部门存在着显性失业的农业劳动力，劳动生产率等于零的那部分劳动力发生流出；第二个阶段，随着农业劳动力持续向工业部门转移，农业劳动力减少使得农业部门的劳动边际生产率上升，变为大于零但小于不变制度工资，这时农业劳动力由显性失业变为隐性失业；第三个阶段，在该阶段由于农业部门中的隐性失业者已基本转移，农业实现完全商业化，这时工业部门要转移农业劳动力，需要付出大于不变制度工资且由劳动边际生产率决定的工资，因此这部分的农业劳动力已经变成了竞争市场的产品。由于刘易斯模型包括修正后的刘易斯—拉尼斯—费劳动力转移模型（LRF 模型），难以解释农村劳动力会不顾城市失业而继续向城市流动的问题，而后产生了托达罗劳动力迁移模型。该模型出发点是：农村劳动力做出向城市流动的决策，是根据预期的城乡收入差距而不是城乡现实的收入差距，只要其在城市中预期的收入值比农村现值大，迁移的决定就是合理的。

1980 年以后随着世界人口迁移格局的变化，部分学者对新古典迁移模型的许多假设提出了质疑，并通过实证研究取得突破性进展，诞生了一些新迁移理论，其中代表性的是以斯塔克为代表的新经济迁移理论（The New Economics of Labor Migration）。

新经济迁移理论最重要的假设前提是：传统理论假设个人为决策主体，而该理论认为迁移决策单位为家庭；利益实体是风险最小化而并非以前的收入最大化，也就是说工资差异不是发生迁移的必须条件，即使没有工资差异，部分家庭也可能出于分散风险的需要而进行迁移，并且由于在农村市场条件下家庭收入的不稳定性，为了规避风险，部分家庭会让其部分成员外出打工，以减少对当地传统收入来源的依赖。根据新经济迁移理论,劳动力外出或迁移的决策是由家庭集体决定,由于家庭成员的异质性(其年龄、文化素质和技能存在差异),为追求福利最大化,家庭会安排一部分人外出打工挣钱,剩下的人留在家里从事农业劳动。外出劳动者有义务将其收入的很大一部分寄回补充家庭收入,而当外出者失去工作时也可以获得家庭支持。这很好地解释了如果两个地区之间的收入差距或预期收入差距不存在时,农村劳动力的迁移仍会存在,以及在广大发展中国家包括我国农村地区存在的情况:一个家庭中往往有一个或几个成员在城市务工,其他家庭成员仍留在农村从事农业生产;外出务工的家庭成员会把其打工的大部分收入所得(除了其在城市的消费之外)寄回家以补贴家用。

中国学者初始研究中国社会的人口流动问题时,较多沿用这些理论解释框架。随着研究的推进,一些学者逐渐反思这些理论在解释中国问题上的局限性。由此,引发了一批中国学者在西方理论基础上探寻本土化的理论解释框架。

二、人口流动问题的本土化理论探索

段成荣最早从"社会权利"的角度探讨了中国人口流动问题,他从法理学的角度梳理了1949年之后中国人口流动的基本情况,指出在法理上尤其是《中华人民共和国宪法》,一直保障人们的"迁徙自由",但在政策制定和实施过程中却无形构建了人口流动的社会壁垒,由此,他在反思一个基础问题:流动违法吗?[1]

众所周知,20世纪五六十年代,以"户籍制度"为代表的体制结构造成了城乡社会的二元分割,自此,人口流动在制度上被严格限制。改革开放后,户籍制度逐渐松绑,这为人口流动创造了基础社会条件,也为人口流动问题的理

---

[1]　段成荣:《关于当前人口流动和人口流动研究的几个问题》,《人口研究》1999年第2期,第48—54页。

论探究构建了可能,与此同时,一个特定的社会群体——农民工逐渐在中国社会形成。

农民工的流动明显不同于西方社会出现的基于劳动力视角下的人口流动,其中关键在于户籍这个特定的影响因素,这为中国学者反思西方理论的局限性提供了切入视角。李强认为"户籍是影响中国城乡流动的最为突出的制度障碍,它不仅对推拉发生一般的影响,而且还使得推拉失去效力",换言之,推拉效应主要表现在经济上,但在户籍制度限制下基本失去效力。因此,在农民工身上推拉影响发生了分化,一种是表现在单纯为了经济收益而外出打工者身上的推拉因素,对于这部分群体而言,很多推拉因素他们根本不予理睬,他们年轻时候外出打工挣钱,年龄大了则回家乡务农、务工或经商;另一种是表现在准备定居者身上的推拉因素,这部分人则很在意推拉因素。①

由于户籍制度的影响,农民工定居城市或者融入城市成为一种挑战,但是随着国家大力推进城市化行动的展开,农民工融入城市又似乎成为一种要求。基于此,一批学者从城市化角度探讨了人口流动的社会融入问题。王桂新、王利民从五个方面梳理了关于社会融合的研究,分别是城市化与社会融合、户籍制度与社会融合、流动机制与社会融合、社会排斥与社会融合、社会认同与社会融合。② 这些研究对农民工能否融入城市以及在多大程度上能够融入城市做出了一般解释。

具体来看,李春玲通过比较流动劳动力与非流动劳动力的职业地位获得和经济地位获得的异同,考察户籍制度作为一个制度分割机制如何对社会流动产生影响,据此她提出:三重制度分割——二元社会结构、二元经济结构和二元劳动力市场结构,使流动人口劳动力被隔离在特定的社会和经济空间之

---

① 李强:《影响中国城乡流动人口的推力与拉力因素分析》,《中国社会科学》2003年第1期,第125—136页。

② 王桂新、王利民:《城市外来人口社会融合研究综述》,《上海行政学院学报》2008年第6期,第99—104页。

内,而正式制度对这个空间领域的控制和影响较弱,这导致流动人口出现极其特殊的社会经济分层形态和社会经济地位获得模式,也迫使流动人口沿着特殊的流动路径并遵循着非正式的规则来实现上升社会流动,这些特殊的路径和非正式规则构成了一种社会经济地位获得的非制度模式。[1] 王春光从人口流动的市民化角度出发,提出了"半城市化"的概念,认为"半城市化"是一种介于回归农村与彻底城市化之间的状态,它表现为各系统之间的不衔接、社会生活和行动层面的不融合,以及在社会认同上的"内卷化",由于系统、社会生活和行动、社会心理三个层面的相互强化,农村流动人口的"半城市化"出现长期化的变迁趋向,影响了社会融合和社会变迁的趋向。[2] 杨菊华认为"融入"概念比"融合"更适于形容乡—城流动人口在城市的适应过程及结果;社会融入不是一成不变的单维度概念,而是动态的、渐进式的、多维度的、互动的;隔离是新移民难以避免的遭遇;流动人口的融入轨迹和模式因人群而异,但经济整合通常发生在先,次为文化接纳,再次为行为适应,最后是身份认同;从隔离、选择性融入到融合是多方面、多层面因素综合作用的结果。[3] 此外,杨菊华还尝试构建流动人口在流入地社会融入的指标体系,从经济整合、行为适应、文化接纳和身份认同四个方面梳理出了 16 项指标,以透析流动人口的社会融入状况。[4]

　　以上研究主要在城市化背景下探讨人口流动问题,更进一步而言,是在探讨流动人口在流入地的社会融入问题。基于特定的时代和特定的研究取向,这些研究对人口流动的初次环节——从农村流入城市——基本做了翔

---

　　① 李春玲:《流动人口地位获得的非制度途径——流动劳动力与非流动劳动力之比较》《社会学研究》2006 年第 5 期,第 85—106 页。

　　② 王春光:《农村流动人口的"半城市化"问题研究》,《社会学研究》2006 年第 5 期,第 107—122 页。

　　③ 杨菊华:《从隔离、选择融入到融合:流动人口社会融入问题的理论思考》,《人口研究》2009 年第 1 期,第 17—28 页。

　　④ 杨菊华:《流动人口在流入地社会融入的指标体系——基于社会融入理论的进一步研究》,《人口与经济》2010 年第 2 期,第 64—70 页。

实而深入的理论阐述。但是，以中国农民工的流动为例，从农村流入城市是人口流动的一个方面，而从城市回流到农村又是另一个方面。因此，在 21 世纪初很多学者对农民工的回流问题展开了探讨，这在前文中已经做了系统梳理，故此不再赘述。值得一提的是，李强曾在 2002 年做了一个预判，"从我国的现实看，当我们向城市农民工询问他们将来的去处时，大多数农民表示，他们挣够了钱最终还要回家乡去，在家乡办工厂、做买卖，要像城里人一样安排生活，因此，乡村生活的城市化有可能成为我国农民未来的一种选择。也就是说，乡村虽然仍保留，但生活方式已发生了根本的变革，机械化的劳动方式、城市化的衣食住行、现代的文化生活及闲暇生活等，这些都与城市中的生活方式没有本质区别。而且，由于农村中的自然环境优于城市，而使得城市的生活方式更具吸引力"[①]。基于目前发生的社会事实来看，这种趋势似乎在不断明朗，尤其是随着国家乡村振兴战略的实施，加速加深了这种现象的呈现。

因此，有必要在现有理论研究基础上，不断完善既有的理论分析框架，深化对人口流动问题的探讨和研究。

第二节　基于理论研究的思考

改革开放后，中国社会出现的农民工流动虽然与西方社会出现的劳动力迁移的内在逻辑有相通一面，如流动背景发生在城市化、工业化和现代化等，流动动因有经济理性、产业结构差异等因素，但是中国社会出现的农民工流动也有与西方社会不一样的情况，流动动因更为复杂，流动方式也较为特殊，从而造就了一批中国本土学者在结合西方理论基础上聚焦中国问题的分析，并形成了一系列理论成果。但正如上文所提及的，现有研究对于农民工流动

[①]　李强：《当前我国城市化和流动人口的几个理论问题》，《江苏行政学院学报》2002 年第 1 期，第 61—67 页。

(包括回流)的系统性问题的探讨还有待进一步拓展,这些拓展可能更需要考虑一些具体问题。

一、农民工的特殊性:双重身份

改革开放后,束缚人口流动的各项制度逐渐松解,为城乡社会人口规模化流动创设了有利社会环境。原本依附于土地而生的农民,在本土劳动力过剩、以农业为主的产业难以吸纳过剩劳动力和追求经济效益等因素的作用下,逐渐远离农村,跨乡跨省进入城市,进入工厂、工业和服务业等,成为企业工人、商店服务员或独立自由择业者(指不受雇主雇佣,单干,如零工等),他们大多数人在城市劳动力市场末端从事着最基础、最低端的工作,由此他们成为产业工人。但是,这种身份并非持久不变,在社会保障不健全和户籍制度区隔分明等现实情况下,他们难以真正融入城市,以"工人"的身份驻地生根;每逢过年过节或农忙时分,他们大多数会返回到农村,继续在农村生活和从事农业活动,因此,"农民"的身份他们仍然延续着。基于这种状况,他们被称为农民工。但随着个人发展机遇的出现和个体资本的积累,小部分群体可能逐渐在城市落户、立足,逐渐脱离了农民身份成为城市人。但是,绝大部分人仍然以"农民工"的身份继续"候鸟式"流动。

与中国社会相比,西方社会出现的劳动力迁移和流动,更多是从农民变为工人或从某一行业的工人转变为另一行业的工人,就地化融入相对彻底,以至于其身份和角色的转变相对彻底。但是,中国社会出现的农民工难以融入城市彻底成为市民,即使他们多数时间在城市生活工作,一定程度上享有城市公共服务,但是,他们仍难以彻底改变身份停止流动。故此,王春光将农民工的城市融入状态理解是"半城市化"。"半城市化"是农村人口转变为城市人口过程中呈现的一种状态,但是这种状态是不完整的,具体表现在:农村人口从农村转移到城市工作,和城市居民相比,他们不能享受因城市户籍带来的各方面福利,比如教育、住房、医疗等方面都不能得到最有效保证,他们在城市没有选举权和被选举权，维权之路也很艰难，难以真正适应城市社会。①

这种特殊的境遇使得农民工流动成为一种常态，也造成了和西方社会劳动力迁移状况的不同，为农民工的回流隐含了前提。

二、人口流动中人的主体性问题

随着人口迁移理论的推进，相关研究越来越重视流动者作为主体的内在张力。工业化、城市化和现代化是人口迁移和流动发生的宏大社会作用机制，但是在这个社会机制之下，仍然呈现出人——这一独立主体作用的空间。由于不同个体其自身特质存在差异化，因此，社会因素作用于不同个体，其效果是有偏差的。为此，在理论化诠释人口流动问题时，不可忽视地要考虑人的主体性问题。

社会因素作用于人的效果，关键在于是否能够迎合个体的需求。个体在不同年龄阶段和特定社会环境下，具有不同需求。美国心理学家亚伯拉罕·马斯洛于 1943 年在《人类激励理论》中提出，人类需求像阶梯一样从低到高按层次分为五种，分别是：生理需求、安全需求、社交需求、尊重需求和自我实现需求。② 因此，对于人口流动或迁移的问题探寻，有必要关注流动中的个体，结合个体的需求特征，阐述其流动决策的实践动因。

三、人口流动的系统性问题

随着社会发展不断推进，中国农民工流动结构逐渐发生变化——回流，这种变化无论是基于城市融入的结构性障碍的影响，还是国家政策导向，或农民工基于特定原因而产生的周期性行为选择，农民工回流的事实已经在呈现。

---

① 王春光：《农村流动人口的"半城市化"问题研究》，《社会学研究》2006 年第 5 期，第 107—122 页。

② Maslow，"A Theory of Human Motivation"，*Psychological Review*，No. 50（1943），pp. 370-396.

这种事实的产生为既有研究理论提出了一定挑战。目前,关于农民工回流的研究越来越多,但是现有的研究还存在一些局限性。

比如,现有研究着重在探析农民工回流的动因,而忽视了农民工回流后的社会政治参与;现有研究重在从社会结构层面认知农民工回流议题,而忽视深层次机理性问题的诠释,如在乡村社会当中,个体角色认知是如何建构的;农民工经历回流前后角色认知发生了怎样的变化;农民工回流到乡村社会后,在地村民眼中的回流群体又是怎样的,事业成功者还是被迫逃离者? 因此,现有研究多是单一看待农民工回流问题,而缺乏一种系统性,从外出—回流—再实践整体看待农民工流动问题。基于此,需要从系统性角度审视农民工流动问题。

第三节　理论分析框架构建

结合以上内容的分析,本书在搭建农民工回流问题理论分析框架时主要从两个维度展开,第一个维度是流动状态,第二个维度是关注人的特性,即流动者的特征。

一、分析框架的二维结构

（一）维度一:农民工的流动实践机制与过程

影响农民工生活状态的变化关键在于实践机制,实践机制的变化进而导致农民工生活场域、社会行动和身份角色的变化。农民工回流是农民工流动的一个阶段性过程,为此,对农民工回流问题的探讨应该从农民工流动的完整视角出发。

引发农民工流动取向差异的具体发生机制是外出和回流。从外出这个角度而言,可将农民工生活状态分为两方面,分别是外出前的农村生活和外出后的城市生活。从回流这个角度理解,也可将农民工的生活状态分为两方面,分别是回流前的城市生活和回流后的返乡生活。此外,返乡后不同个体因社会资本、行动能力和意愿等差异,进而导致不同的实践取向和实践结果。故此,返乡参与也成为系统理解农民工流动问题的另一个实践机制。由此,农民工完整流动过程应该是外出前—外出—外出后(回流前)—回流—回流后返乡参与等环节,而促成流动过程和角色身份变化的实践机制是外出、回流和返乡参与。

(二)维度二:作为实践主体的农民工

结合马斯洛需求层次理论等相关研究和调查中所掌握的研究资料,可将农民工主体结构特征分成三个层面,分别是基础状况、需求取向和角色认知。基础状况根据个体和家庭两个维度,可分成流动者年龄和家庭分工两个方面。需求取向既有主动价值追求又包括隐性风险规避考量,故此,可将需求取向细分为价值追求和风险规避两个维度。角色认知是在前两个层面基础上做出的结果判断。归纳而言,实践主体的特征具体涵盖年龄、家庭分工、价值追求、风险规避和角色认知五个方面。

在不同流动阶段,这五个方面呈现的具象内容是有差异的。伴随着流动状态的变化,农民工的年龄、家庭分工、价值追求、风险规避以及角色认知也在发生变化。年龄反映的是农民工人生历程的变化,在不同人生历程中,其价值追求和风险规避的取向是不一样的。家庭分工呈现的是农民工在不同年龄阶段扮演的家庭角色,比如在年青阶段还未组建家庭时,是以子女的角色存在,对家庭的职责主要是赚钱增加家庭收入;组建家庭并生育子女后,他们将获得父母这个角色,其职责包括抚养子女、赡养老人等。价值追求和风险规避的具体取向在不同流动状态各不相同,这与人生历程和家庭角色扮演的变化紧密相关。角色认知呈现的是不同流动状态下角色身份的差异,尤其是在回流后,因其取得成就的差异造成了不同的角色认知,此外,角色认知还包括乡村社会中他者对角色主体的评判,如"成功者"或"逃离者"等。

因此,作为实践主体的农民工在不同流动阶段,其特征是不同的,但主要表现在人生历程、家庭分工、价值追求、风险规避和角色认知等五个方面。

二、分析框架的图景勾勒

综合上述内容的阐述,基本明确了本书的基本理论分析框架。在这个理论分析框架中,"流动状态"是横向的历时性考量,从"外出"、"回流"和"返乡参与"三个实践机制具体呈现;"实践主体"是一种纵向的共时性特征的揭示,包括"人生历程"、"家庭分工"、"价值追求"、"风险规避"和"角色认知"等五个方面。

具体结构如表 2-1 所示:

表 2-1　理论分析框架

		流动状态		
		外出	回流	返乡参与
实践主体特征	人生历程			
	家庭分工			
	价值追求			
	风险规避			
	角色认知			

根据这一理论分析框架,既能够阶段性地了解农民工流动的基本特征、决策动因及其角色定位,又能够通过阶段性对比完整性地透析农民工因流动和实践等发生机制所产生的嬗变,从而为系统研究农民工流动(回流)问题奠定基础。

外出和回流是两个相反方向,通过人生历程、家庭分工、价值追求、风险规避、角色认知等五个方面对两种阶段特征的阐述,能够深化理解农民工回流的决策动因。而返乡参与的细致剖析，能够进一步聚焦回流农民工在乡村社会的实践取向，故此，对于这部分内容需要突破现有研究中以就业为核心的返乡实践议题的探讨，通过社会参与、政治参与和经济参与三个维度全面呈现返乡农民工在乡村社会的实践作为，从而为发挥人才价值服务乡村振兴提供政策建议参考。仍需强调的是农民工返乡实践议题的探讨，它不仅能够验证流动和回流这一发生机制产生的实践效果，同时还能为现代乡村社会中个体价值参与、角色身份重塑和优化乡村治理等实践机制的研究提供另一种路径参考。随着人口流动性的扩大，乡土性与现代性的冲突愈演愈烈，传统的乡土社会逐渐被挖掘，费孝通先生笔下的"长老权力"形塑路径已被解体，依托流动机制能否重新构建一批精英群体，并得到乡村社会群体普遍认同，以服务乡村社会发展，这仍是一个亟待回应的话题。尤其是近年来，国家和地方社会大力号召乡贤回归乡村社会，参与乡村治理推动乡村社会治理的现代化。在这样的背景下，对农民工返乡参与议题的探讨或检验，显得既有意义又有新意。

综合以上，本书围绕流动状态和实践主体这两个维度，通过人生历程、家庭分工、价值追求、风险规避、角色认知等五个方面详细阐述农民工外出、回流和返乡参与等内容，搭建理论分析框架。这两个维度的选择尽管可能存在某些局限，但却能清晰阐述农民工流动过程中的结构演变，如此，也不失为一种有效可取的研究探索。

第三章　谁是回流农民工

要理解"回流农民工",首先需要了解"农民工"这个概念。"农民工"是中国社会特殊语境中形成的概念,是在以户籍为代表的制度效应和城乡社会流动的条件下而产生的群体。正如前文所阐述的,农民工最基本的特征是身份的双重性——从城乡二元户籍制度来讲,农民工身份的本质属性是"农民";从职业类型来说,农民工离开农村、从土地中解放出来,进而脱离"农民"这一职业身份,进入城市成为产业工人。2016年,中国大陆31个省份均已出台户籍改革实施意见,普遍取消农业与非农户口的性质区分,农民和城镇居民统一改为居民,以逐步实现基本公共服务的均等化。这意味着,自1958年以来实施的城乡二元户籍制度将退出历史舞台。但是,"农民工"并未因显在制度的名义变革而彻底消失于历史舞台,深嵌于城乡发展不平衡和城市融入艰难而造就的结构性差异,依然在城乡人口流动问题上发挥效应。但是,随着国家发展农村相关政策、战略的实施——如乡村振兴战略,以及个人、家庭和社会其他因素的共同作用,在城乡人口流动方面逐渐产生了农民工回流的现象。故此,对这类群体称之为回流农民工。

第一节　基础概念:农民工与回流农民工

　　本书涉及一些基础概念,在群体方面主要包括农民工、回流农民工、未回流农民工和在地村民,在机制表达上包括外出、回流或流动等。群体往往是源于机制发生而形塑,比如在"外出"务工这一机制上,延伸出了农民工和在地村民的区别——对于普遍农民而言,参与外出务工的农民往往被建构成了"农民工",而未参与者则被视为"在地村民";在"回流"这一机制上,对于普遍农民工而言,同样延伸出了"回流农民工"和"未回流农民工"的群体区分。因此,对这些概念的理解,下文将综合进行阐述。

　　"外出"是流动的一种形式,是基于特定主体区域归属视角下而做出的一种行动表达。但是,本书理解的"外出"是指农民基于职业导向或诉求而做出的一种行动决策,"外出"一词尤为凸显的是从"农村"到非农村——"城市"——的区位分割。

　　农民工的概念界定由来已久,如陆学艺认为农民工是指常年或大部分时间从事第二、第三产业劳动,但户口仍然是农业户口,户籍在农村,有承包田,身份还是农民,不享受城镇居民的各种补贴,不享受公费医疗等劳保待遇,离土又离乡,在城市的厂矿、机关、企业、商业、服务业劳动[1]。对此,朱力认为这一划分清晰了农民工的身份属性,但是职业方面却显得模糊,即"农民工的职业范围跨度太大",为此他将"农民身份的私营企业主定为农民工阶层的上限,而(具有游民性质的)'三无'人员则是农民工阶层的下限"[2]。《中国农民工战略问题研究》课题组认为,"农民工是我国经济社会转型时期的特殊概

---

[1]　陆学艺主编:《当代中国社会阶层研究报告》,社会科学文献出版社 2002 年版。
[2]　朱力:《农民工阶层的特征与社会地位》,《南京大学学报(哲学·人文科学·社会科学版)》2003 年第 6 期,第 42 页。

念,主要是指户籍身份在农村,但主要从事非农产业、依靠工资收入生活的劳动力"①。同时,依据流动的跨区域程度,对农民工的理解分为广义和狭义,其中广义的农民工是指"包括在县域内二、三产业就业人员和跨地区外出务工人员"②,狭义的农民工"一般指跨地区外出务工人员"③。以上研究在农民工的农民身份属性上秉持一致,但在就业选择或职业类型、流动跨区域程度等方面做出了细分。此外,外出时间期限也成为影响农民工界定的重要因素。如《中国农民工战略问题研究》课题组指出国家统计局和农业部(现为农村农业部)在农民工统计口径上存在差异。国家统计局关于农民工的统计有两方面,一是农村劳动力转移,指当年在乡以外就业半年以上(包括到乡外仍然从事第一产业的劳动力)或在本乡以内从事非农就业活动半年以上的农村劳动力;二是农村外出就业劳动力,定义为本年度内在本乡以外的地域就业1个月以上的农村劳动力。农业部使用的农村外出劳动力是指在户籍所在乡镇之外从业,外出时间在3个月以上的农村劳动力。因此,农业部的统计口径小于国家统计局的口径④。此外,国内其他相关学者对"农民工"一词的界定也有所不同,但农民工群体的基本特征大致相同。为此,在参考已有研究基础上,本书认为"农民工"应包括以下几个要求:一是年龄在16周岁以上,具有农村户口,部分虽不具有农村户口,但其非农户口的取得主要通过在城市买房获得,也包括一部分处于城市郊区的农民因为城市化快速扩张失去土地而获得城市户口者;二是没有接受过全日制大学及以上的高等教育,但包括接受过中等职业教育者;三是对于外出区域上,是指在县及县以外的区域务工,且年累计外

---

① 《中国农民工战略问题研究》课题组:《中国农民工现状及其发展趋势总报告》,《改革》2009年第2期,第6页。
② 《中国农民工战略问题研究》课题组:《中国农民工现状及其发展趋势总报告》,《改革》2009年第2期,第6页。
③ 《中国农民工战略问题研究》课题组:《中国农民工现状及其发展趋势总报告》,《改革》2009年第2期,第6页。
④ 《中国农民工战略问题研究》课题组:《中国农民工现状及其发展趋势总报告》,《改革》2009年第2期,第6页。

出在 6 个月及以上者。相较而言，"在地村民"是指截止本书调查实施前未外出务过工的村民，也包括在县及县域以内打零工等短暂务工的村民。

"回流"是相较于"外出"而言，是"流动"的另一种形式，与"外出"相向而行。回流可以发生于多类人群之中，本书探讨的"回流"是指发生于农民工群体中的行动实践。回流是人口流动的一种现象，对农民工而言，回流存在不同具体形式，如永久性回流和暂时性回流。对于因为自身年龄、身体等原因被城市劳动力市场排斥的农民工来说，回流是永久性的；对于能够在城市中得到工作机会的农民工来说，他们在对比回流后和外出打工两者间的收入差异时，很有可能会重新选择走上外出打工的道路。这部分人也许会在没有合适的工作岗位或者为了某个目标，如结婚、生育、赡养老人等回到农村，但是之后依然会选择外出打工，在回流和外出两者间自主切换。这在新生代农民工身上可能表现得更为明显。王春光从社会认同上分析，指出新生代农村流动人口社会认同趋向不明确和不稳定，这种趋向会进一步强化"流动性"，即越来越多的农村人口将游离出农村社会体系和城市社会体系。①

关于回流农民工的概念理解，目前主流的观点主要有两种：一是根据就业选择和主观意愿来界定，因个人原因短期返乡后的农民工会在处理完自己的事情后，尽快重新回到城市，这让他们无法长时间停留在农村，只有不确定自己去向的人会考虑在农村找一份工作；二是依据返乡时间来界定，如有研究将回到农村一年且未外出务工的农民工确定为回流者，也有观点认为时限应该调整为半年，主要原因是希望能够和人口普查的回流者定义保持一致。但如果将时限调整为半年，会扩大农民工中的回流者群体范围，那些同时兼顾种地和务工的农民工，很有可能会因为返乡处理事务而在农村中滞留时间较长，从而在调查和研究时被划分为回流者。故此，将时限确定为一年是较为合适的选择。为此，本书将到城市务工由于种种原因返回家乡、计划在农村长久工作

---

① 王春光：《新生代农村流动人口的社会认同与城乡融合的关系》，《社会学研究》2001 年第 3 期，第 63—76 页。

生活,且截止调查时返回农村居住一年及以上的农民工,认定为回流农民工。总结而言,回流农民工需要满足以下三个条件:一是该农民工曾经外出务工,即离开家乡所在的县区域,并每年累计在外务工6个月以上的相关经历;二是其在返乡后至调查实施时,已返乡一年及以上;三是从未来发展的意愿上,不再有外出务工的意愿。相较而言,未回流农民工是指截止调查前仍然在外务工的农民工,或者拟在近期计划重新返回城市务工的农民工。

源于出生时间和年龄的差异,在"农民工"基础概念之下,派生出了"老一代农民工"和"新生代农民工"等概念。王春光首先提出"新生代的农村流动人口"概念,①并在2001年进一步指出,农村流动人口已经出现代际间的变化,两代农民工的流动动机、社区认同、乡土认同等社会特征存在显著差别。②他与罗霞在2003年将"新生代农村流动人口"修正为两层含义:年龄在25岁以下、于20世纪90年代外出务工经商的农村流动人口,与第一代农村流动人口在社会阅历上差异明显;他们不是第二代农村流动人口,因为不是在第一代农村流动人口外出过程中出生与长大起来的,而是介于第一代和第二代之间过渡性的农村流动人口。③ 随后学界开始了研究新生代农民工的热潮。2010年,中央一号文件正式承认"新生代农民工"这一群体,要求"采取有针对性的措施,着力解决新生代农民工问题"。④ 新生代农民工是较老一代农民工相对而言。廖小平、曾祥云认为代际区分的实质是社会文化属性的区分,在开放性的现代社会,代际区分是出生在不同年代、成长在不同社会环境之下、具有不

---

① 王春光:《新生代的农村流动人口对基本公民权的渴求》,《民主与科学》2000年第1期,第18—20页。

② 王春光:《新生代农村流动人口的社会认同与城乡融合的关系》,《社会学研究》2001年第3期,第63—76页。

③ 罗霞、王春光:《新生代农村流动人口的外出动因与行动选择》,《浙江社会科学》2003年第1期,第111—115页。

④ 《中共中央 国务院关于加大统筹城乡发展力度进一步夯实农业农村发展基础的若干意见》,2009年12月31日,见http://www.gov.cn/gongbao/content/2010/content_1528900.htm。

同社会文化属性的异质群体。①

目前学术界研究新老两代农民工在务工城市的代际差异有很多，研究新老两代回流农民工之间的代际差异则较少，而关于新老两代回流农民工的具体概念界定也未形成具体清晰的表达。故此，本书将1980年以前出生的回流到农村的农民工定义为老一代回流农民工，1980年（包括1980年）以后出生的则视为新生代回流农民工。

第二节　调查研究设计

在明确基本研究对象和研究问题后，本书开展相应的样本选择和组织调研。围绕回流农民工、未回流农民工和在地村民三类群体，本书选择浙江省衢州市龙游县、安徽省六安市裕安区、江西省抚州市东乡区和贵州省安顺市关岭县作为样本区域开展数据调查，这主要基于以下几个方面的考虑。一是安徽、江西和贵州三省既是典型的农民工输出地，也是近几年来典型的农民工回流地，虽然浙江在省级层面来讲不是典型的农民工输出地或回流地，但从省域范围来看，龙游所在的浙西南地区是全省主要的劳务输出地，同样也是典型的劳动力回流地。二是按照所属区域的经济发展水平来看，浙江属于经济发达地区，未回流农民工就业的类型、外出动机、回流后的就业选择以及当地农村治理水平相对较高；安徽属于全国中游地区，近几年来受长三角核心圈经济的辐射和产业梯度转移的影响，越来越多的农民工选择返乡就业，就业类型、方式与外出时有一定的延续性；江西和贵州属于相对不发达地区。因此，选择上述四个区域可以从不同经济发展水平的角度比较回流农民工及其社会作用发挥的差异。

---

① 廖小平、曾祥云：《"代"论》，《江海学刊》2004年第4期，第5—12页。

一、样本选择区域

(一)龙游县

龙游县行政隶属于浙江省衢州市,辖 2 街道、6 镇、7 乡,总面积 1143 平方公里,常住人口 36.24 万人,少数民族 23 个,少数民族人口 10700 人,位于浙江省西部,金衢盆地中部,北靠建德,东临金华市区、兰溪,南接遂昌,西连衢江区,是浙江省历史上最早建县的 13 个县之一,是浙江东、中部地区连接江西、安徽和福建三省的重要交通枢纽,是传统农业县。2018 年实现生产总值 233.4 亿元,财政总收入 22.1 亿元,其中一般公共预算收入 14.8 亿元,完成固定资产投资 173.7 亿元、社会消费品零售总额 143.5 亿元、外贸进出口总额 41.8 亿元,主要经济指标总体排名保持衢州市前列。

2003 年以来,龙游县坚持把提高农村劳动力的整体素质、加快农村富余劳动力向非农产业和城镇转移作为县域经济发展的一个突破口来抓,按照统筹城乡经济社会发展的要求,把农村劳动力资源开发与推进工业化、城市化相结合,在体制创新、政策配套作布局,实现整体谋划、同步推进,在劳动力的流动和转移中促进了人的素质的提高,按照"订单培训、政府买单、企业参与、服务配套、完善基地"的要求,集中精力抓培训、抓输出、抓服务,打造劳动力特色品牌,劳务输出工作初步实现了由自发输出向有组织输出转变,由体力型输出向技能型输出转变,由单纯打工向学技创业转变,全县劳务输出总人数 5 万多人,形成了一批规模化、专业化的劳务输出特色乡镇、特色村。近两年来随着龙游县深入推进农业"接二连三",以产业综合体、田园综合体、乡愁综合体等为主要形式,扶持柑橘、笋竹、水产、畜禽等产业转型升级,推进多层立体生态养殖示范区建设,加强黄茶、中草药等产业培育以及休闲农业、创意农业、互联网农业等新业态发展,吸引了部分外出务工人员在积累经验、技能和资本后返乡创业发展。

(二)裕安区

安徽省六安市裕安区源自六安古县,是 1999 年 12 月随六安地区撤地设市后成立的新区,位于安徽省中西部,大别山东北麓,江淮之间,六安市区以西,东接金安区,北接霍邱县,南接霍山县,西与金寨县、叶集区接壤。距省会合肥 70 公里。全区总面积 1926 平方公里,山区、岗区、湾畈各占三分之一,辖 19 个乡镇、3 个街道、1 个高新开发区;256 个行政村、54 个居委会(社区)。全区总人口 104 万,是个典型的人口大区、农业大区。裕安区位居中,襟江带淮,连豫望吴,是东进西出的交通要道,沟通南北的区域枢纽,扼中原至东南沿海交通之要冲,据鄂豫皖三省之要地。境内 312、105 国道交汇于此,宁西铁路、沪汉蓉、商景高速公路穿越全境,淠淮航道与江淮运河相通,水运可直济江淮,骆岗国际机场距区府 70 公里,是全国重要的交通枢纽之一。全区拥有纺织、机械、食品、加工、建材等工业企业 80 余个,面粉油脂、羽绒制品、农用齿轮、农产品加工、水利机械等“农”字号龙头企业优势明显。裕安是六安瓜片的主产区之一,也是皖西白鹅的主要饲养加工区,年产瓜片系列茶 1500 吨,饲养白鹅 320 万只,加工出口羽绒 1.5 万吨。工业初步形成了羽绒加工、书刊印刷、农用齿轮、水利机械等主导产业。固镇羽绒市场、皖西粮油批发市场、大别山瓜果批发市场交易活跃,带动和辐射效应明显。境内旅游资源丰富,横排仙境美不胜收。

作为劳务输出大区,近年来裕安区每年有 20 多万人在外务工。裕安区高度重视外出返乡人员的就业与创业问题,充分利用外出务工人员春节返乡有利时机,因人而异,因材施教,积极开设“三大课堂”为农民工“充电”,切实提高其劳务技能和素质,拓宽农民工劳务经济渠道,鼓励农民工自主创业。“远教课堂”助民增收,充分利用农村党员干部远程教育终端站点,组织返乡农民工观看创业政策信息、创业技巧、实用技术等务工信息,为返乡农民工“传经送宝”。同时,在乡镇、村居设立服务窗口,及时发布就业信息,向返乡农民工提供就业信息咨询服务。"示范课堂"解民难题,举办言传身教培训,积极组织返乡农民工到致富能手、创业能人基地,进行直观教学,言传身教。同时,大力宣传种植、养殖业的扶持政策,鼓励和支持有资金、懂技术、会管理、善经营的返乡农民工自主创业。

(三)东乡区

东乡区隶属于江西省抚州市,位于江西省东部,地处赣东丘陵与鄱阳湖平原过渡地带,被称为赣东门户,下辖 1 个街道、9 个镇、4 个乡,另辖 3 个垦殖场、1 个林场和 1 个省级经济开发区。全区总面积 1196 平方公里,总人口45.2 万,其中,城区人口 22 万。2018 年,东乡区国内生产总值(GDP)实现159 亿元,财政总收入 25.15 亿元,城镇居民人均可支配收入 35104 元,农村居民人均可支配收入 17295 元,三次产业比例为 13.6∶43.9∶42.5。东乡经济开发区是江西省第一批重点省级工业园区,已形成医药化工、五金机电、轻工纺织三大主导产业的"一区三园六板块"。一区是指东乡经济开发区,规划面积 30 平方公里。三园六板块是指东升、东辉、东腾三个工业园,其中东升工业园 13.9 平方公里,由渊山岗工业板块、红亮文化板块、金桥工业板块组成;东腾工业园 10 平方公里;东辉工业园 6.1 平方公里,由东山工业板块、南山工业板块组成。东乡区农业产业特色鲜明,东乡区拥有 2 个万亩农业高产示范区,是全国瘦肉型猪出口重点县和生猪养殖国家农业标准化示范区,全国东桑西移基地县,全县蚕桑面积 4.2 万亩。

作为主要劳务输出地区,东乡区近几年来高度重点引导外出务工人员返乡创业,一是加大对当地企业的支持,对吸纳 40 周岁以上返乡劳动力在工业园区就业,并缴纳社会保险费的企业,按其实际缴纳的基本养老保险费、基本医疗保险费和失业保险费给予补贴;二是通过开展"春风行动",努力为外出务工人员就近就地就业提供更好的企业用工信息、岗前技能培训等服务,同时,创新招聘形式,实行节假日周末召开大型招聘会,平时定点天天小招聘,并通过当地媒体播放返乡创业、返乡就业典型事迹，为吸引外出务工人员"凤返巢"营造了浓郁的氛围，吸引了大批外出务工人员返乡就地就近就业。近几年，东乡区外出的从业人员中农民工返乡人员超过 6700 人，占外出从业人员的 7% 以上。

（四）关岭县

关岭县位于贵州省中部，隶属安顺市，全县总面积 1468 平方公里，辖 3 个街道办事处、9 个镇（含白水）、1 个乡，户籍总人口 39.27 万人。2018 年全县实现地区生产总值 88.05 亿元，规模以上工业增加值 4.85 亿元，一般公共预算收入 3.54 亿元，社会消费品零售总额 26.13 亿元，城镇和农村居民人均可支配收入分别为 25427 元和 7992 元，城镇和农村居民人均可支配收入增速均高于贵州全省水平。目前，该县已形成了肉牛、羊、无公害蔬菜、火龙果、花椒、六月李、桔梗等品牌农产品的规模产业带，"一村一品"工程初具规模。

近年来的数据显示，关岭县有外出务工人员 5 万多人，关岭县通过加强动态监控、注重政策宣传、强化创业服务、落实扶持政策等措施，吸引了近万名农民工返乡创业就业，掀起了新一轮创新创业热潮，推动了县域经济的快速发展。近年返乡农民工近 1 万人，其中返乡创业农民工 2200 多人，创办企业及实体 800 多个，年产值 8300 多万元，解决就业 1.2 万人。为支持返乡农民工创业，关岭县专门出台了《关于支持农民工等人员返乡创业的实施意见》，并在全县 12 个乡镇和 146 个行政村、社区构建起"县、乡、村"三级返乡创业服务体系，组建创业服务专家志愿团和创业项目库，为创业者提供创业项目推介和开业指导服务。

二、调研组织与实施

（一）调研员

调研员由教师和研究生两部分组成，涵盖了温州大学、中国社会科学院、中国社会科学院大学、中国科学技术大学等高校和科研机构的二十余位研究人员。其中,绝大部分调研员均具有农民工相关课题调研和研究的经验,能够较好保障调研有效展开。同时,考量到语言沟通、环境熟悉等情况,在实际调研中基本结合调研员的籍贯来分工负责相应调研地。

(二)问卷设计

根据研究内容的需要,问卷将调研对象分成三类,即回流农民工、未回流农民工和在地村民。问卷主要内容包括五部分,分别是(1)样本基本情况(个体特征、家庭特征等);(2)外出务工经历(外出动机、就业流动及城市的居住、生活消费与社会交往等);(3)回流动因(回流原因、时间及当前生活的满意程度);(4)城市生活带来的改变(对观念、消费、卫生习惯等方面的改变);(5)当下在农村的情况(当前的就业、基层治理参与、养老与婚恋等)。其中,未回流农民工回答第一、第二和第四部分内容,在地村民回答第一和第五部分内容,回流农民工需要回答问卷的完整内容。

(三)调研实施

为保证调查问卷的质量,主要从调研员的培训与实施预调研两方面来强化实施。一是在调研员培训上,首先前置调研员的选拔,即在问卷设计之前确定好拟参加调研人员,并让其全程参与调研问卷的框架设计与内容填充,使得每一名调研员对于问卷设计思路、各部分内容之间的逻辑关系和每一部分问题的展开有一个清晰了解,尤其是对问卷的反复修改过程,这进一步加深了调研人员对整个问题的理解。在问卷最终定稿后,再由主持人集中对拟参加调研人员进行统一培训,并通过室内交互式的模拟调查进一步提升调研员对问卷的了解与熟悉。二是对问卷的预调研,利用部分调研员节假日放假回家的机会,由每位调研员预调研1—2份问卷,并针对预调研的结果,对问卷的个别内容与问题进行修正,而后再一次对全体调研员进行培训。最后是在实际调研阶段,每天晚上开展进行问卷的自查与互查,最终由调研负责人进行统一核查,确保问卷填写完整与准确。

（四）抽样与调研方法

1.抽样方法。围绕回流农民工、未回流农民工和在地村民三类访谈对象,在实地调研过程中采用配额抽样和雪球抽样。首先,以村庄为单位,按照7:1:2的比例对访谈群体进行配额,每个村庄做30个样本量,其中回流农民工21个、未回流农民工3个、在地村民6个。之所以设计这样的比例结构,一是出于调查实施的可操作性考量,回流农民工与在地村民相对集中固定,而未回流农民工流动区域较广,面对面的互动访谈操作难度较大;二是出于研究取向的考量,回流农民工的行动实践表现主要体现在回流地的实际参与上,直观理解上,相较而言在地村民与回流农民工的互动频率更显著,因此,在未回流农民工和在地村民样本量选择上,本书更侧重于在地村民的数据反应。对于回流农民工和未回流农民工的调研,采用的是雪球抽样,即在调研过程中,随机选择样本,进行初步筛选,在完成后再由其推荐下一个被访者。之所以采用雪球抽样,是由于回流农民工存在较高的筛选条件,需同时满足此前界定的三个条件才符合样本要求。

2.具体调研方法。调研采用一对一的访谈法,即在事先征得被调研者同意的基础上(第一位受访者主要由村干部介绍,并对被访者给予一定的误工补贴),一名调研员对一名被访者,按照问卷设计的内容进行提问并做好相关的记录,被访者直接回答问题。同时出于材料整理和问卷完善的需要,在征得被访者同意后对部分样本的访谈进行录音,以便更好地保证调研质量。

（五）获得样本情况

通过对浙江省衢州市龙游县、安徽省六安市裕安区、江西省抚州市东乡区和贵州省安顺市关岭县等地区的调研,累计获得调研有效样本量1583个,各样本的地区分布如表 3-1 所示。浙江省龙游县 283 个样本量,其中回流农民工 169 个,未回流农民工 23 个,在地村民 91 个;安徽省裕安区 693 个样本量,其中回流农民工 497 个,未回流农民工 73 个,在地村民 123 个;江西省东乡区 252 个样本量,其中回流农民工 202 个,未回流农民工 22 个,在地村民 28 个;贵州省关岭县 355 个样本量,其中回流农民工 240 个,未回流农民工 32 个,在地村民 83 个。从样本群体分布来看,累计获得回流农民工样本量 1108 个,未回流农民工 150 个,在地村民 325 个。

表 3-1 样本统计信息表

	安徽裕安	贵州关岭	浙江龙游	江西东乡
回流农民工	497	240	169	202
未回流农民工	73	32	23	22
在地村民	123	83	91	28

三、个案访谈

为丰富研究资料实现翔实分析,在问卷调查基础之上,有选择地对一些调查者开展了个案访谈,基本包括安徽、贵州、浙江和江西四省的乡镇基层干部、村"两委"主要干部、在地村民和回流农民工四类群体,同时也涉及一些河南等地回流农民工的个案访谈,累计获得 117 个个案,其中乡镇干部个案访谈 12 个,村"两委"主要干部个案访谈 27 个,在地村民个案访谈 27 个,回流农民工个案访谈 51 个(见表 3-2)。

(一)乡镇基层干部

访谈乡镇基层干部的主要目的是获取以下相关信息:一是获取该乡镇劳动力的总体就业状况,包括外出务工、在地村民和回流农民工等基本情况,以便对该乡镇劳动力的分布有整体了解;二是从基层管理者的视角获取当地回流农民工群体的主要现状，包括群体的个体特征、群体回流原因、回流后的就业、家庭等情况，以便于调查和访谈的有效展开；三是回流农民工群体回流后对当地经济社会发展的影响，既包括积极有利影响，也包括带来的问题与不利影响；四是从当地经济社会管理者的角度，了解当地关于农民工动员回流、群体发展、功能价值发挥和问题解决等方面的信息和经验。

（二）村"两委"主要干部

访谈所在村"两委"主要干部是为了获取以下相关信息：一是通过对村干部的访谈，了解该村劳动力总体就业结构状况，即在地、外出和回流的总体比例；二是更加细致地了解回流农民工群体状况，包括村级层面群体规模、回流原因、回流者基本情况、回流后就业和创业等情况；三是从村自治管理事务的角度，获取农民工回流对村经济、社会和政治发展等层面的影响信息；四是了解他们对如何发挥回流农民工群体积极作用方面的意见与建议。

（三）在地村民

通过与在地村民的深入访谈，能够弥补问卷调查资料获得不够深入的局限，访谈内容主要包括回流农民工返乡后在当地的农业生产、创业发展、社会风俗、生活习惯等方面的影响，这种影响也是基于两个方面的评价：积极方面和消极方面。

（四）回流农民工

为更全面掌握回流农民工群体相关信息，在问卷访谈的基础上，重点对回流农民工群体进行了个案访谈，个案的确定主要是基于回流农民工的类型差异而言，而对回流农民工群体类型的划分主要是基于回流动因，根据前期的初步了解和研究，可将回流农民工划分为个人发展型、家庭召唤型、生存无奈型和家乡眷恋型，根据上述四种类型确定一定量的回流农民工进行个案访谈，其中个人发展型 13 个、家庭召唤型 14 个、生存无奈型 12 个、家乡眷恋型 12 个。访谈主要内容包括其外出务工追溯、回流原因深入剖析、回流后就业与生活适应、对村经济社会发展的考虑及个人参与可能性，及其个人后续发展等问题。

表 3-2　个案访谈样本信息表

	乡镇干部	村干部	在地村民	回流农民工			
				个人 发展型	家庭 召唤型	生存 无奈型	家乡 眷恋型
个数	12	27	27	13	14	12	12

第三节　回流农民工特征

回流农民工特征的揭示，一般可通过两种路径来呈现：一是通过数据和访谈资料直观描述，二是通过群体结构对比来差异化显现。基于此，本节将从三方面对调查数据做初步分析，一是通过在地村民的数据描述当前农村在地人口的基本状况；二是围绕回流农民工的数据，从个体、家庭、区域和代际差异等角度来表现回流农民工的特征；三是通过回流农民工与在地村民、未回流农民工的数据比较，呈现一般差异。

一、在地村民的特征

（一）基本特征

在地村民的性别比较为接近，男性村民略低于女性村民。一般认为男性外出务工较多，在地村民中男性比例应低于女性，这与总体认知基本一致。在婚姻状况中，未婚的比例仅为 1.88%，这与在地村民的年龄状况基本相一致。在地村民平均年龄为 54.32 岁，年龄最小的 20 岁，最大的 80 岁，从各年龄段的分布可以看出,30 岁及以下的仅占 2.78%,而 51 岁以上者占到样本总数的 63.16%。在地村民的受教育程度普遍不高,小学及以下的受教育程度占样本总数的 58.21%,这也可能是部分村民之所以在地而未外出务工的限制性因素。在健康状况上,身体较差和残疾的比例为 12.70%,身体因素也是影响其未外出务工的重要限制因素。在地村民中党员的比例为 16.72%,这表明在青壮年未外出务工的情况下,部分在地村民成为村庄事务的重要管理者机会增加。

表 3-3 　在地村民主要特征分析

指标	类别	比重%	指标	类别	比重%
性别	男	49.85	婚姻状况	已婚	91.88
	女	50.15		未婚	1.88
受教育程度	未上过学	24.15		离异	1.56
	小学	34.06		丧偶	4.69
	初中	28.79	年龄	30 岁及以下	2.78
	高中	10.22		31—40 岁	8.05
	大专及以上	2.79		41—50 岁	26.01
健康状况	健康	68.11		51—60 岁	34.37
	一般	19.20		60 岁以上	
	较差	10.53	政治面貌	党员	16.72
	残疾	2.17		非党员	83.28

(二)区域比较

从省域比较来看,浙江省在地村民的女性比例明显高于其他三省,而江西省则是男性的比例明显高于其他三省,安徽省和贵州省在地村民的性别比例较为接近。从受教育程度来看,江西省最高,其次是浙江省,而贵州省在地村民的受教育程度最低,这可能跟该省的农村基础教育整体水平在四个省区中较为滞后相关。在年龄特征上,安徽省在地村民的平均年龄最高,而贵州、浙江和江西三省在地村民的平均年龄较为接近。从健康状况来看,江西省在地村民健康状况最优,贵州省和浙江省较为接近,而安徽省在地村民健康状况相对较差(见表3-4)。

表3-4 在地村民的区域比较

	安徽省	贵州省	浙江省	江西省
性别(均值)	0.52	0.51	0.38	0.75
受教育程度(均值)	2.24	2.06	2.70	2.96
年龄(均值)	57.45	52.23	52.47	52.64
健康状况(均值)	1.55	1.43	1.42	1.35

（三）就业与土地经营状况

排除11.21%的以照顾家务为主的在地村民,在地村民主要前三项就业选择是务农、小业主和零工,三者的比例分别为47.35%、11.21%和8.41%,此外,担任村干部的在地村民占比为7.48%。在地村民户均经营土地面积为5.75亩,从分布来看主要集中于1—5亩之间;59.94%的在地村民家庭实际经营土地,33.85%的家庭出租了土地,这在一定程度上说明当前农村土地流转的进程推进较快。此外,1.55%的在地村民在拥有土地且未外出务工的状况下,出现了土地撂荒的现象。虽然这一比例很低,但仍值得留意。从收入的主观比较来看,51.08%的在地村民认为自家收入在本村属于中等,仅有9.91%的受访者认为自家收入在本村处于上等或中上等。

（四）未外出务工原因

在排除其他因素的影响,在地村民未外出务工排名第一位的原因中,比例最高的是缺乏技能,外出难以找到工作。这也与在地村民受教育程度分析结果呈现相关性,由于受教育年限较低,文化素质不高,同时又很少参加相应的技能培训,使得他们外出就业能力低,进而成为限制他们外出务工的主要因素。其次是因为农村发展挺好、收入不差而降低了其外出意愿。部分村民的外出,使得在地村民发展机会增加,使原本较为分散的乡村资源得到一定程度的集中利用,进而为在地村民提供了相对较好的就业机会或增加收入的机会。在第二位原因中,比例最高的是因为适应农村生活而限制了外出务工意愿,这一比例为29.03%,但实际上该选项更多反映的是一种未外出的结果体验;其次是因为在农村发展挺好,其比例占19.35%。综合第一位和第二位两项因素累加分析,排在前3位的分别是农村生活适应、农村发展挺好和缺乏技能。

表3-5 在地村民未外出原因统计

	缺乏技能	远离家人	农村发展挺好	农村生活适应	其他
第一位原因	25.08%	6.75%	22.83%	13.50%	31.83%
第二位原因	9.68%	3.23%	19.35%	29.03%	38.71%

二、回流农民工的特征

(一)基本特征

一般认为,女性由于家庭分工更容易出于照顾家人的需要而中断外出务工选择回流。但调查数据显示,回流农民工中男性占比为58.57%,超过女性。与未回流农民工的男女性别比——74.22∶25.78——相比,回流农民工中女性的比例明显增加,说明家庭分工的效应依然发挥作用。部分女性即使处于就业黄金期,但出于照顾家庭的需要,只能中断外出进程返回家乡。从婚姻状况来看,已婚比例高达94.13%,这一方面与回流农民工的年龄有关,多数回流农民工已过结婚年龄;另一方面,正是由于多数回流农民工已婚,并且大多数有孩子,从而造成部分农民工出于照顾家人的需要而回流。回流农民工的平均年龄为48.36岁,从年龄分组来看,41—50岁的占比最高,达到32.49%;其次是31—40岁,比例为22.47%;30岁及以下的回流农民工占比达到12.99%,最年轻的回流农民工只有19岁,其中"90后"回流农民工的占比达到5.73%,并且这部分群体回流多是出于"有了一定积蓄(经验、技术)回村办养殖场、加工厂等",这部分群体的回流可能对乡村产业发展、社会治理产生积极作用与影响。从受教育程度来看,初中文化水平占比最高,占样本量的41.70%;其次是小学和高中,占比分别为32.49%和12.19%;此外,文盲占比10.20%。在健康状况上,78.79%的回流农民工身体健康,仅有5.87%的农民工认为自身健康状况较差,结合农民工回流的原因考察,仅有很少比率是"由于身体有病,在城市赚不到钱"。回流农民工中有10.38%的为党员,并且其中有一部分已成为村"两委"干部。此外,回流农民工的主要就业选择是务农、家务和打零工,少数成为种养大户、个体小业主和私营业主,关于回流农民工的就业选择内容将在第八章详细阐述,在此不再赘述。

表3-6　回流农民工的基本特征

指标	类别	比重%	指标	类别	比重%
性别	男	58.57	婚姻状况	已婚	94.13
	女	41.43		未婚	3.16
受教育程度	未上过学	10.20		离异	0.72
	小学	32.49		丧偶	1.99
	初中	41.70	年龄	30岁及以下	12.99
	高中	12.19		31—40岁	22.47
	大专及以上	3.43		41—50岁	32.49
健康状况	健康	78.79		51—60岁	19.22
	一般	14.17		60岁以上	
	较差	5.87	政治面貌	党员	10.38
	残疾	1.17		非党员	89.62

（二）区域比较

四个调研地中，浙江回流农民工女性比例明显高于男性，而安徽和贵州的回流农民工中男性的比例要高于女性，尤其是贵州回流农民工，男性比例要远高于女性。其原因可能是浙江省属于发达地区，男性外出就业的机会以及工作获得的收入相对较高，从家庭分工的角度而言，女性承担家庭照顾的要求更高，对于安徽、贵州和江西三地而言，随着乡村附近就业机会的增多，部分男性农民工主动回流的可能性增加，同时受家庭收入的约束，女性照顾家庭的角色更多被家中老人所承担，为尽可能增加家庭总体收入，大部分女性仍需继续外出挣钱养家。从婚姻状况来看，浙江、安徽和江西的回流农民工已婚比例较为接近，贵州回流农民工已婚比例相对较低，这可能与贵州回流农民工平均年龄最低相关。从年龄来看，贵州省回流农民工的平均年龄为 39.96 岁，在四省中最低。其次是浙江省，平均年龄 45.66 岁，安徽省和江西省较为接近。进一步从年龄分层来看，浙江回流农民工主要集中于 50 岁以上和 41—50 岁，30 岁及以下的回流农民工仅占样本量的 7.69%，这表明浙江回流农民工年龄总体较大。安徽回流农民工年龄层次集中于 50 岁以上，与浙江省相比，30 岁及以下的回流农民工相对较高，占样本量的 11.35%。值得注意的是，贵州回流农民工中 30 岁及以下的群体占到总数的 14.9%，多数回流农民工的年龄集中于 31—40 岁和 41—50 岁。江西回流农民工年龄层次同样集中于 31—40 岁和 41—50 岁。从受教育程度来看，浙江回流农民工受教育程度明显要优于安徽、贵州和江西等地，浙江回流农民工高中及以上学历的比例为 25.44%，而安徽省、贵州省和江西省仅为 13.55%、12.77% 和 15.85%；从未上过学的比例来看，浙江省的比例为 5.92%，安徽省、贵州省和江西省则分别为 14.54%、6.38% 和 7.43%。从党员比例来看，安徽回流农民工党员比例最高，其次是江西和贵州，浙江回流农民工党员比例最低。与浙江相比，安徽、贵州和江西回流农民工党员比例更高，这有可能形成一种社会效果，即该三地回流农民工较在地村民更具政治优势,回流后更容易被组织和村民所接纳成为村干部,有更多机会参与乡村基层治理,甚至担任村党支部书记或村委会主任等关键职务。从健康状况来看,贵州省回流农民工健康的比例最高,其次是浙江省回流农民工,安徽省和江西省回流农民工健康比例相对较低。一般情况下,经济发展程度越高,居民身体健康水平越高。而此数据结果与预期不太一致,其原因可能是该结果是被访者的主观评价,而非根据相应指标呈现的客观结果。对贵州省回流农民工而言,由于家庭收入水平相对较低,出于挣钱养家的需要,个体对自身身体状况的主观预期较好,以便于继续从事相应的零工或农活(见表3-7)。

表3-7 回流农民工基本要素的区域比较

指标	类别	浙江省	安徽省	贵州省	江西省
性别	男	35.50%	59.16%	70.21%	62.87%
	女	64.50%	40.84%	29.79%	37.13%
婚姻状况	已婚	95.86%	95.42%	89.79%	96.04%
	未婚	4.14%	4.58%	10.21%	3.96%
年龄	16—20岁	0.00%	0.19%	0.43%	0.00%
	21—30岁	7.69%	11.16%	14.47%	10.84%
	31—40岁	24.26%	14.14%	33.61%	27.59%
	41—50岁	30.77%	27.49%	36.17%	38.42%
	50岁以上	37.28%	47.01%	15.32%	23.15%
受教育程度	未上过学	5.92%	14.54%	6.38%	7.43%
	小学	23.67%	33.67%	38.30%	30.20%
	初中	44.97%	38.25%	42.55%	46.53%
	高中	19.52%	9.57%	11.49%	13.37%
	大专及以上	5.92%	3.98%	1.28%	2.48%
政治面貌	党员	7.10%	11.95%	9.36%	10.40%
	非党员	92.90%	88.05%	90.64%	89.60%

续表

指标	类别	浙江省	安徽省	贵州省	江西省
健康状况	健康	80.47%	75.50%	83.83%	79.70%
	一般	13.02%	16.14%	11.06%	13.86%
	较差	5.92%	6.97%	3.83%	5.45%
	残疾	0.59%	1.39%	1.28%	0.99%

在家庭土地经营面积方面,浙江省回流农民工户均土地经营面积为4.18亩,安徽省为5.84亩,贵州省为6.03亩,江西省为3.67亩,贵州省户均土地经营面积最高。从土地经营面积分布情况来看,四地家庭土地经营面积集中于1—5亩之间,与总体分布基本保持一致。不过这一比例最高的是浙江省,其次是贵州省。同时从0亩和10亩以上两端看,明显呈现相反趋势。在土地经营面积为0亩中,江西省比例最高,其次是浙江省,最低的贵州省只有0.90%。在土地经营面积为10亩以上中,贵州省占比最高,达到10.26%(见表3-8)。

表3-8 回流农民工土地经营面积的区域比较

土地经营面积	浙江省	安徽省	贵州省	江西省
0亩	5.49%	4.19%	0.90%	18.23%
1—5亩	84.75%	60.28%	74.79%	65.52%
6—10亩	6.09%	27.94%	14.10%	11.82%
10亩以上	3.67%	7.59%	10.26%	4.43%

在家庭土地经营方式上,贵州省家庭自主经营比例最高,达到89.36%,而浙江省回流农民工中这一比例仅为34.13%。但在有偿出租转让方面,浙江省的比较最高,达到54.49%,贵州省仅有7.23%(见表3-9)。造成上述差异的原因显而易见,与贵州省相比,浙江省由于民营经济较为发达,非农就业

机会较多,同时本身户均土地经营规模小,放弃农业经营的成本较小,使得多数回流农民工家庭选择把土地有偿出租转让。同样,受近几年来长三角经济圈的辐射带动,安徽省农村地区或者至少在县域范围内,非农就业机会逐步增加,部分农民工习惯了城市工作方式,即使回流仍会选择非农工作,进而部分家庭选择将土地出租流转。贵州省相对而言,县域及以下区域产业经济不发达,非农就业机会有限,即使户均土地经营规模不大,多数回流农民工家庭仍选择自主经营土地。另外一个原因可能是,贵州处于山区,土地呈现出地块零碎、分散特征,土地流转成本高,在一定程度上抑制了土地流转发生。

表 3-9 回流农民工土地经营方式的区域比较

土地经营方式	浙江省	安徽省	贵州省	江西省
家庭自主经营	34.13%	59.76%	89.36%	63.86%
撂荒	4.79%	1.01%	1.28%	1.49%
有偿出租	54.49%	32.39%	7.23%	10.89%
其他	6.59%	6.84%	2.13%	23.77%

在家庭收入来源上,浙江省回流农民工中农业作为家庭收入主要来源的比例最低,而贵州省的比例最高。创业自营成为家庭收入主要来源中江西省比例最高,浙江省次之,贵州省最低;一般认为浙江省自主创业表现更明显,但由于调查地在浙西龙游县,其结果进而呈现差异。浙江省和江西省回流农民工家庭收入来源中频率最高的是打工,而安徽省和贵州省收入来源中频率最高的是农业(见表 3-10)。

表 3-10 回流农民工收入来源的区域比较

收入来源	浙江省	安徽省	贵州省	江西省
打工	48.81%	57.97%	32.77%	54.95%
农业	41.07%	64.94%	67.23%	48.02%

收入来源	浙江省	安徽省	贵州省	江西省
农村帮工	30.95%	15.74%	30.21%	16.83%
创业自营	25.60%	18.56%	9.79%	30.20%
其他	14.29%	13.17%	5.53%	2.97%

从家庭收入层次来看,由于调查地选择的缘故,浙江省的数据显示认为收入处于上等的比例为零,但处于中上等的比例明显高出安徽省、贵州省和江西省上等与中上等层次的比例累加,这说明相对于其他三地而言,浙江省回流农民工对家庭收入在本村中所处层次的主观评估较好。同时,认为家庭收入在本村中处于中等的比例也是浙江省最高,其比例为 60.95%。其次是江西省,而贵州省相对最低。认为家庭收入在本村处于下等位置中,浙江省比例最低,仅占 3.55%,贵州省最高,比例达到 19.57%(见表 3-11)。

表 3-11 回流农民工收入层次的区域比较

收入比较	浙江省	安徽省	贵州省	江西省
上等	0.00%	1.59%	1.70%	0.00%
中上等	15.38%	4.38%	11.06%	5.94%
中等	60.95%	48.41%	45.96%	57.92%
中下	20.12%	27.69%	21.70%	27.23%
下等	3.55%	17.93%	19.57%	8.91%

(三)代际差异

调查数据显示,老一代回流农民工中男性比例高于女性,新生代回流农民工中女性比例高于男性,这可能与新生代女性回流农民工的生理年龄相关,即处于育龄或者抚育幼儿阶段。由于年龄的原因,老一代回流农民工已婚比例明显高于新生代回流农民工。从受教育程度看,新生代回流农民工文化程度明显高于老一代回流农民工,新生代回流农民工中高中及以上学历者占比为

35.17%,而老一代回流农民工这一比例仅为8.65%。同样,从低学历层次来考察,老一代回流农民工未上过学的占比为14.33%,而新生代回流农民工这一比例仅为0.85%。就乡村振兴而言,更多较高学历新生代农民工的回流将有助于乡村人才振兴,并通过人才振兴实现产业振兴和文化振兴。新生代回流农民工中党员比例为12.71%,高于老一代回流农民工的9.55%,这表明越来越多的新生代回流农民工被组织接纳,并进入乡村基层治理的队伍中,一般认为新生代开拓意识强,敢于创新,敢于改革农村风貌,能够有效地促进乡村基层治理的提升,也更有助于乡村振兴实践。从健康状况看,基于年龄因素的影响,新生代回流农民工健康状况明显要优于老一代回流农民工(见表3-12)。

表3-12　回流农民工特征的代际比较

指标	类别	老一代回流农民工	新生代回流农民工
性别	男	61.04%	47.88%
	女	38.96%	52.12%
婚姻状况	已婚	95.97%	88.56%
	未婚	4.03%	11.44%
受教育程度	未上过学	14.33%	0.85%
	小学	38.06%	18.64%
	初中	38.96%	45.34%
	高中	7.61%	24.15%
	大专及以上	1.04%	11.02%
政治面貌	党员	9.55%	12.71%
	非党员	90.45%	87.29%
健康状况	健康	72.84%	94.92%
	一般	17.76%	4.24%
	较差	7.91%	0.42%
	残疾	1.49%	0.42%

在家庭土地经营方面,新生代回流农民工家庭户均土地经营面积为5.74亩,略高于老一代回流农民工的5.53亩。从土地面积的分层来看,老一代回流农民工中有3.29%的家庭土地经营面积为0,而1—5亩之间占比为67.32%,10亩以上占比为8.41%;新生代回流农民工土地经营面积为0的比例是4.31%,1—5亩之间占比为71.98%,10亩以上占比为5.17%(见表3-13)。

表3-13　回流农民工家庭土地面积的代际比较

土地面积	老一代回流农民工	新生代回流农民工
0亩	3.29%	4.31%
1—5亩	67.32%	71.98%
6—10亩	20.98%	18.53%
10亩以上	8.41%	5.17%

从家庭土地经营方式来看,新生代回流农民工家庭土地自主经营的比例略高于老一代回流农民工,一般认为新生代回流农民工继续从事传统农业的意愿要低于老一代回流农民工。但由于此题考察的是回流农民工家庭土地的经营状况,因此,新生代回流农民工的父代仍继续从事农业生产,使得其家人经营的比例反而高于老一代回流农民工。与此相对应的是,新生代回流农民工家庭选择土地流转出租的比例要低于老一代回流农民工(见表3-14)。

表3-14　回流农民工家庭土地经营方式的代际比较

土地经营状况	老一代回流农民工	新生代回流农民工
家庭自主经营	61.86%	65.24%
撂荒	1.05%	3.86%
有偿出租	31.23%	26.18%
其他	5.86%	4.72%

　　在家庭主要收入来源方面,新生代回流农民工家庭收入来源中频率排前三位的是农业收入、打工收入和农村帮工,与老一代回流农民工分布状况保持一致,这说明从家庭收入来源看,两类群体差别不大。此外,值得留意的是新生代回流农民工家庭创业自营的收入作为主要来源的比例略高于老一代,这意味着新生代回流农民工(家庭)创业意愿更明显。

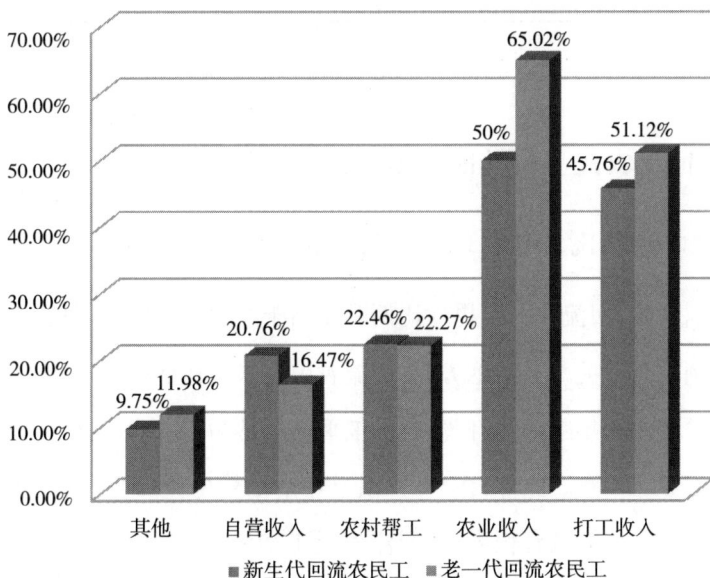

图 3-1　回流农民工家庭收入来源的代际比较

　　从家庭收入层次来看,新生代回流农民工家庭收入所处位置的主观评估要高于老一代回流农民工家庭,具体如表 3-15 所示:新老两代群体认为家庭收入在当地处于上等的比例,较为接近;新生代回流农民工认为家庭收入处于中上等或中等的比例,高于老一代回流农民工。这种认知结果可能由两方面原因造成,一是新生代回流农民工家庭的现实收入确实要高于老一代回流农民工家庭;二是在主观认识上,新生代回流农民工出于面子等因素,倾向于提高家庭收入层次。

表 3-15　回流农民工家庭收入层次的代际比较

收入比较	老一代回流农民工	新生代回流农民工
上等	1.34%	1.27%
中上等	7.01%	11.44%
中等	48.06%	55.93%
中下	27.01%	18.22%
下等	16.57%	13.14%

三、回流农民工与其他群体的比较

（一）回流农民工与在地村民的比较

从性别来看,回流农民工男性比例明显高于在地村民,这与外出务工群体中男性比例较高有关。在婚姻方面,回流农民工未婚比例略高于在地村民,其原因与两类群体的年龄相关,回流农民工平均年龄为 48.36 岁,而在地村民的平均年龄为 54.32 岁。此外,在 51 岁以上年龄结构中,在地村民比例明显高于回流农民工。从受教育程度看,回流农民工初中、高中、大专及以上比例均高于在地村民。因此,相较于在地村民而言,回流农民工具有男性居多、相对年轻和受教育程度相对较高等优势特征,这意味着回流农民工的加入对推进农村经济社会发展具有隐性优势。

表 3-16　回流农民工与在地村民特征比较

指标	类别	回流农民工	在地村民
性别	男	58.57%	49.85%
	女	41.43%	50.15%
婚姻状况	已婚	96.84%	98.12%
	未婚	3.16%	1.88%

续表

指标	类别	回流农民工	在地村民
年龄	30 岁及以下	12.99%	2.78%
	31—40 岁	22.47%	8.05%
	41—50 岁	32.49%	26.01%
	51—60 岁	19.22%	34.37%
	60 岁以上	12.83%	28.79%
受教育程度	未上过学	10.20%	24.15%
	小学	32.49%	34.06%
	初中	41.70%	28.79%
	高中	12.19%	10.22%
	大专及以上	3.43%	2.79%

（二）回流农民工与未回流农民工的比较

国家统计局 2017 年农民工监测报告显示,农民工男女性别比为 68.7∶31.3。本书的调查数据显示,未回流农民工男女性别比为 74.22∶25.78,大于监测报告数据和回流农民工的性别比,但回流农民工的男女比例比则小于统计局监测的农民工数据,而综合未回流农民工和回流农民工的数据发现,其性别比的平均值与统计局的监测数据接近。上述结果表明,本书的抽样调查数据基本符合总体情况。从婚姻状况来看,无论未回流农民工还是回流农民工,已婚比例均高于统计局监测数据。相较而言,回流农民工已婚比例高于未回流农民工。在年龄分布上,16—40 岁的回流农民工比例明显低于未回流农民工和统计局监测数据。这表明回流农民工总体呈现年龄偏大的状况。与未回流农民工和国家统计局监测数据相比,回流农民工受教育程度总体较低,其中低学历比例偏高,高学历比例偏低。

表 3-17　回流农民工与未回流农民工特征比较

指标	类别	回流农民工	未回流农民工	统计局监测农民工
性别	男	58.57%	74.22%	68.70%
	女	41.43%	25.78%	31.30%
婚姻状况	已婚	96.84%	88.28%	64.50%
	未婚	3.16%	11.72%	35.50%
年龄	16—20 岁	0.22%	0.78%	2.60%
	21—30 岁	11.35%	17.97%	27.30%
	31—40 岁	21.17%	22.65%	22.50%
	41—50 岁	30.32%	26.56%	26.00%
	50 岁以上	36.93%	32.03%	21.30%
受教育程度	未上过学	10.20%	5.47%	0.70%
	小学	32.49%	28.13%	9.70%
	初中	41.70%	48.44%	58.80%
	高中	12.19%	10.15%	17.30%
	大专及以上	3.43%	7.91%	11.90%

在家庭土地经营面积方面,回流农民工家庭平均土地经营面积(5.24 亩)高于未回流农民工(4.29 亩)。这一定程度上表明相对较多的土地资源,使得回流农民工可以通过农业经营来获得一定收入,以补偿结束外出务工而导致的收入减少。从具体分布来看,两者基本呈现相似的结构分布。

表 3-18　回流农民工与未回流农民工家庭土地经营面积比较

土地经营面积	回流农民工		未回流农民工	
	频数	比例	频数	比例
0 亩	69	6.23%	8	5.33%
1—5 亩	749	67.59%	104	69.33%

续表

土地经营面积	回流农民工		未回流农民工	
	频数	比例	频数	比例
6—10 亩	207	18.68%	33	22.00%
10 亩以上	83	7.50%	5	3.34%

从土地经营方式看,回流农民工家庭自主经营的比例明显高于未回流农民工;在土地撂荒方面,两者比例较为接近;而在土地出租流转方面,未回流农民工选择土地流转的比例要高于回流农民工。此外,分别有8.90%的回流农民工和8.72%的未回流农民工选择了其他经营方式,这主要是指选择将土地转让给亲戚或者朋友,但不收取任何租金,实质上这也属于土地流转形式。

表 3-19　回流农民工与未回流农民工家庭土地经营方式比较

土地经营方式	回流农民工		未回流农民工	
	频数	比例	频数	比例
家庭自主经营	693	62.94%	76	51.01%
撂荒	19	1.73%	2	1.34%
有偿出租	291	26.43%	58	38.93%
其他	98	8.90%	13	8.72%

在家庭收入主要来源上,打工收入在未回流农民工家庭收入来源中占比最大,其次是农业收入和创业自营收入。而在回流农民工中,占比最大的前三项分别是农业收入、打工收入和农村帮工。因此,无论是回流农民工还是未回流农民工,打工收入和农业收入仍是绝大多数家庭的主要收入来源。此外,值得关注的是在创业自营收入占比中,回流农民工的比例高于未回流农民工,这再次呈现出部分回流农民工自主创业的特性。

最后,在家庭收入层次上,两者主观认知结构基本一致,中等及以下占绝大多数,其中中下和下等合计占比均在40%左右,两者均仅有不到10%的比

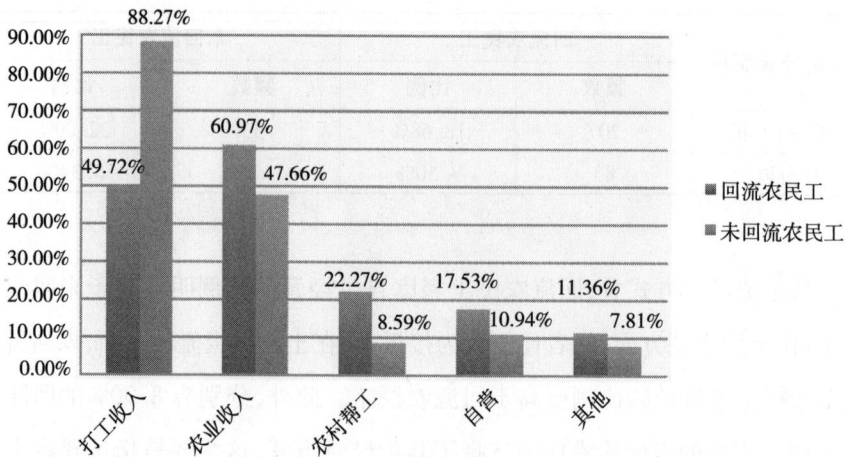

图 3-2　回流农民工与未回流农民工家庭收入来源比较

例认为收入处于中上等及以上。这意味着提升农民收入、增强新时期农民在社会发展中的获得感和幸福感仍然是关键议题。

表 3-20　农民工家庭的收入比较

收入比较	回流农民工		未回流农民工	
	频数	比例	频数	比例
上等	12	1.08%	0	0.00%
中上等	86	7.76%	14	9.33%
中等	571	51.53%	73	48.67%
中下	279	25.18%	45	30.00%
下等	160	14.44%	18	12.00%

第四章　回流农民工的外出经历

　　本章主要基于调研数据,对农民工进入城市以后的务工、生活、社交与社会保障等方面进行全景式展现,剖析农民工进城务工的原因、流动状况、生活品质、社会适应及社会关系等,比较农民工外出前后的一系列指标,从统计角度探讨农民工城市务工经历对其回流行为的影响。

第一节　农民工进城

一、农民工进城的动因

　　农民工城乡流动是农民工问题研究的重要内容,学界借用"推拉理论"、"均衡理论"、"绝对收入假说"、"相对地位变化假说"等理论模型,从不同理论、角度分析了农民工离开农村进入城市的内在逻辑。总体而言,农民工进城是基于中国经济发展不同阶段的体制模式和增长方式相互作用的实证考察做出的政策选择。[①] 20 世纪 70 年代末,人民公社体制的解体和农村家庭联产承包责任制的实行,释放了中国农村经济效能,农村发展逐渐进入繁荣期。与此同

---

　　① 白南生、何宇鹏:《回乡,还是进城——中国农民外出劳动力回流研究》,《中国社会科学》2003 年第 4 期,第 149—159 页。

时，农民在实现了温饱后逐渐面临增收难题，固有的人地矛盾导致农村劳动力处于过剩状态。为了摆脱困境，农民开始向城市转移。乡镇企业的发展导致"离土不离乡"的农业人口转移模式出现。并且，随着城市化、工业化和现代化的进一步推进，农村向城市转移的人口规模越来越大、迁移距离越来越远。

调研发现，农民工进城动因主要表现在三方面。一是迫于生计，为增加经济收入支撑家庭基本开销而外出务工。在1108个调查者中，有962名回流农民工认为"为了挣钱养家"是外出务工的首要原因，占样本总数的86.82%。这既符合劳动力迁移经典理论中关于城市拉力与农村推力导致劳动力迁移的判断，也与国内学者得出的农村劳动力之外出务工是为了增加家庭收入、改善生活状况的经验总结相符。浙江、安徽、贵州、江西四地农民生活水平各不相同，但他们也具有共同特征，即农村小规模传统农业生产难以满足农民发展需求，且抵抗社会风险的能力弱，农业生产虽然能够保证他们最基本的生活需要，但无法保障更高层次的生活品质。二是向往城市生活，希望进城增长见识而外出务工。改革开放早期，农村地理位置相对偏僻，基础设施不全，交通落后，生产资料相对匮乏，形成了相对萧条、落后的景象。与之相比，城市往往充满了繁华和奇妙的想象。城乡社会发展差距构成的社会认知，刺激和加速了农村年轻劳动力进城，以在寻找更广阔发展空间的同时满足内在的城市文化生活体验。三是为了理想信念而选择进城。相比前两点，出于这一动因而选择进城的农民工在事业成功、改变自身贫穷状况的欲望更强烈，他们不仅是为了增加经济收入养家糊口，或拓展见识、感受和体验城市生活，更强调个体人生价值和理想信念的实现。

结合回流农民工进城的动因差异，可将他们分成三种类型，进而聚焦描述不同群体的结构差异。

（一）类型一：迫于生计而外出务工

这一类型的回流农民工占调查样本总量的86.82%，且基本表现在老一代回流农民工群体上。这反映了早期中国农村发展机会有限和农民生活水平普遍贫穷的现实。

WQS(被访者姓名缩写,下同)1988 年外出务工时,家庭经济条件差,甚至吃住都难以为继。在种地无法保障生计和农村其他就业机会缺失状况下,WQS 选择了外出打工。

个案:WQS

基本情况:男,安徽人,有当兵经历,1988 年开始外出务工,后因年龄大了回乡,现任村长,已婚,无子女,与老伴共同生活。

自述:出去打工前家里经济状况特别不好,吃和住都解决不了,在村子里什么都干不了。没有技术也没有资金,在家里就只能够种种地,但是地还少,家里只有一亩多点地,要指望这点地根本不行,所以 80 年代便出去打工,就是为了能够吃饭,能够生存。

家庭贫困导致 JKJ 从小背井离乡,经历寺庙、军旅生涯后,由于家庭资源受限和自身文化水平等因素的影响,JKJ 无奈也只能选择外出务工,但是认为单纯出卖苦力前景十分有限,于是他学习了一门装潢技艺。经历 17 年务工生活后,2016 年他选择了返乡。

个案:JKJ

基本情况:男,1981 年出生,安徽人,初中文化水平,曾在浙江等地打工 17 年,2016 年 10 月返乡。

自述:1988 年,家里条件差,有弟弟妹妹,住土房子,解决不了基本温饱,吃了这顿没下顿,于是舅舅在我 7 岁时送我到河南登封少林寺。舅舅编了个谎,说我家里发大水,家里没亲人了。方丈没收我钱,我在家放过牛,特别能吃苦,方丈特别喜欢我,对我特别好,一待就是 10 年。17 岁从少林寺回家,在家待了 1 年,年底到福建莆田当兵,当了两年武警兵,本来不用退伍,但是文化知识不足,后来退伍了。当完两年兵,我开始拜师学艺。师傅是我亲娘舅,我是向他学习装潢的。我农村出身,一没学历,二没资源,农民认为干什么事都要讲实惠,有体力、有手艺就行,古人云:纵有良田百亩,唯有手艺度春秋。农村人认为学一门手艺好,光打工怕到时候不好找对象。我那时候就想着能填饱肚子就行,找一个对象,结婚生子,延续香火。

STM 外出务工前,家里经济状况很差,没有安全的居住环境,住所是用茅草和黄泥搭建的,后来在村里帮助下,得到两千块钱重建房子。STM 外出打工多年,刚开始进城时工作不稳定,三天打鱼两天晒网,结婚后发生了很大变化,其中最明显的是因生养孩子提升了责任意识。父母在家带孩子,但家庭负担重,于是,STM 外出打工并省吃俭用。对他而言,打工是维持整个家庭生存的主要方式。为了维持家庭开支,YR 在 20 世纪 90 年代选择了外出打工。当时已成家,孩子在上小学,加上家庭经济环境差,无法贷款,住的是老土房,为了补贴家用,他跟着一个工头亲戚去贵阳、遵义造桥梁。

对于 WQS 等人来说,外出务工是为了改善眼下生活而作出的最佳选择。通过以上案例的描述,可以做出这样的一般认识:早期外出务工的农民生活状况整体较差,生活保障度低,知识水平低,外出打工成为他们的基本生存之道,这是当时城乡社会经济发展不均衡、农村发展严重不足的无奈结果。因此,提高经济收入、保障生计是他们进入城市的基本动因。

(二)类型二:向往城市生活而外出务工

第二种类型的回流农民工,进城务工是因为向往城市生活,这主要表现在新生代回流农民工身上,但也不排除老一代回流农民工存在类似的状况。随着家庭经济条件的改善,新生代农民工对城市生活有着一种难以表达的向往。

换言之,进城务工是他们走进城市、认识城市的一种途径。

户籍制度的改革、交通状况的改善、城市生活在农村宣传的影响以及受教育水平的提升,潜移默化地影响着农民思想,他们迈出农村大门走进城市,更主要表现为一种主动选择,而非无奈之举。于是,农民进城的规模进一步扩大。

1991年出生的LSX便是其中的一员。LSX中专时学习的专业是兽医,毕业后出于"想出去看看",从而选择了去广东等发达省份务工择业。相较于老一代农民工出卖苦力,LSX更偏向于从事服务行业,而且专业性也得到一定体现。

个案:LSX

基本情况:女,1991年出生,贵州人,中专学历,2013年外出,后回家结婚,再未外出,现为村养殖大户、村干部。

自述:我的专业是兽医,毕业之后就想着出去看看,2013年开始出去的,先是在肯德基里工作,干了半年,后来去了广东东莞做宠物方面的工作,干了一年,在那边还是干得挺好的。

LSX外出务工是因为"想出去看看","想"字表露出她行为抉择的主动性和对大城市的憧憬向往,赚钱不是她进城务工的初始目的,打工成为连接她与城市的纽带。出生于20世纪80年代的WZM也是如此,她首次进城务工,是因为"年轻的时候想着能够出去看看城市就出去了"。

对于这一类因为"想出去看看"而选择离开农村的外出务工者,可以从两方面来理解他们的行为:一是城市的迅速发展和相关信息的获得,使得他们对城市产生了新奇感,并对城市构建出一种理想憧憬,从而促成了外出行为;二是受教育水平的提升,丰富和拓展了个体的社会认知,使得农村生活难以满足其需求,于是选择进城以构建适应其内在需求的城市人身份。

(三)类型三:为理想信念而外出务工

信念是人们追求真理的动力,是人们从已知领域向未知领域、从必然王国向自由王国勇敢挺进的动力。① 调研发现,存在少部分回流农民工是为了实现理想而外出务工。在以追求生存保障为主要目标的农民工流动中,囿于眼界有限和生活环境限制,农村青年追求理想的话题较少,甚至被人视作笑谈。正因为如此,存在拥有因理想信念而选择外出的农民工则成为调研的重要发现。

从生命周期来看,年纪尚轻且个性明显的新生代农民工,在家庭经济得到基本保障的前提下,出于个人发展的考虑,实现梦想成为他们外出打工内生动力。LXF 表示他外出是"带着梦想"而去的,并且认为"农村人去城市打工赚钱,是很光荣很光彩的事情"。LXF 刚开始在浙江义乌小商品市场帮人打工做采购,而后积累经验和资本后,办起了自己的工厂,尽管后来创业失败,但并没有打消"赚大钱"的梦想。他依然在努力奋斗,无论是在城市还是回到农村。如 LXF 一般的回流农民工,在调查中是较少出现的。

无论是生活压力下的被迫外出还是主动选择在城市寻找发展机会,调查中的回流农民工均未将外出打工视为一种向上流动的途径,而普遍认为是人生历程中的一个过渡期。人们的生活是在一定时空条件下展开的,以上所阐述的进城动因是特定时期的事实呈现,而微观的细致论述更有助于真实理解其中内容。

二、进城后基本状况

农民未进城时,所看到的、听到的几乎都是关于城市美好的一面;当他们离开家乡,不远千里来到城市,感受到的似乎和以前听说的不一致。农村和城

---

① 吴宁:《论人的信念、理想在社会历史发展中的作用》,《暨南学报(哲学社会科学版)》1996 年第 2 期,第 2 页。

市尽管同是人类生产生活的场所,但两者的差异显而易见。有学者认为,城乡差异在人类历史上一直存在,城乡社会经济和文化的不同,产生了城乡认同的差异。[①] 城乡差异使得乡村人对城市人怀有羡慕感情,对城市生活有强烈向往。在好奇心和经济理性驱动下,农民迎合时代进入城市务工,设法让自己融入城市,并拥有和城市居民相似的生活品质。但经历城市生活后和面对现实条件制约时,他们开始衡量重新定位未来生活。为此,需要比较分析农村与城市的差异,由此厘清农民工城市生活状况和观察其选择回流的具体原因。

(一)居住条件

传统乡村社会注重"安居乐业",始终把"安居"置于"乐业"之前,体现出中国人对生活的重视。随着现代化进程的加快推进、经济繁荣发展和整体生活水平的提高,人们对生活水平、质量的要求越来越高,其中住房就是一个明显表现。

居住权是人基本权利之一,而城市农民工的居住权难以保障,这往往成为中央政府难管、地方政府不愿管的空白地带。[②] 随着农民工群体规模越来越庞大,与其相关的问题引起了整个社会的广泛关注。切实有效解决农民工住房保障问题,不仅影响我国建设社会主义和谐社会,还会影响农民工社会融入进程,其意义重大而深远。投影到现实,农民工在城市的地位不够凸显,重视程度较弱,住房条件得不到保障。因此,农民工居住面积普遍较小,环境较差,往往挤在阴暗且潮湿的出租屋或者地下室。从农民工城市居住条件而言,农民工被隔离在特定的社会空间。

表4-1显示,农民工选择生活场所时首先考虑的是租房,占比是41.55%;其次是"集体宿舍"、"工地",所占比例分别是31.80%、21.05%;"自

---

① 朴忠焕等:《乡村与都市:当代中国的现代性与城乡差异》,《中国农业大学学报(社会科学版)》2007年第2期,第43页。

② 张协奎、袁红叶:《城市农民工住房保障问题研究——以南宁市为例》,《广西大学学报(哲学社会科学版)》2010年第3期,第1页。

购"占比仅有 0.27%。这种住房结构的结果呈现,与农民工强调生存而不过于追求城市生活质量的心理想法有一定相关性。

表 4-1　在外务工的居住地

外出住宿地	频数	比例
租房	460	41.55%
亲戚家	14	1.26%
集体宿舍	352	31.80%
工地	233	21.05%
自购	3	0.27%
其他	45	4.07%

2001 年,WLJ 受困于家庭经济条件无法供养孩子上学,于是选择外出务工。当时他已经年过四十,WLJ 这样讲述他外出后的居住环境,"我在工地打工时,为了省钱,只能住在比较阴暗潮湿的房子里,那时候是租房子,只有七八平方米,高档的咱也住不起啊"。

个案:WLJ

基本情况:男,1959 年出生,安徽人,一家四口,一儿一女。

自述:2001 年,两个小孩都在上学,儿子念高中,女儿念小学,再加上在村里干活待遇太低,一年只有千百来块钱,承受不了孩子上学的费用,那时候学费很贵,经济压力大,家庭困难。当时粮食又不值钱,于是我决定去外面打工。我最先跑到广东一家建筑工地打工,这个城市发展还可以,比我们安徽要发达,广东人也很富裕。我在工地打工时,为了省钱,只能住在比较阴暗潮湿的房子里,那时候是租房子,只有七八平方米,高档的咱也住不起啊。我老婆跟我一起住,为了多挣点钱,我是没日没夜地干活,早上 5 点钟就要起床,一直干到晚上 10

点,早不见天,晚不见天,非常辛苦。

迫于生计外出务工者的首要目的是挣钱,解决家庭支出所需,在家庭经济期望和城市生活消费水平双重压力下,大多数农民工选择在城市里"蜗居",生活在狭小的空间里。考虑到城市高成本的生活消费,YZM 选择租住在廉租房里。与 WLJ 不同的是,他们是一家人共住,而不是夫妻两人居住,这导致了原本狭窄的居住空间变得更为狭窄,居住条件更严峻。

个案:YZM

基本情况:男,1968 年出生,贵州人,2011 年 12 月返乡。

自述:我们到浙江 R(城市名缩写,下同)市的一家皮鞋厂上班,当时就想挣点钱,厂里工资也不算高,我们又听不懂当地方言,也不太会说普通话,我们无法真正融入那个城市。我们一家人住在自己租的房子里,房子很窄,面积不宽敞,一年租金是 3000 多块钱,只有20 多平方米,上面铺一层木板,就当两层了,勉强能住下,其实很不安全,R 市有台风,大台风很危险。

从农民工主体的角度和农民工所处的具体情境来看,大多数外出务工者对居住条件的描述隐含着无奈倾向。他们并不愿意在城市里"蜗居",工棚、廉租房等阴暗潮湿的居住坏境是他们作为城市外来人的无奈之举。

(二)生存技能

马克思在批判费尔巴哈抽象人本主义的错误之后,提出"人的本质不是单个人所固有的抽象物,在其现实性上,它是一切社会关系的总和"[①]。作为

---

① 《马克思恩格斯选集》第 1 卷,人民出版社 1995 年版,第 60 页。

社会的主体，人需要在人生历程中掌握一系列技能，以此来维系自身在社会中的交往活动。作为农民，似乎只要扛得动锄头就能维持个人与家庭生计；但作为城市务工者，农民工只有不断掌握相应技能，才能在城市立足。虽然从调研数据结果来看，1108名回流农民工中超过半数的人表示，外出务工并没有带来技能的改变，但现实却是，农民工进入城市后所拥有的生存技能发生了量的积累和质的变化。

1. 生活技能。简言之，生活技能是个体能够采取恰当行为，有效处理日常生活中的问题和挑战的能力，是必须具备的基本能力。[①] 在传统农村社会，男性地位要高于女性，这导致男尊女卑思想根深蒂固，由此形成了家务活全由女性来承担的惯习，进而导致农村成人女性所掌握的生活技能远远多于男性，尤其是在处理家庭问题方面。作为一个家庭核心的存在，男性生活技能主要体现在大事决断上，有别于女性平常所遇到的琐碎杂事。

进城务工后，农民工生活技能得到了提高，男女双方在务工过程中显得更加平等，他们有着同样的目标和经济地位是原因之一。生活在一个较为平等的空间，农民工的生活技能不仅体现在生活小事上，也体现在面对各种应急挑战时的反应能力上。进入城市后，农民工主动或被动接受现代化理念和思维。比如，男性农民工将平等的观念运用到生活中，学会尊重女性，理解女性，分担家庭事务。经过城市生活洗礼后，农民工更加懂得用法律来维护自身合法权益，这与农村时相比有明显变化。

2. 职业技能。职业技能是指在职业环境中合理有效运用专业知识、职业价值观、道德与态度的各种能力，是衡量个体工作能力的重要指标。相较而言，农民工文化素质较低且大部分从事低技能工种。从农民工就业的行业分布看，农民工集中在制造业、建筑业、批发和零售业及生活服务业等，以体力劳动为主。

---

① 李蔚蔚：《农民工子女城市生活技能现状及影响因素分析——以浙西南丽水市莲都区为例》，《出国与就业（就业版）》2011年第1期，第110页。

目前,农民工职业技能培训在多地广泛实践,但从调研结果看,1095 个样本中接受过培训的农民工仅有 298 人,占样本量的 27.21%,不到三分之一。农民工虽然在城市接受的培训较少,但由于身处生活节奏快、发展迅速的城市,被迫适应城市需要,在常规培训之外,采用多种非正式方式自主提升个人职业技能,比如跟着技能娴熟的亲戚或老乡学习手艺,或者自学厨艺、驾驶等技能。部分农民工无法适应城市生活,只能依靠体力劳动来换取生活所需,一般是在建筑工地上搬砖等,工作条件较恶劣。此外,在外出务工过程中,农民工与工友、所在企业老板、外出打工老乡等群体交往,扩大了见识面和社会网络,打破了局限于农村小范围的熟人圈子,提高了个人交际能力和沟通水平。

3. 隐性技能。隐性技能又称为无形技能,是人在社会生活中有意识获得的不可用实物来衡量的一种技能。农民工在城市务工可以接触到形形色色的人,有受教育程度和文化水平较高的城市居民,也有不同区域和文化背景的其他农民工。在与这些人交往中,无形中会收获许多在农村无法获得的能力。比如守时守信,集体协作和责任意识增强,人际沟通水平和技巧提升,平等理念和自尊、自信、自立、自强等人生态度。

（三）人际关系

人际关系是个体在互动中所形成的社会联系,是人与人之间互动的结构模式。农民工的人际交往是指在经济、政治、法律、文化四个层面上,身处城市的农民工与城市人、工友等交往主体间,借由思想、感情、行为所表现的领导或服从、合作或竞争、吸引或拒斥等的交往和联系。① 有学者将农民工在城市生活中的关系按照作用分为基础性关系和发展性关系。基础性关系包括配偶、子女、父母等亲缘关系,主要作用是提供保护性资源;发展性关系包括朋友、亲

---

① 郭鹏飞:《进城农民工的人际关系问题与改善措施》,《学校党建与思想教育》2011 年第 6 期,第 18 页。

戚、熟人、老乡等对个体发展具有提升作用的关系,主要作用是提供"提升性资源"。① 为此,可将农民工的人际关系理解为两个层面,一是以血缘、地缘为纽带的传统人际关系,二是在城市适应过程中形成的发展性人际关系。

1. 以血缘、地缘为纽带的传统人际关系。中国传统社会是以家庭为核心的社会模式,家庭在个体意识中处于不可替代的位置。费孝通在《乡土中国》中表示中国乡土社会人与人之间的关系是以亲属关系为主轴的网络关系,这种关系呈现"差序格局"。② 农民工的人际网络也是如此,部分农民工外出务工是迫于生活无奈,因此,其在城市的基础关系比较简单,即使接触的人数有所增长,但其人际互动主要表现在与配偶、子女的相处上。20 世纪 90 年代早期,有学者发现农民工群体人际交往具有十分明显特点:注重血缘、地缘关系,与城里人来往少。③ 三十年过后,这一特点未得到明显改变。农民工喜欢与老乡交往,主要原因是他们在生活习惯、文化水平、思想观念等方面比较相似,熟悉感使人对"自我"做出积极评价,容易产生满意感与归属感。调查数据显示,超过 67.42%的农民工在务工地没有参加过任何社会组织或社会团体,仅32.58%的农民工参加过类似组织,但从结果来看,选择"同乡会"的有 162 人(见表 4—2),比例超过其他任何一项。

表 4—2　人际关系

参加的社会组织或团体	频数	比例
当地的工会组织	50	13.59%
宗教团体	3	0.82%
宗亲会	59	16.03%

---

① 汪娜、李强:《农民工的城市适应:人际关系作用的质性研究》,见《第十七届全国心理学学术会议论文摘要集(北京)》,2014 年。

② 费孝通:《乡土中国》,华东师范大学出版社 2017 年版,第 22—30 页。

③ 孟传慧、田奇恒:《进城农民工人际交往心理探析》,《社会心理科学》2003 年第 3 期,第83 页。

续表

参加的社会组织或团体	频数	比例
同乡会	162	44.02%
联谊组织	43	11.68%
职业团体	47	12.77%
其他	4	1.09%

2. 城市适应过程中的发展性人际关系。农民工在城市务工所接触到的城市居民、工友或邻里,与亲戚、老乡所构建的强关系相比,他们之间的人际关系属于弱关系,这在一定程度上拓展了农民工的关系网络,故此,将这类关系称之为"城市适应过程中的发展性人际关系"。

表4-3显示,与当地居民相处很好的农民工有361人,占32.73%;相处还行的497人,占45.06%;相处不好,有歧视的仅有23人,占2.09%。城市人对农民工的歧视实质上是一种以出身衡量人际交往的表现,从20世纪90年代打工潮盛行开始,城市人对农民工的歧视弱化了农民工在城市的社会参与度,由此而形成了一道无形交往屏障。但当前数据显示的双方友好相处状况表明,社会整体氛围在发生改变,这为农民工发展血缘、地缘以外的人际关系提供了良好环境基础,也为建设社会主义和谐社会创造了新动力。

表4-3 与当地相处如何

指标	频数	比例
很好	361	32.73%
还行,一般交往	497	45.06%
相处不好,有歧视	23	2.09%
没有来往	222	20.13%

(四)价值观念

价值观念是对现实价值关系的评价性反映,本质上是一种指导人生活的实践性观念,是价值观与人的实践活动的中介环节。[①] 价值观念作为一种主观意识形态,容易受所处自然环境和社会环境影响。农民工进城务工前后,价值观念无形中发生了转变;回流农民工与在地村民在价值观念上的差异显而易见,由此导致社交对象出现差异。一直在家务农的 CLQ 在谈及外出打工回来的邻居时,她表示"不太和她们聊天,因为她们才回来,不像我们在家里,和她们在一起谈不来;她们在外面习惯了,我们在家里,老风俗和她们不一样,思想观念不一样;我们不出门,一般和那些与我们一样在家不出门带小孩的人,一起打个小牌,大家关系熟一点"。

表 4-4 显示,1108 名回流农民工中有 643 人表示自身价值观念有了变化,占比 58.03%。他们的价值观念转变主要体现在对政治、经济、文化等国家大事以及自身权利意识等方面的关注,具体表现如下。

表 4-4　价值观念是否改变

价值观念是否改变	频数	比例
是	643	58.03%
否	423	38.18%
其他	9	0.81%
不知道	33	2.98%

1.政治意识、法律意识不断增强。生活在社会基层的农民,面朝黄土背朝天,思维和观念局限在固定框架和范围里。外出务工前,他们对什么是政治、什么是政治意识仅有模糊概念,甚至完全不理解。1108 名回流农民工中有

---

① 郭凤志:《价值、价值观念、价值观概念辨析》,《东北师大学报(哲学社会科学版)》2003年第6期,第41页。

44.77%的人表示,外出前不关注国家政策新闻,这一定程度上与他们受教育程度呈正相关。表4-5显示,外出务工前仅有16.00%的农民选择法律途径维护自身权益,但外出务工后,农民工政治意识和法律意识淡薄的状况明显得到改善,有334名(占比30.14%)回流农民工会选择通过法律途径维权,相比外出务工前,提升了14个百分点;227名(占比20.49%)回流农民工会选择向相关单位、部门或社会组织寻求帮助维权,占比提升近6个百分点。

表4-5 务工前后的维权选择

务工前后维权选择	务工前后	频数	比例
法律途径	务工前	177	16.00%
	务工后	334	30.14%
寻求相关单位、部门或社会组织的帮助	务工前	161	14.53%
	务工后	227	20.49%

2.个人生活品质逐渐受到关注。城乡二元结构将城市和乡村隔离在两个不同发展空间,也将城市居民和农民的生活质量做了界限区隔:城市居民生活在繁荣开放空间,农民生活在相对落后有限空间;城市人代表光鲜亮丽,农民容易成为嫌弃的对象。穿着和消费能直观反映个体生活方式和生活品质。长期在家未外出的WLJ认为,外出农民工在穿着上有明显变化,"他们的生活穿着,在这一块的消费是比较跟时代的;他们受城市生活方式的干扰,跟(我们)普通老百姓不一样了"。"跟普通老百姓不一样",这似乎表明外出农民工已经不属于普通老百姓了,而主要归功于外出务工的经历。除穿着外,另一个能反映个体关注生活品质的指标是是否安排旅游。调查发现,绝大多数农民工外出务工前并不会每年出去旅游,原因是收入主要用于生存性支出,难以支付旅游等发展性支出。但经历外出务工后,部分农民工会选择偶尔去旅游,这也有务工带来的经济收入提升的影响。

3.互联网逐渐融入生活。由于地理位置和经济发展水平的限制,农村互联网发展较缓慢,导致农民对网络的认识不足甚至为零,未使用过网络的人占多数,城市的繁荣和发展与落后的农村形成了巨大差距。但经历城市务工后,网络走进了他们的日常生活。有过务工经历的 HMY 就是其中的代表。有着生意头脑的 HMY 在被问及外出前后观念变化时,直接提到了物联网,尽管阐述不够清晰,但这是外出务工经历在其身上留下的宝贵印迹,也是区别于在地村民明显的特征。早期,农民长时间待在信息较为闭塞的农村,以至于在日常生活中很少接触网络。经历城市务工后,农民工逐渐接触和了解了互联网这一现代信息技术,并将其有效运用到生活。

4.个体理性意识逐渐提升。无论是老一代农民工还是新生代农民工,随着年龄的增长和眼界的拓宽,外出务工经历不同程度提升了个体理性意识,促进个体更加理性看待现实问题。当 ML 被问到外出前后最大的差异是什么时,他这样答道,"以前年轻就想着出去玩,后来渐渐地觉得还是要挣钱,有了钱别人看你的眼光就会不一样,比如和你差不多年龄的人一起工作,然后一听别人是富二代,你就会很羡慕别人,然后自己就想着要好好干活"。与 ML 有着相同感受的还有 WWC,他这样描述自身思想的变化,"我最大的感觉是,在家里有什么事还能有呻吟的地方,在外边你什么都找不到,哭都没地方哭,在外边你要适应大家,你要改变自己去适应这个世界,而不能改变世界去适应你……我这个思想就这个样子,世界不管怎么样,你就要去适应这个世界,世界不能来适应你"。

农民工并非是完全被动的客体,城市打工也是不断适应的过程,更是不断理性化的过程。空间的迁移在给农民工带来收入变化的同时,也带来了思想观念的转变。他们不是否定农村传统思想,而是在接受城市思想基础上对一些想法批判反思,从而达到另一种新的境界。这是外出务工经历赋予农民工的无形财富和力量。

通过横向与在地村民的比较和纵向与外出农民工自身价值观念的演变分

析,回流农民工价值观念变化的原因主要是两个方面:第一,不同的生活环境使群体得到不一样的思想熏陶;第二,回流农民工比在地村民经历丰富,观念转变更明显。

(五)业余生活

业余生活是所有工作者缓解工作压力、释放人的天性的重要反映。农民工进城务工主要是为了获得经济收入以支撑家庭开销等,而不是为了娱乐消费。再加上容易遭受排斥、社会生活习惯偏单一、社会资本受限等因素的影响,农民工成了城市边缘人,其业余生活微乎其微,甚至可以忽略不计。相较于城市居民,农民工在城市的业余生活显得格外单调和枯燥。

表4-6显示,有69.38%的农民工认为自己有娱乐活动,但这些娱乐活动极其简单,主要是喝酒,逛街,看电视,打牌、下棋、打麻将,上网等(见表4-7),其中看电视(占比63.15%)、逛街(占比41.41%)和喝酒(占比36.59%)是主要娱乐方式,选择看书报的比例最小,仅为7.69%,这一定程度上与他们的受教育程度呈正相关。此外,有30.62%的农民工表示没有娱乐活动。

表4-6　是否有娱乐活动

是否有娱乐活动	频数	比例
是	768	69.38%
否	339	30.62%

表4-7　业余生活

业余生活	频数	比例
喝酒	281	36.59%
逛街	318	41.41%
看电视	485	63.15%
看书报	59	7.69%

续表

业余生活	频数	比例
上网	98	12.76%
打牌、下棋、打麻将	114	14.84%

影响农民工业余生活结构的因素有很多，主要表现在五个方面。一是资金短缺，难以支撑娱乐消费。受到自身人力资本的先赋性条件限制，农民工从一种生产体系进入到另一种生产体系，面临着巨大的社会适应压力，适应的过程使农民工感觉代价太大，资金缺乏是最大的障碍。农民工进城的最主要原因就是当下的所得难以支撑其生活，对处于这种生活状态的他们来说，娱乐消费成了奢侈。由于资金的匮乏，加上城市娱乐消费相对昂贵，农民工普遍呈现一下班便回到居住地的状况。二是时间不足，无暇娱乐。与八小时制上班族（至少名义上是八小时工作制）相比，农民工工作变动性和流动性较强。造成这种现象的主要原因是农民工自身能力有限，难以获得更优越的工作机会，从而在时间上压缩了娱乐消费的可及性。三是难以融入城市居民的常规娱乐活动。农民工作为城市的外来人员，源于各种因素，往往形成了自我卑微意识。长期以来，城乡不均衡的发展使得农民自视比城市人低一等，为此，尤其是老一代农民工多数认为娱乐活动是城里人的专属活动，与自身不存在任何联系。经历这种思想的长期洗礼，阶层差异在娱乐活动中得到了明显体现。四是意愿不强，娱乐意识不明显。农民工即使在经济层面和社会交往方面逐渐适应了城市生活环境，但并不意味着能够拥有与城市居民相同的思维方式和行动方式。农民工始终将自己视为社会较低阶层，与丰富多彩的城市娱乐活动隔离开来，把自己限定在原本已经构建好的生活模式中，勤恳劳作而无暇顾及业余生活。此外，老一代农民工还存在视娱乐活动为不务正业的认识，从而进一步限制了娱乐活动的开展。五是硬件限制，周围娱乐设施不健全。农民工往往居住在廉租房、集体宿舍或者工棚等娱乐设施不全甚至没有娱乐设施的区

域,这直接限制了农民工的娱乐活动。环境能刺激人们的行为,也能抑制人们的行为,娱乐设施的缺乏进一步弱化了农民工的娱乐消费行为。

(六)消费行为

消费是个体生活必不可少的活动。农民工的消费水平由其就业稳定性、收入水平、消费观念等因素决定。简化理解,可将农民工的消费分为物质消费与精神消费。物质消费主要包括衣食住行等生活必需品,精神消费则主要是指教育、文化等更高层次的需求。近年来,农民工数量不断增加,对农民工消费行为进行研究具有重要意义。有学者认为,未来打算和身份认同作为市民化意愿的两个重要维度,对农民工消费行为有深刻影响。[①] 调查显示,农民工消费大多仅限于生活必需品,即物质消费,这与他们进城务工是为改善经济条件的目的相符。但是,引入代际变量会发现,老一代农民工与新生代农民工在消费方面存在明显差异,前者有意识缩减非必要性支出从而累积收入并将其带回家乡,后者更倾向于享受生活,自我约束性减弱,取而代之的是娱乐性增强,其消费方式更接近城市居民。

1.物质消费。老一代农民工消费主要集中于物质消费,这与他们的收入水平呈正相关。从业余生活的选择取向来看,农民工在城市务工时的消费行为受到周围环境及群体的影响,主要是饮食、房租等基础支出。农民工的价值观念在多层面发生了转变,但在消费方面仍停留在较为传统状态。去广州打过工的 CHC 谈到在外消费时表示,"外面消费也高,攒不到什么钱,我在外面消费一天基本上 40 块钱,吃饭、买烟、喝水,吃的好点的话一天需要五六十块钱"。出生于 1959 年的 WLJ 有相同的经历和感悟,"你想吃好的,那是不可能的;你想住好的,那也是不可能的"。

---

① 袁方、安凡所:《就业稳定性、市民化意愿与农民工消费》,《中国劳动关系学院学报》2019 年第 3 期,第 96 页。

个案：WLJ

基本情况：男，1959年出生，安徽人，初中文化水平，曾经在广东、北京等地累计打工一年半，2002年6月返乡，现家里一共有18亩地。

自述：你想吃好的，那是不可能的；你想住好的，那也是不可能的。那时候我在广东打工的工资待遇并不高，一天要是能挣到30—40块钱就算不错了，挣到的这点钱还要付房租、吃饭、零花钱，基本上攒不了多少钱。

收入是消费的前提和基础，农民工的工资收入决定了他们的消费水平。低收入水平使得农民工需要对微薄工资精打细算，把每一分钱用到该用的地方。WWW16岁就外出打工，他回忆道，"刚出去，谁都不认识，那时候吃苦，有一次炒一个包菜吃了四天，穿什么衣服出去打工穿什么衣服回来，衣服都没舍得买一件，那时候家里需要钱，不敢乱花"。因此，农民工消费关注点主要放在能否解决基本生活问题上，而不是改善生活质量。追求生活基本保障是农民工在城市的消费常态，以物质产品消费为主。与城市居民相比，农民工消费呈现低水平状态。

2. 精神消费。精神消费是在物质消费基础上提出的更高层次消费，囿于经济条件限制，农民工在这方面的消费较少。精神消费对他们而言是一种花钱的奢侈活动。文化教育、体育娱乐等消费在农民工的生活中少之又少，这尤其在老一代农民工身上得到充分体现。新生代农民工在社会观念、知识层次、文化修养、审美意识等方面与老一代农民工相比存在迥然不同的时代特性，他们的精神消费比较丰富，但由于工作环境及薪资限制，许多新生代农民工表示收入难以支撑消费需求。

近年来，城乡居民收入普遍得到增长，服务性消费支出同比较快增长，但城乡收入和消费差距仍较为明显，这在农民工群体的消费上得到直观呈现。城市居民在收入可支撑状况下，更多选择服务性消费，尤其是在文化、教育、旅游等方面,相比之下,农村居民由于收入水平相对低以及传统观念的影响,消费重心在于保障基础生活。农民工作为城市与农村的"中间人",他们的消费行为比农村居民更具时代性,但与城市居民相比仍具有较大差距。

(七)子女教育

教育是公众持续关注的热点议题,也是公共服务的重要内容,教育不公平也反映了收入与消费的不平等。农村与城市在教育上的差距主要归因于城乡悬殊的经济发展差距,而资源分配的不均等、收入差距大是经济发展差异的直接反映。从数据来看,回流农民工的文化水平整体偏低,侧面反映出教育水平与经济状况相挂钩,但这并不影响农民工对子女教育问题的正确认知。比较回流农民工与在地村民发现,两者在子女教育问题上的认识几乎不存在差异,超过90%的人认为子女教育十分重要,农民(工)希望子女通过读书和教育来改变父辈贫穷落后状况。

表4-8 文化水平

指标	频数	比例
文盲	113	10.20%
小学	360	32.49%
初中	462	41.70%
高中	111	10.02%
中专或技校	24	2.17%
大专	36	3.25%
本科及以上	2	0.18%

表4-9 子女教育重要程度的认识

指标	回流农民工		在地村民	
	频数	比例	频数	比例
不重要	5	0.45%	1	0.31%

续表

指标	回流农民工		在地村民	
	频数	比例	频数	比例
一般	21	1.90%	5	1.42%
有点重要	53	4.78%	20	6.15%
十分重要	1029	92.87%	299	92.12%

农民工子女教育问题可分为两种情况讨论：即"流动子女"与"留守子女"。① 经历城市生活的农民工，在子女教育问题上有了进一步认识，农村教育条件与城市不具可比性，城市教育环境、教育水平等各方面都具有优越性。农民工希望能把子女接到身边，接受更好教育服务，但由于经济等条件的限制，农民工子女在城市接受教育的占比少，多数是在农村就近上学。在城市接受教育的农民工子女，多数在民工子弟学校就读，学费负担重、教育质量一般，这加大了外出务工家庭的经济负担，叠加于农民工工作稳定性弱，综合导致农民工子女教育出现间断性、不连续性问题，即子女就学学校以及就学年限由父母工作决定，从而出现频繁转学的现象。这种工作不稳定性造成了子女教育的强流动性，从而产生诸多负面影响。CXT 讲述了子女就学的一段经历，"我家孩子在外来子弟学校读书，当地人上的学校都是国家办的，外来子弟学校什么补贴都没有，而且学费更高；孩子读的幼儿园就是外来子弟幼儿园，小学只在那边读了一学期，后来就回老家了"。出于对大城市向往的 CYF，也流露出对子女教育的担忧和无奈，"我其实挺向往大城市的生活，因为子女教育、就医、环境卫生方面都比乡镇好得多，乡镇环境卫生比较脏乱差，大城市的工作环境、工资待遇好，接触的人的素质都很高；关于子女教育，我想过把她们送到六安市，但由于条件跟不上，这个想法也被搁置了"。

---

① 江立华、鲁小彬：《农民工子女教育问题研究综述》，《河北大学成人教育学院学报》2006年第1期，第44页。

（八）医疗卫生

在户籍制度约束下，进城农民工无法和城镇居民一样平等获得基本公共服务，包括住房、教育、医疗卫生等。农民工的工作往往充满风险，较好医疗卫生服务能够有力保障农民工身体健康。由于身体健康问题，农民工无奈选择回流。表4-10显示13人健康状况为残疾，65人身体较差，总体比例不超过10.00%，这部分人群选择回流的原因便是身体状况无法支撑劳动需要。

表4-10　健康状况

指标	频数	比例
健康	873	78.79%
一般	157	14.17%
较差	65	5.87%
残疾	13	1.17%

随着医疗体制的改革，我国医疗建设取得了历史性成就，但医疗体制似乎对最应得到帮助的群体的关注有限，特别是流动于农村和城市之间的农民工。他们在城市务工享受不了城市医疗体制保障，离户口所在地较远又难以享受新型农村合作医疗保险的优惠。农民工最担心身体健康，一旦患有严重疾病，不仅要面临高额医疗费用，还需承担因失去工作而影响家庭收入来源的风险。

CHC2001年外出务工，2011年因身体原因返乡不再外出，关于在广州生病的情景，他做了这样的回忆："在广州的时候生病回来了，在家待了两年，后来又生了一场大病，身边也没人照顾，实在没办法让外甥媳妇来照顾了我一段时间，这两年身体好些了。那个时候要是一直没人管，也活不到现在。在广州发病那次挺严重的，身边没有水也没有药，是和我同村的人把我送回来的，当时我们在一个地方打工。我在火车上晕的动都动不了，上吐下泻，当时是冒着大雨在外面干活而生病的，刚开始有点感冒也没在意，中午休息的时候吹了风扇就严重了"。与 CHC 一样,因为身体疾病被迫返乡的还有河南回流农民工 CZ,他 2015—2016 年在广州务工,后因生病返乡,"我在广州干的都是些杂活,砌房子,搬家,拉土……基本上什么都干,一个月能挣五千多块钱,后来生病了,不得不回来,血压高,在那边也没人照顾,在广州待了两年就回来了"。

作为城市建设者,农民工往往从事体力劳动,比如搬砖、拉土等,恶劣的工作环境为健康埋下隐患,再加上微薄工资收入难以支付医疗费用,在看病难、看病贵的困境下,生存需求得不到保障,万般无奈下最终不得不选择返乡。

农民工进城后的基本状况是其在城市务工生活的真实写照,深描农民工的城市生活状况,对如何解决农民工群体的就业、子女教育、社会交往等实际问题具有深刻意义,同样,为解决当前我国因阶层分化而造就的不平等问题具有现实意义。

第二节　农民工进城后的职业选择与变动

一、农民工进城后职业选择

改革开放后,区域、城乡经济差距逐渐扩大,农民日益增长的美好生活需要与区域间、城乡间不平衡的发展矛盾致使大量农民选择进城务工。一方面,土地边际效益递减,农民仅靠耕作已难以满足其自身及家庭的日常开支,再加上农村剩余劳动力的大量出现,推动着大量农民往外走;另一方面,随着城市建设和经济发展的需要,城市对劳动力需求日渐增长,从而形成了一种拉力吸引农民进城。当然,政策调整在此发挥着不可估量的作用。为了系统了解回流农民工群体特性,需要对农民工就业选择及其过程做进一步梳理和分析。

李培林按照收入高低将农民工细分成三个阶层:第一个阶层占有一定资本并雇佣他人,这部分群体占比极小,且这部分农民工大多是在城市打拼多年,积累了足够资本才能创业转型,他们不是本书所描述的农民工进城后第一份职业的研究对象,因此这里不予讨论;第二个阶层是占有少量资本、掌握了某种简单谋生技能并自我雇佣的劳动者,他们被归类为自雇就业(或自营就业)。这部分农民工进城后自谋营生,比如修表、修鞋、卖菜、卖小吃等等。第三个阶层是完全靠出卖劳动力的农民工,他们受雇就业,即受雇于某个企业单位,由用人单位给农民工发放劳动报酬。[1] 2015 年国家统计数据显示,受雇方式就业的农民工所占比重为 83.4%,自营就业的农民工比重为 16.6%,受雇就业农民工比重较 2014 年提高了 0.4 个百分点。[2] 数据表明,农民工在职业选择上更多倾向于受雇就业,自营就业占比较小,且呈下降趋势。

(一)初次职业选择

调查发现,农民工受雇就业比例大,多数受雇就业的农民工最初是在技术要求较低的劳动密集型产业中,这与农民工受教育程度和技能水平密切相关。农民工受教育程度低,进入城市前从事的是农业生产活动,掌握从事非农行业的相关工作技能的群体普遍偏少,因此进入城市后,农民工只能选择技术要求或准入门槛较低的非技术行业,比如在电子厂、缝纫厂和建筑工地上从事劳动。

此外,农民工拥有的社会资本低也是一个重要因素。农民工的社会关系主要在农村,城市社会关系较为薄弱,除非在城市中有亲缘关系等,但这并非普遍现象。在这种情况下,他们通常会先找一份简单工作,暂时在城市安顿下来。当外界工作条件变化时,或者当更好的职业选择出现时,他们才有机会选择变更职业,从而增加经济收入。因此,他们对自己第一份工作的满意度通常不高,从而迫使他们想要变动工作,STM 是其中一个明显例子。

① 李培林:《流动民工的社会网络和社会地位》,《社会学研究》1996 年第 4 期,第 48 页。
② 国家统计局:《2015 年农民工监测调查报告》,2016 年 4 月 28 日,见 http://www.stats.gov.cn。

个案:STM

基本情况:男,1982年出生,贵州人,家庭经济中等,已婚,有两个儿子一个女儿,父母、妻子和孩子一同居住。

自述:90年代去杭州务工,在工地上捡砖头,当时出去的时候年纪小,工资相对较低,别人一天25元,而我们只有15元。第二年砖砌工涨到了30元,我们就涨到了20元,每天工作8小时,一个月大约500—600元。那时候工地上的工资不高,但是比家里工资高,家里那个时候就7—8元一天。工作不稳定,做几天玩几天,下雨天又不能做,只坚持干了一年多,又回家在安顺做体力活,做背背——背东西到楼上,按次计费。工作还是很不稳定,做一天(工作)花一天(钱)。直到后来回家结婚才有所改变。

STM是农民工由于缺乏技术和职业选择渠道而在城市从事低技能工作的典型案例。他们进城务工只能出卖劳动力,从事体力劳动。这种非技术行业进入门槛低,往往缺乏有效管理机制。有些农民工没有与用人单位签订劳动合同,有的即使签了,劳动合同也仅是一种形式,被束之高阁,无法保障农民工合法权益。

(二)职业选择途径

总体而言,农民工的职业选择途径主要有四种。一是依靠亲戚朋友介绍,这是主要的职业选择途径。这部分农民工或是与亲戚朋友结伴进城务工,或是已有亲戚朋友在城里务工且工作稳定。二是依靠中间机构介绍,比如通过职业介绍所或者劳务市场等渠道找到工作。三是企业或工厂招聘人员到农村直接招工,这部分所占比例较小。四是村民参加本村组织的培训后再到企业或工厂务工。

调查发现,完全依靠个体能力直接到城市找工作的农民工几乎没有,这说明绝大部分农民工在获取职业的过程中主要依靠的是以血缘、地缘和亲缘为纽带的初级群体。农民工获取工作信息的渠道有限,缺乏必备的工作技能,因此他们通常依靠亲戚、老乡和朋友这种初级群体谋得工作。他们往往在进入城市之前就已经把城里的工作联系妥当,进城以后便能直接开始工作,以此避免在城市找不到工作的风险。如果没有提前联系好,他们大多不会贸然进城。ZTT 是在村里集体培训之后再到城里务工的一个代表。

个案:ZTT

基本情况:女,1983 年出生,安徽人,已婚,育有两子,现家庭共居住人员包括丈夫、孩子、婆婆以及小叔。年轻时到苏州工厂务工,做了 3 年,后与姐姐一起做熟食,结婚后回乡带孩子。

自述:我年轻时还没有结婚,家庭条件很差,很早就没有上学,村里的孩子很早(年龄小)都出去打工了,当时是和村里很多人一块出去的,因为当时村子里有一个缝纫培训班,村里人都在那里学,学好了然后大家就一起去苏州的厂里上班。那时候工作时间长,一天要工作 12 小时,而且工资很低,一个月工资 700—800 元,这个工作做了 3 年,后来就去了我姐姐那里——合肥,帮着一块做生意,之后干了几年,后来结婚了也就没有出去了。

农民工在城市工作一段时间后,逐渐熟悉了城市生活,在工作技能、思想见识、社会关系等方面有所提升。当机会到来时,这部分农民工有的会依靠自己在城市工作所获得的技术或专长获取新的工作,有的会通过手机、电脑等新媒体工具搜索招聘信息,还有一部分农民工会依靠在城市新建立起来的社会关系网络再次择业。

二、职业变动与满意度

部分农民工不会出现职业变动,而是一直从事第一份工作,直到返乡。而另一部分农民工由于就业环境的变化，或者出于其他因素考量会选择变更职业。考察农民工职业变动情况和分析影响职业变动的因素，有助于全面了解农民工在城市的就业状况和职业流动效应，这种效应主要是指职业变更时是否实现了职业向上流动，即是否从事较高层次的职业，职业声望是否得到提高等等。

（一）职业变动频率

表4-11显示，在回流农民工和未回流农民工城市职业变动状况分析中，有效样本量1243个，其中542人职业变动次数为0，即有542人进入城市后未变动过职业，占样本总数的43.60%；发生职业变动的有701人，占总数的56.40%。职业变动一次的148人，占总数的11.91%；职业变动两次的223人，占总数的17.94%；职业变动三次、四次的有197人，占总数的15.85%。职业变动五次、六次的骤减为68人，占总数的5.47%。以上数据可以看出，频繁变动职业的农民工人数少、占比小，大多数农民工不会频繁变动职业，职业稳定性较强。

对比回流农民工和未回流农民工的职业变动状况，回流农民工中未发生职业变动的比率是44.15%，高于未回流农民工的39.86%。职业变动次数为1—3次的回流农民工比例依然高于未回流农民工，而职业变动次数为4—6次的回流农民工比例则低于未回流农民工。回流农民工职业变动的平均数1.78，未回流农民工平均变动职业2.39次。

从职业变动次数看，未回流农民工的职业变动次数高于回流农民工；从职业变动的平均次数看，未回流农民工也是较回流农民工高。导致这一现象的原因是未回流农民工定居城市的可能性较大，因此职业追求和期望更高，他们通过频繁变动职业最终获得自己满意度较高的工作；而回流农民工对工作要求趋于稳定，只是将城市作为暂时落脚点，对于职业要求相对较低，容易安于现状。

表 4-11　农民工职业变动次数概况

职业变动次数	回流农民工		未回流农民工		全部农民工	
	频数	比例	频数	比例	频数	比例
0 次	483	44.15%	59	39.86%	542	43.60%
1 次	134	12.25%	14	9.46%	148	11.91%
2 次	197	18.01%	26	17.57%	223	17.94%
3 次	138	12.61%	15	10.14%	154	12.39%
4 次	33	3.02%	10	6.76%	43	3.46%
5 次	42	3.84%	9	6.08%	51	4.10%
6 次	14	1.28%	3	2.03%	17	1.37%
7 次	7	0.64%	0	0.00%	7	0.56%
8 次	14	1.28%	2	1.35%	16	1.29%
9 次	2	0.18%	0	0.00%	2	0.16%
10 次	18	1.65%	5	3.38%	23	1.85%
12 次	1	0.09%	2	1.35%	3	0.24%
15 次	3	0.27%	2	1.35%	5	0.40%
20 次	8	0.73%	1	0.68%	9	0.72%
总计	1094	100.00%	148	100.00%	1243	100.00%

（二）职业稳定性

农民工的职业变动次数反映了农民工的职业流动状况,为全面考察农民工就业情况,需要结合农民工在城市务工时长进行分析,因此引入职业稳定性概念。职业稳定性反映了农民工职业稳定状况,职业稳定性可用农民工城市务工时长与变动职业次数的比值来呈现,即职业稳定性=农民工城市务工时长/变动职业次数。为此,职业稳定性也可以理解为每份工作平均时长。从未变动过职业的农民工以其在城市务工时长作为职业稳定性值。

表 4-12 显示,农民工每份工作平均时长为 4.12 年,未回流农民工每份工作平均时长为 5.22 年,高于回流农民工的 3.92 年,高出 1.3 年;未回流农民

工在城市务工时长的中位数是 10 年,远远高出回流农民工务工时长中位数 5 年。由此,回流农民工每份工作平均时长要低于未回流农民工,故此,其职业稳定性也低于未回流农民工。

表 4-12　农民工职业稳定性

	平均值	中位数	最小值	最大值
全部农民工	4.12	5	0	36
回流农民工	3.92	5	0	36
未回流农民工	5.22	10	0.50	33

(三)职业满意度

职业满意度是一项综合性指标,难以充分量化呈现,但把握职业满意度的核心要旨或许能有效反映职业满意度状况。为此,可从权益保障和职业发展两方面呈现职业满意度状况。权益保障重点从签订劳动合同方面来阐述,职业发展则从技能培训角度来分析。

1.签订劳动合同。劳动合同是劳动者与用人单位基于自愿平等原则,建立固定双方劳资关系、明确各自权利和义务以及薪资报酬的一种具有法律效应的契约关系。调查发现,早期进城务工的农民工很少与用人单位签订劳动合同,部分农民工与用人单位仅以口头承诺形式来确立双方劳资关系。农民工与用人单位是否签订劳动合同,直接涉及农民工利益,影响农民工工作满意度和工作稳定性,进而对农民工回流行为产生影响。

表 4-13 反映了农民工与用人单位签订劳动合同的基本状况。与用人单位签订了劳动合同的农民工共 381 人,占比 32.34%;没有签订劳动合同的农民工 797 人,占比 67.66%。这表明,大部分农民工未签订劳动合同,权益保障程度低。此外,有 57 人没有听说过劳动合同,有 18 人认为不需要签订合同,这反映农民工自我权益保障意识亟待增强的现实。签订劳动合同中,回流农民工有 323 人,占比 31.15%;未回流农民工 58 人,占比 41.13%。未回流农民工签订

合同率高回流农民工近10个百分点;在未签订劳动合同中,回流农民工要比未回流农民工高近10个百分点。为此,可以认为劳动合同的签订与农民工留在城市的概率呈正相关,即农民工签订劳动合同,留在城市的可能性更大。签订劳动合同是工作稳定性的表征之一,一旦签订了合同,排除其他因素影响,如企业倒闭、劳动者主动辞职等,意味着雇佣关系至少在合同期内一直保持。

表4-13 是否签订劳动合同

	回流农民工		未回流农民工		全部农民工	
	频数	比例	频数	比例	频数	比例
是	323	31.15%	58	41.13%	381	32.34%
否	714	68.85%	83	58.87%	797	67.66%
合计	1037	100.00%	141	100.00%	1178	100.00%
没听说过	52	/	5	/	57	/
不需要签订合同	15	/	3	/	18	/

农民工与用人单位不平等的劳资关系是农民工劳动合同签订率低的原因之一。农民工大多从事的是技术含量低的体力劳动,市场话语权弱,若农民工提出签订合同,用人单位便以辞退农民工为要挟,拒绝与农民工签订合同。在这样不平等的劳动关系中,农民工毫无优势,叠加于与用人单位谈判成本高,甚至缺失谈判资本,为此,农民工只能做出退让和妥协。同时,在市场欠规范的状况下,要求用人单位与农民工签订合同的配套政策少,政府监管程度低、监管成本高等因素的共同作用,加剧了农民工劳动合同签订率低的可能出现。

此外,大部分农民工维权意识较弱。访谈资料和调查数据表明,部分农民工认为签订劳动合同只是一种形式,即使签订劳动合同,当劳资纠纷发生时,劳动合同难以发挥。多数农民工进入城市只为赚钱,并未积极融入城市生活,对城市就业的游戏规则认知度低,他们的目的是打工赚钱最后回到农村,没有过多考虑和关注在城市工作和生活应当享受的权益和保障,因此他们认为劳动合同可有可无。并且,农民工若与用人单位签订合同,用人单位从农民工工资中扣除部分薪资缴纳社会保险,这降低了农民工实际收入,因此部分农民工也不愿签订合同。

以上原因综合导致农民工与用人单位劳动合同签订率偏低。农民工法理知识不足,维权意识和能力不强,因此当其合法权益受到侵害时,他们找不到切实可行的合法的维权方式,也很少拿起劳动合同作为武器来捍卫自己的权益。LBH 的经历就是一个生动的例子。

个案:LBH

基本情况:男,安徽人,家庭经济条件偏差,丧偶,育有一子一女,与儿子、儿媳妇一起居住。

自述:20 世纪 90 年代江苏、浙江的工程队来村里招人去做下水道,后来和村民一起去了宁波做通下水道的工作。跟着承包的工程队做工,既没有签合同,也没有办保险。自己想办(保险),但是怕老板让自己出钱,便不再坚持。那个时候一个月 3000 多块钱,由于要给儿子办婚事,因此这份工作对我很重要。1992 年右手的五个手指弄掉了 4 个,还有一个手指是后来接上的。老板只给了我 4 万块钱。耗不过老板,如果打官司,也告不过,找政府帮忙也不容易,又没有熟人能帮助自己,只能当是自己吃了亏,就这样算了。于是回家休养了一年多,手能动了之后,又重新出来打工了。

LBH 的经历表明,当农民工与用人单位未签订劳动合同时,在权益受损时难以通过正当渠道维护合法权益,法制保障的缺失和政府保障的难以覆盖,忍气吞声成为其自然而无奈的选择。

2.技能培训。农民工普遍缺乏职业技能,对农民工进行劳动技能培训,可以增强农民工劳动技能,提升综合素质,增强人力资本,提高工作效率,这对农民工和企业而言均是双赢的。因此,很多企业或工厂会对刚招聘的农民工进行一次系统培训,培训内容涉及企业文化、生活环境、工作内容、仪器设备操作控制等。同时,地方政府和用人单位还会联合职业学校、机构不定期对农民工进行培训。然而,调查数据显示,农民工接受培训的概率偏低。

表4-14反映了农民工接受培训的状况。在1244个样本量中,仅有353人接受过培训,占比28.38%,低于全国平均非农职业技能培训比例(30.6%)[①];有891人未参加过任何培训,占比71.62%。回流农民工与未回流农民工在接受培训方面存在差异,未回流农民工接受培训比率高出回流农民工近10个百分点。

农民工参加培训概率低,与其工作类型存在关联。农民工主要从事技术要求较低的工作,更强调体力和时间。若这类"无用"的培训要占用他们的工作时间,他们不会积极参与培训,反而认为培训耽误了他们上班挣钱。为此,在免费培训机会少的情况下,他们难以花费额外时间和精力参加技能培训。少数农民工即使有意为自己投资,他们大多心有余而力不足。目前商业培训大多价格偏高,在收入有限情况下,如非必要,他们较少选择自主参加商业培训。

表4-14 是否接受过培训

	回流农民工		未回流农民工		全部农民工	
	频数	比例	频数	比例	频数	比例
是	298	27.21%	55	36.91%	353	28.38%
否	797	72.79%	94	63.09%	891	71.62%
合计	1095	100.00%	149	100.00%	1244	100.00%

注:统计过程中此题回流农民工部分出现数据缺失,缺失量为13条;未回流农民工部分出现数据缺失,缺失量为1条。此表选取完整无误的1095条和149条记录以作分析。

———————

① 国家统计局:《2017年农民工监测调查报告》,2018年4月27日,见 http://www.stats. gov.cn。

农民工参加的主要是由所在单位和当地政府组织的免费培训,有小部分群体愿意为自己投资,主动投入参加商业培训。表4-15显示,在353个样本量中参加由所在单位组织的培训有299人,占比84.70%;参加由政府部门组织的培训有18人,占比5.10%;两者合计占比89.80%。参加商业培训的有29人,占总数的8.22%;参加其他培训的有7人,占总数的1.98%。

表4-15 培训组织部门

	频数	百分比	累计百分比
所在单位	299	84.70%	84.70%
商业培训	29	8.22%	92.92%
政府部门	18	5.10%	98.02%
其他	7	1.98%	100.00%
合计	353	100.00%	100.00%

目前,我国针对农民工培训已制定和出台了一系列政策文件,如《国务院办公厅关于进一步做好农民工培训工作的指导意见》《2003—2010年全国农民工培训规划》《农民工职业技能提升计划——"春潮行动"实施方案》《国务院关于推行终身职业技能培训制度的意见》等,提出推行终身职业技能培训制度。但是,农民工数量庞大,培训成本高,需要高额财政投入。截至2018年底,我国农民工数量28836万人[1],面对数量如此庞大的农民工,何时有效落实培训制度仍是政府面对的一个难题。

3. 购买社会保险。社会保障制度是国家通过立法,使用强制性手段调节和再分配国民收入,以此来实现社会公平、提高和保障人民生活水平的一项基

---

[1] 国家统计局:《2018年国民经济和社会发展统计公报》,2019年2月28日,见 http://www.stats.gov.cn/tjsj/zxfb/201902/t20190228_1651265.html。

本制度,其中社会保险是社会保障制度的重要方面。农民工受户籍限制,难以享受到城市社会救济、社会福利、优抚安置等,因此这里主要讨论农民工购买保险情况来了解农民工社会保障状况。

表4-16表明,农民工社会保险购买率低。农民工购买的保险主要分为单位购买的社会保险和农民工自己购买的商业保险,无论是何种类型的保险,都能帮助农民工在一定程度上规避风险。为此,暂不对保险类型做细分。1254名农民工中购买保险者256人,占总数的20.41%;未购买保险者998人,占总数的79.59%。由此可见,大部分农民工在城市务工时并未购买任何保险。

表4-16　是否有保险

	回流农民工		未回流农民工		总计	
	频数	比例	频数	比例	频数	比例
是	210	19.00%	46	30.87%	256	20.41%
否	895	81.00%	103	69.13%	998	79.59%
合计	1105	100.00%	149	100.00%	1254	100.00%

但是,在购买保险方面,回流农民工和未回流农民工差异较大。回流农民工中购买保险的有210人,占其总数的19%,未购买保险的有895人,占81%;未回流农民工中购买保险的有46人,占其总数的30.87%,未购买保险的有103人,占69.13%。未回流农民工购买保险比例大大高于回流农民工,高出11个百分点。一般而言,签订了劳动合同的农民工,往往其工作单位会为其购买社会保险,相比既没有签订合同又未购买社会保险的农民工,这部分农民工工作稳定性强,工作满意度也随之提升,并且,这部分农民工市民化概率高。

在保险类型上,一部分农民工是用人单位购买的社会保险,一部分农民工是自费购买的商业保险,还有一部分农民工同时购买了两种保险。表4-17显示,单位购买的社会保险是主要的,占总数的80.23%;有11.03%的农民工自费购买商业保险;有5.32%的农民工既有单位购买的社会保险又有自己购买的商业保险;有3.42%的农民工不知道自己的保险种类。

表4-17　是什么保险

	回流农民工		未回流农民工		总计	
	频数	比例	频数	比例	频数	比例
单位的社保	172	79.26%	39	84.78%	211	80.23%
自己的商业保险	25	11.52%	4	8.70%	29	11.03%
两者都有	11	5.07%	3	6.52%	14	5.32%
不知道	9	4.15%	0	0.00%	9	3.42%
合计	217	100.00%	46	100.00%	263	100.00%

社会保险包括养老保险、失业保险、医疗保险、工伤保险与生育保险等内容。商业保险则是由保险公司运营,投保人自愿购买保险公司的产品、与保险公司建立保险关系。与社会保险的强制性和普惠性有所不同,商业保险具有自愿性和保障水平相对高等特点。表4-18显示,农民工购买社会保险和商业保险的具体结构有所不同。在单位购买的社会保险中,按比率高低排名前四项依次为工伤保险、医疗保险、养老保险和意外伤害险;商业保险前四项依次为意外伤害险、医疗保险、养老保险和工伤保险。工伤、医疗和意外伤害险的突出表明,防范和规避就业风险是农民工保险的主要取向。

表4-18　保险类型

	单位社保		商业保险	
	频数	比例	频数	比例
养老保险	83	46.45%	13	48.28%
医疗保险	105	57.35%	15	58.62%
工伤保险	132	72.04%	8	31.03%
失业保险	38	21.80%	2	6.90%

	单位社保		商业保险	
	频数	比例	频数	比例
生育保险	35	18.01%	1	3.45%
意外伤害险	80	44.55%	19	72.41%

注:此题为多选题。

　　农民工购买保险比率低主要有以下原因。一是签订劳动合同比率低。一般而言,用人单位与农民工一旦签订了劳动合同,其为农民工购买社会保险的概率会增加。二是所就业的单位性质差异。在国有企业和外企就业的农民工所购买社会保险的状况较好,在私营企业就业的农民工购买社会保险的状况则相对较差;企业规模越大,给农民工购买社会保险的可能性越大。三是农民工保险能力和意识较低。由于收入水平偏低,在保障未来生活稳定和防止意外风险选择时,农民工更关注现阶段的实际利益和现实需求。若参加单位社保,农民工需自负一定比率的参保费用,这导致他们实际收入会相应减少。若要参加商业保险,则需支付更高费用,从而进一步制约了购买保险的行为。此外,部分农民工文化水平低,对社会保险政策了解不够,这也是影响他们购买保险意愿的因素之一,如 WQS 所言,"我在外务工从来没有买过保险,也从来没有这种追求"。

　　2006 年 3 月国务院发布的《国务院关于解决农民工问题的若干意见》明确指出,要依法将农民工纳入工伤保险范围,抓紧解决农民工大病医疗保障问题,探索适合农民工特点的养老保险办法。但是现阶段我国针对农民工的社会保障制度并不完善,缺乏针对性保险政策,相关保障制度与农民工就业特点难以衔接。此外,保险覆盖面较窄,一些特殊就业的农民工——如未与用人单位签订劳动合同和流动性强、自雇就业的农民工——没有被纳入社会保险范围。同时,叠加于企业和农民工自身等存在的显著问题,从而导致农民工社会保险难以保障到位。

第三节 农民工的城市维权

近年来，农民工劳资冲突和群体维权事件不断涌现。农民工属于弱势群体，在权益受侵后，仅少数有维权行为。分析农民工维权过程，有助于了解农民工维权意愿、维权方式选择和权益保障状况，对正确处理和应对劳工维权群体性事件具有参考意义。农民工维权行为是在正当权益受侵状况下引发的，是基于自身能力、社会关系和社会环境(如相关法律法规与社会关注度等)认识与权衡而做出的行为决策。在现实环境下，农民工维权面临诸多障碍。

一、维权概况

表4-19显示，1258名受访者中有158名农民工有维权经历，占受访者总数的12.56%，有86.80%的农民工没有维权经历。回流农民工中有123人有维权经历，占其总数的11.10%；未回流农民工中有35人有维权经历，占其总数的23.33%。有维权经历的未回流农民工比回流农民工高22个百分点。

表4-19 是否有维权经历

	回流农民工		未回流农民工		总计	
	频数	比例	频数	比例	频数	比例
是	123	11.10%	35	23.33%	158	12.56%
否	977	88.18%	115	76.67%	1092	86.80%
其他	8	0.72%	0	0.00%	8	0.64%
合计	1108	100.00%	150	100.00%	1258	100.00%

总体来看，有维权经历的农民工比例较少。造成这一现象的原因有多方面，一是国家层面对农民工权益保障的政策实施，如国家相继出台了一系列维护和保障农民工权益的政策和法规，这在一定程度上降低了农民工权益受侵发

生的概率;二是农民工与用人单位劳动合同签订率低,以至于农民工难以凭借劳动合同正当维权;三是农民工维权能力偏弱,调查中发现,部分农民工虽然遭遇权益受损或与用人单位发生纠纷的事实,但是他们并没有做出维权行动,主要在于维权能力不足,比如认为自己在城市没有相应社会资本,在与雇主利益博弈中没有胜算,故而选择忍气吞声不采取维权行动,STM 便是一个典型的例子。

个案:STM

基本情况:男,1982 年出生,贵州人,家庭经济中等,已婚,育有两个儿子一个女儿,现家庭居住人员包括父母、妻子和孩子。90 年代开始出去务工,主要在浙江,后因工资纠纷回乡,现打算和家人在一起,不再外出。

自述:出去后在浙江 T 市做石头工艺品,最开始很可怜,别人一个月 4000—5000 元,我们每天做到凌晨一两点也就 2000 多元,后来厂里的人看我很努力,就说把我的工作换一下,这几年就还可以了。我们的工资是按件来算,我们做的时间很长,早上五六点开始做,晚上一两点钟都还没下班,因为我们感觉这个活还是挺好做的,我们就拼命地做,一天可以做到 300—400 块钱,老板就觉得我们工资太高了,但是实际上我们要做多少个小时啊。老板看我们都是一万多的工资,就不服气,整整扣了我五万多元工资。当时老板和我说,“小石啊,你的工资有点高”。我以为老板会顾忌我们三四年的感情,结果他说,“这个单价我一定要给它减下来,你们一个打工的比我老板赚的都多”。于是,他就把我去年(2017 年)6 月份到 12 月份的钱扣掉了 5 万多块,这样根本就没多少钱了。我最开始还想,在外面打了这么多年的工,找到这么好的一个厂,老板又对我很好,待了有 4 年,结果今年(2018 年)突然扣我这么多钱,我就不想出去打工了。当时也没有和他们签合同。我现在就想在家里种种地、养养猪,在家里虽然辛苦点，但是可以和老人小孩在一起，我心里也无所谓。

更有甚者，有的农民工不仅不会选择维权，在他们的观念中，农民工权益受侵是普遍、正常现象。当利益受损时，他们往往选择逃离，如 WQS。

个案：WQS

基本情况：男，安徽人，家庭经济条件差，已婚，无子女，与配偶居住。

自述：在外面工作的时候，老板只想着挣钱，对工人很刻薄，这个很正常。老板就让你加班，本来一个小时 20 元，他就给你 15 元，他（老板）的工时都不是法律规定的 8 个小时，也没想着和一些部门反映下，打工的地方都是这样。我听说过一些时间到了工资发不了的事，这些都很正常，很多。年龄变大了，劳动也吃不消，老板工资有时候兑不了现，就不怎么想干，失去了打工的信心。现在我在 S 市老板这已经 12 年了，还有 3000 块钱没有要回来。

农民工遭遇侵权时出现的行为反应，揭示了这样一个现实：在政府部门监管不到位的情况下，部分企业和用人单位肆意侵犯农民工权益；农民工因为维权意识淡薄、维权能力不足，从而多数选择沉默而非反抗。

二、维权形式选择

很多学者依据不同划分标准，将农民工维权行为划分成不同类型。本书借用周斌的划分标准，将农民工维权形式分为合法方式和非法方式[1]。合法方式包括法律途径、寻求相关单位或社会组织帮助、与对方协商解决问题，以

---

① 周斌：《农民工维权行动的路径分析》，《学术交流》2009 年第 1 期，第 131 页。

及其他合法途径;非法方式主要包括与对方发生暴力冲突、非法游行等等。

农民工的务工经历对其思想产生影响,进而改变其行为决策。一般而言,农民工经历城市生活后,对相关法律和公民权利义务等都有所了解。面对权益受损,务工后的农民工比务工前更倾向于采用合法方式维权,通过法律途径、寻求相关单位或社会组织的帮助、与对方协商解决问题的方式解决维权问题的比例明显增加。CJA 的经历表明部分农民工遇到侵权事件时,会通过合法方式来维护权益。当然,前提是合法方式能够有效回应农民工的难题。选择非法方式维权的农民工很少,在调查中未遇到过这样的案例。

个案:CJA

基本情况:男,1965 年出生,河南人。1994—2017 年在广东务工,后认为农民终归是农民,于是选择返乡。

自述:在外面打工的时候遇到过老板不给工资的情况,我们找了当地劳动局,劳动局挺管用的,签不签合同劳动局都管,不像我们这里,找劳动局也没啥用。当地的劳动局、公安、交警都挺好,能解决事,不看人办事,执法很好。

随着农民工群体规模的扩大,农民工维权行动需要引起政府和社会各界的重视。保障农民工权益,政府、企业和社会各界都应发挥相应作用。一是政府部门要加大对企业,特别是一些私营企业的监管,减少侵权事件发生,同时健全相关法规政策,完善农民工维权法律援助体系,通过健全制度来约束企业和用人单位,规范企业管理,督促企业履行好社会责任,为农民工维权提供坚实后盾。二是企业要强化法制意识,在依法治国的背景下要积极承担和践行社会责任,自觉履行保障农民工权益的义务。三是工会组织和相关媒体要进一步支持和关注农民工权益保障问题,为保障民工权益发挥积极作用,引导农民工通过公开、合法方式维权,为农民工维权提供多一种选择途径。四是农民工要主动强化法律知识的学习,增强维权意识,并将法制意识外化于行动,提升维权能力和维权主动性。

第四节　小　结

本章以问卷数据和访谈资料为基础,从农民工进城的动因、进城后的基本情况、职业选择与变动、职业满意度和农民工在城市维权状况等方面,分析和论述了农民工的城市生活经历。

农民工进城务工主要有三种类型,一是迫于生计而进城务工,二是向往城市生活而进城务工,三是为理想信念而选择进城。其中,"为了挣钱养家"迫于生计而进城务工是农民工外出务工的首要因素,这一人群占样本总量的86.82%。

农民工进城后基本状况可从居住条件、生存技能、行动能力、价值观念、业余生活、人际关系、消费行为、子女教育和医疗卫生等方面详细理解。在居住状况上,大多数农民工住在集体宿舍和工地。进城务工后,农民工的生存技能、行动能力都有所提升。以血缘、地缘为主的强关系依然是农民工的主要社会关系网络,并在此关系网络下得到庇护;同时,他们会建立基于业缘为纽带的新型关系,这增强了职业流动的社会资本。进城务工后,农民工的价值观念发生了转变,政治、法律意识不断增强,更加注重个人生活品质,并将互联网融入日常生活。农民工业余生活较简单,主要是聊天、喝酒、逛街和看电视等,甚至有30.6%的农民工表示没有业余娱乐活动。农民工在城市的消费由其就业稳定性、收入水平、消费观念所决定,消费取向主要集中于物质消费,精神消费较少,并且,新老两代农民工在消费行为上存在显著差异,新生代农民工精神消费明显增强。在子女教育问题上,农民工认为子女教育非常重要,由于经济收入等条件的限制,仅有少部分农民工将子女带到城市接受教育,大多数农民工子女依然在农村就地就近上学,而在城市接受教育的农民工子女,大多在民工子弟学校就读。

农民工职业选择方面,除小部分自雇就业外,大多数农民工进城后从事的第一份职业是技术要求较低的工作。农民工职业选择途径较为狭窄,大部分农民工是依靠亲戚朋友介绍,完全依靠自己能力进城工作的农民工较少。职业变动上,频繁变更职业的农民工较少,职业稳定性较强;未回流农民工职业变动频率高于回流农民工。农民工劳动合同签订率低,未回流农民工劳动合同签订率高于回流农民工。农民工职业培训比例低,参加的培训主要由所在单位组织;未回流农民工参加培训的比例高于回流农民工。农民工社会保险覆盖面较窄,购买比例低,以工伤险、意外伤害险、医疗保险为主,这与其所从事工作相关,主要用于规避和防范潜在工作风险;未回流农民工购买保险比例高于回流农民工。农民工维权行为发生概率低,即使权益受侵,多数选择沉默和逃避;有部分农民工寻找政府部门等合法渠道维护自身权益,但这主要取决于这种途径是否有效;未回流农民工发生维权行为的比例要高于回流农民工。

作为城市建设的实际参与者,农民工的社会付出与社会待遇不对等,在城市中处于弱势地位。因此,在改善和提高农民工工作环境和生活条件方面仍需努力。要实现这一目标,需要政府完善和落实相关政策法规、加强监管,需要企业内化法制意识、主动承担和履行社会责任,需要第三方社会力量参与关注、创造多样化的权益保障机制;此外,更重要的是农民工要不断主动提升自身实践能力,增强权利意识,通过合法途径维护自身权益。

第五章　农民工的回流

　　随着农村劳动力外出规模的不断扩大,农民工回流现象相伴产生。农民工基于自身或家庭的考虑,在主客观因素的共同作用下做出了返乡决策。农民工回流既有主动的一面,也存在被动的一面。根据选择自由度可将农民工回流分为主动型回流和被动型回流。部分农民工虽然在城市找到生存和发展机会,但农村社会更具吸引力,从而引发了主动回流;部分农民工因身体、技能等条件的限制,无法再胜任城市工作,因城市或产业排斥从而造成被动回流。由此,引发农民工回流的动因各不相同。结合已有研究和本书的调查,根据回流农民工首要考量的因素,可将回流农民工细分为四种类型:一是基于个人发展的需要而选择回流的农民工,这部分群体称为"个人发展型"回流农民工;二是出于履行家庭责任需要而选择回流的农民工,这部分群体称为"家庭召唤型"回流农民工;三是迫于城市发展受限或排斥而选择回流的农民工,这部分群体称为"生存无奈型"回流农民工;四是基于文化价值偏好,怀揣乡土情怀而选择回流的农民工,这部分群体称为"家乡眷恋型"回流农民工。需要特别重申的是,以上四种类型的划分是基于回流农民工自我考量的首要因素,并不排除存在多种因素共同作用的现象。在1108名回流农民工中,家庭召唤型占53.43%,比重最大;个人发展型次之,占22.56%;再次为生存无奈型,占19.59%;家乡眷恋型比重最小,占4.42%。为此,本章将围绕这四种回流类型,阐述群体的结构性特点和回流后的实践取向。在此基础上,分析农民工回流与城镇化的问题。

表 5-1 回流农民工类型分布

回流类型	频数	比例
个人发展型	250	22.56%
家庭召唤型	592	53.43%
生存无奈型	217	19.59%
家乡眷恋型	49	4.42%
总计	1108	100.00%

第一节 个人的发展需要

最初离开农村选择进城务工的大多是年轻人,相较于留在农村的在地村民来说,他们一般头脑更灵活,思维敏锐,文化程度相对较高,更容易接受城市新鲜事物。在城市务工多年后,他们积累了一定工作经验和实践技能,行动能力和思维观念发生了不同程度的变化,当时机成熟时,他们开始重新审视和定位未来发展方向。尤其是随着农村条件的改善、国家政策的支持和引导,当农村发展机遇出现时,他们便选择了主动回流。这是个人发展型回流农民工的一般特点。

一、回流动因与具体表现

大多数行为都由多种动机促成,两种或者多种需要共同发生作用才会驱动某种行为的发生,而不只是由其中一个决定。① 个人发展型回流农民工结

---

① 马静:《安徽省回流农民工现象研究》,硕士学位论文,安徽大学,2010 年。

合城乡社会发展环境和自身实际条件理性分析后,认为离开城市返回农村将为自身发展带来更大机遇,从而选择了回流。但是,这部分群体追求的不单纯是经济效益,还有政治和社会因素的考虑。此外,个体所积累的社会资源和资源禀赋各不相同。由此,演化出返乡创业型、竞选村干部和返乡就业型等多种回流类型。

(一)返乡创业

基于创业需求的个人发展型回流农民工,创业选择涉及工、农、商等不同行业,也有开办养老院、幼儿园、学校等民办非企业组织。他们经历了城市化和现代化洗礼,特别是市场经济带来的冲击,对城市和农村的差异深有感触。城市工作经历为他们回乡创业奠定了基本条件,不仅限于资金、知识、技术等方面的积累,更重要的是他们在城市务工时习得的经营理念以及创业精神、创业能力。就这个层面而言,他们与传统农民有显著区别。通过对家乡资源状况、人事关系和投资环境的进一步重新审视,返乡创业回流农民工能够充分利用已有社会资本,同外界建立起一套完整的社会网络渠道,实现资源的最优化利用。目前,各地政府相继出台了一些鼓励农民工返乡创业的优惠政策,如放宽市场准入条件、给予资金扶持、减免企业所得税等。这些优惠政策虽有待进一步完善落实,但一定程度上坚定并加强了农民工回乡创业的信心。新时期国家大力实行乡村振兴战略,返乡创业回流农民工是乡村振兴的活力所在。为了进一步实现个人发展、资本增值和社会地位的提升,他们带着城市积累的资本和习得的技术、经验与理念回到农村,渴望走出一条成功创业之路。

JZH 在城市务工 18 年,不仅涉猎多种行业积累了创业经验和创业资本,而且抱着回馈家乡的情怀。他认为,即使一个人再成功,但也"不能停下来"。

个案：JZH

基本情况：男，安徽人，2009 年初返乡创办纪家农业合作社。

自述：1991 年，我和家族兄弟们到上海富阳不锈钢制品有限公司，一开始便从事管理工作，当时每个月能拿到 1300 元的"高水平"工资。后来，因胃病做了手术，在家休养一年。之后到上海相继从事过建筑、制作保温材料等方面的工作，再后来跟着一个台湾老板负责管理工作，在外工作了 18 年。然后，便回乡创办了农业合作社。在外边工作这么多年，时机也成熟了，就感觉自己应该做点什么，也是为了回馈家乡，于是决定回村创立自己的品牌，带动村里老百姓富起来。我们这里的工作人员以贫困户和五六十岁的老人优先，他们是我们主要扶持对象。制定的是每天六小时工作制，做一天 60 块钱，他们很开心。他们说有活做着，生活也充实，在家里待着很难受。好多人跟我说，"你现在不需要做了，还这样奋斗是为什么？"我说，"一个人不能停下来，有钱的老板很多很多，他们都在不停地做"。

LXF 同样抱着回馈家乡的创业目的，想"带着松阳人（一同）致富"。他认为农村很多人之所以创业失败，是因为"不懂市场"，从而造就了他与创业失败者的根本区别。因此，对乡村振兴而言，具有创业意识、精神和能力的回流农民工的加入不可或缺。

个案：LXF

基本情况：男，1968 年出生，浙江人，2013 年 7 月 13 日回乡创业。

自述：返乡之前怀揣着梦想在义乌小商品城做饰品生意，做过公司采购员、总经理，之后自己办厂生产饰品，同时承包着几辆出租车。返乡之后，自己养羊、开办养殖厂并成立餐饮店。我确确实实是带着抱负、带着我这一辈子的梦想，回到家乡创业的青年，我创业的主要目的是想带着松阳人致富。丽水这个地方到处是山，到处是水，没有别的资源。这里缺乏人才，真正具有企业家思维的人很少很少。好多人创业，但是跌倒了，爬不起来。因为他们不了解这个市场，不懂市场，而我从义乌这个与国际市场接轨的地方回来，和他们有根本性区别。我认为养羊这个行业在松阳县这个穷乡僻壤的地方，能够开辟一条新的致富之路。想要扶植农村市场，让经济真正腾飞起来，光靠那些所谓的大鱼是不行的，它不如我们这些小鱼来得快。

低层次的需求满足之后，高层次的需求会成为引发个体行动深入推进的内在动力。对返乡创业的回流农民工而言，他们利益诉求多元，其着眼点不仅是最初离开农村、进城务工那般基于生存性需求而做出的行为决策，而是开始追求更高层次发展，希望获得更多机会进而实现人生价值。这批回流农民工精英在城市务工多年，深谙城市创业艰辛，选择回到投资风险更小、经济环境更为熟悉、社会网络更丰富的农村社会重新起航，进而成为农村社会的经济精英，为农村发展注入新的活力。

（二）竞选村干部

部分农民工基于政治诉求、价值追求和政策支持等因素，选择返乡参与村"两委"选举，积极参与乡村社会政治。他们在城市务工多年，积累了社会资本和实践能力，组织、沟通、协调等各方面能力得到提升，眼界得到开拓，创新治理想法更突出。同时，个人有志于参与乡村政治，在地方政府强调能人治理的政策号召引导下，他们返乡参与村"两委"选举担任村干部，为农村发展注入了新的政治活力。

作为党员的 WJY 认为，在年轻人外流严重而乡村急需发展的背景下，他投身村干部行列，带动村集体发展责无旁贷。

个案：WJY

基本情况：男，1980年出生，安徽人。

自述：因家里兄弟姐妹很多且家庭负担重，我16岁时便外出打工，先后在液氨厂、汽修厂工作，之后又到部队锻炼了5年。退伍后，买车在家乡修路，适逢村委会选举，于是参选并竞选成功。之所以竞选村干部，因为我是党员，在部队入党不是一件容易的事，心里自然就有那份荣誉感和责任感，复员还乡时就想着竞选村干部，同时创业以带动村里其他人，现在我承包了500亩果园，村里还有3000来亩地都给了村民和安庆那边来的人承包。村干部队伍需要年轻人，我和老书记都觉得老一辈村干部处理事情求稳，不像我们年轻人一样胆量大，有发展的眼光，现在村里的村干部多数是年轻人，也都是发展能手，所以我当村干部的选择是对的。

QXG虽然不是党员，但他觉得村里人信任他，在村里缺少青年人的情况下，他选择了"不忘本"，返回农村参选村干部，带领村民发家致富。

个案：QXG

基本情况：男，1961年出生，安徽人。

自述：27岁时到苏州的机械厂工作，工作几年后开超市，2006年在村支书的举荐下回乡担任村干部。我在村子的名声很好，村民们都信任我、支持我，2000年时大家借钱给我在苏州开超市，每年都有6万多元的净收入。2006年老村主任要退休，村里面缺少年轻人，我是肯定要回来的。做人不能忘本，这个不是唱高调。回来之后，我号召村民们搞光伏发电、成立合作社、引进外资等等，希望家乡父老乡亲都能发家致富。

投身乡村政治的回流农民工事实上逐渐成为乡村社会的政治精英。他们一方面不断适应新的社会角色，另一方面借助在外务工时积累的社会资本，将掌握的资源、经验、想法等不断地融入乡村治理，在实现了自身角色转变的同时，也实现了社会地位的提升。

（三）返乡就业

部分农民工在城市务工未达到预期效果，故而认为自己更适合返乡就业。于是，他们或重操旧业务农，或从事电工、木工、瓦工等技术工作。这部分群体可总体纳入返乡就业型回流来理解。农民工进城后面临身份、生活、文化、工作、观念等变化，而当身心和行为调整不及时时，便容易产生心理适应困境，进而导致生活和工作困难重重。[1] 同时，他们在意识到城市难以改变身份命运、获得较高收入时，便会选择返乡就业。返回农村虽然难以获得如城市一般的收入水平，但为了降低相对贫困感，找到安稳生计，农民工仍会做出回流决策。[2] 尤其是近年来国家一系列惠农政策的出台和中西部地区乡镇企业的发展，这为农民工回流寻求个人发展提供了可能。

YR 选择回流返乡，其中最大的一个因素是扶贫项目的实施。依托这个项目，他不仅容易贷款，还能获得补贴，在降低风险的同时获得稳健性收入。

个案：YR

基本情况：男，1961 年出生，贵州人。

自述：20 世纪 90 年代为了养家糊口，跟着一个亲戚开始外出务工，主要从事建筑工作。2015 年因村委会号召发展养殖业，于是回

---

① 李炳全、张旭东：《农民工城市适应的文化心理障碍探析——兼论城乡文化心理的差异及其根源》，《江苏师范大学学报（哲学社会科学版）》2015 年第 1 期，第 153—158 页。

② 石智雷、杨云彦：《家庭禀赋、农民工回流与创业参与——来自湖北恩施州的经验证据》，《经济管理》2012 年第 3 期，第 151—162 页。

乡养牛。在外面没想过跟着我的亲戚一直干工头,但是胆子慢慢变大了,那时候就想贷款养牛了,可贷款贷不到。直到2015年,村委会联系我说有扶贫项目,是公司加农户的模式做,贷款比较容易,村委和养牛公司会有一点补贴。我就想着在家养牛比在城市打工有奔头,就回来了。当时一块回来做的有好几个,每家差不多养10头牛,我家现在养了13头牛,现在收入状况挺好的。

YZM选择返乡,一是打工前景受限,二是看到当地人务农也能够获得较高收入,于是照样学样选择回乡务农。

个案:YZM

基本情况:男,1968年出生,贵州人。

自述:我家有四个女儿,她们一直都在读书,在家种地的收入养活不了一家老小,我就想着外出打工。2008年到浙江瑞安的一家皮鞋厂务工,工作了3年。到了瑞安,当时就想挣点钱,但厂里的工资也不算高,我们听不懂当地的方言,也不太会说普通话,住的房子只有20多平方米,在房间中间铺一层木板,就当两层了,其实很不安全,一年租金都要3000多块钱。厂里都是每月1号发工资,往往不到1个月,钱就花完了,我只能提前预支生活费,但下个月的工资就更少了。那个工厂效益不太好,想加班都不行,每个月有6天不用上班。我经常去海边玩,闲逛时看到当地人种西瓜、蔬菜,他们的收入比我们打工的工资高得多。我当时就决定回去,我觉得我也能种出来。于是,我一边在那里继续工作,一边有空的时候就去学习当地人的种植技术。回家之后我借钱承包土地,刚开始只承包10来亩地,种植西红柿、黄瓜,一看收成还不错,我决定扩大规模,又承包了40多亩。这几年国家对种植方面有优惠政策,我又贷款,现在承包了

80多亩。总的来说,现在收入比在外务工时多很多,关键是在家安心,全家人过得比以前开心。

YR和YZM返乡是主动选择,不同于后文所阐述的被动选择。他们返乡带着目标和技术返乡,而非盲目、无奈返乡。相较于返乡创业的回流农民工,就业型回流农民工更类似于个体户。他们尽管仍从事农业,但相较于传统农业经营方式,已经发生了明显的现代性转变——规模化经营。

二、群体结构特点

个人发展型回流农民工最大的特点是主动回流,以中青年为主,以下将主要从年龄、性别、受教育程度、务工经历影响和回流后所从事的职业等方面论述。

(一)人口结构和就业选择

1. 年龄分布。表5-2显示,个人发展型回流农民工集中在30—50岁,这一年龄阶段想法成熟、技术熟练、思维活跃,是最具创造力的时候。在250个样本量中,40—50岁的占比最大,比例为30.8%;其次是30—40岁,占比28.8%;再次是50—60岁,占比19.2%,前三项合计占78.8%。

表5-2　个人发展型回流农民工年龄分布

年龄	频数	比例
70—80岁	1	0.40%
60—70岁	22	8.80%
50—60岁	48	19.20%
40—50岁	77	30.80%
30—40岁	72	28.80%
20—30岁	30	12.00%
总计	250	100.00%

2. 性别特征。表 5-3 显示,个人发展型回流农民工以男性为主。在 250 个样本量中,男性 206 人,占样本总量的 82.4%;女性 44 人,占比 17.6%。随着时代发展,女性在各行各业发挥的作用日渐显著,但在农村,以男性为主导的家庭分工似乎更为明显,从而呈现出个人发展型回流农民工以男性为主的状况。

表 5-3　个人发展型回流农民工性别分布

性别	频数	比例
男	206	82.40%
女	44	17.60%
总计	250	100.00%

3. 受教育程度。表 5-4 显示,个人发展型回流农民工以初中为主。对比表 4-8 可知,个人发展型回流农民工初中和高中学历的占比,比整体回流农民工分别高出 5.5% 和 6.78%,并且,文盲、小学、大专和本科及以上占比要比样本总量低,这表明个人发展型回流农民工以中间学历(初中、高中)为主。

表 5-4　个人发展型回流农民工受教育程度

受教育程度	频数	比例
文盲	12	4.80%
小学	55	22.00%
初中	118	47.20%
高中	42	16.80%
中专或技校	5	2.00%
大专	17	6.80%
本科及以上	1	0.40%
总计	250	100.00%

4. 务工经历对观念的影响。表 5-5 显示,超过一半的个人发展型回流农民工认为务工经历改变了他们的观念,共有 165 人,占比 66%。正如上文所阐

述的一般,外出务工经历有助于开拓农民工视野,积累发展经验和资本,激发前进动力,因而选择主动回流。

表5-5 个人发展型回流农民工观念变化

	频数	比例
是	165	66.00%
否	74	29.60%
不知道	11	4.40%
总计	250	100.00%

5.务工经历对技能的影响。表5-6显示,基于回流农民工的自我认知,务工经历对个人发展型回流农民工的技能提升没有显著影响。这在一定程度上佐证了回流农民工选择创办工业等技术要求较高的企业和从事高技能工作人数少的事实。

表5-6 个人发展型回流农民工技能变化

	频数	比例
是	112	44.80%
否	133	53.20%
不知道	5	2.00%
总计	250	100.00%

6.就业意愿。表5-7反映了个人发展型回流农民工的返乡实践意愿,有28.80%的人希望返乡创业,4%的人打算返乡竞选村干部,52.40%的人认为城市发展未达到预期因而选择返乡就业(非农),仅有14.80%的人计划返乡务农。

表 5-7 个人发展型回流农民工返乡实践预期

	频数	比例
返乡创业	72	28.80%
竞选村干部	10	4.00%
返乡就业(非农)	131	52.40%
务农	37	14.80%
总计	250	100.00%

需要说明的是,131 名因城市发展未达到预期而选择返乡就业(非农)的回流农民工,他们的就业取向在由"生存型"向"发展型"转变,8 人(约 6.11%)返乡后竞选为村干部;33 人(约 25.19%)付诸了创业实践,带动了家人或家人以外的人从事生产活动,其中 21 人雇佣了除家人以外的劳动力。

(二)创业行为显著

个人发展型回流农民工就业意愿主要表现在返乡就业(非农)上,其次为返乡创业,但就业结果是否如此? 表 5-8 显示,个人发展型回流农民工的就业实践结果主要表现在务农、个体小业主、低技能工人和村干部等方面。按照创业、就业(非农)、村干部、务农和从事家务进行归类,个体小业主、种养大户和私营业主属于创业,合计占比 32.80%;打零工、低技能工人、高技能工人属于就业(非农),合计占比 25.60%;村干部占 11.20%;务农占 24.40%;从事家务占 6%。由此可见,个人发展型回流农民工创业行为十分显著。

表 5-8 个人发展型回流农民工职业结果

	频数	比例
家务	15	6.00%
务农	61	24.40%
打零工	15	6.00%

续表

	频数	比例
个体小业主	48	19.20%
村干部	28	11.20%
种养大户	23	9.20%
私营业主	11	4.40%
低技能工人	37	14.80%
高技能工人	12	4.80%
总计	250	100.00%

第二节　家庭的责任召唤

在中国社会中,家庭扮演着尤为重要的角色,尤其是在乡土社会,围绕家庭形成了一套伦理体系,规范了家庭成员的行为方式和责任义务,比如适龄娶妻生子、抚养子女、赡养父母和祭祀祖先等等。受家庭责任的召唤,部分农民工选择了回流。

一、回流动因与具体表现

农民工进城务工最重要的目的是增加经济收入,支撑家庭有效运行。因此,家庭责任的履行是农民工行动决策的重要影响因素。同样,当家庭需要他们履行职责时,在城市务工的农民工也不得不返乡,因此,这种回流决策外部效应更突出,可视为被动式回流。综合来看,家庭责任召唤具体表现在照顾老人、陪伴孩子读书成长、结婚返乡、家庭变故和家庭团聚等方面。在592名家庭召唤型回流农民工中,因照顾老人回流的有117人,占样本量的19.76%;孩子成长读书需要陪伴而回流的有278人,占样本量的46.96%;因回家结婚的有95人,占样本量的16.05%;因子女结婚而回流的有17人,占样本量的

2.87%；因想与家人团聚、过稳定生活而回流的有 39 人，占样本量的 6.59%；因家庭变故而回流的有 34 人，占样本量的 5.74%。

（一）赡养老人

农村劳动力的大量流出加剧了农村留守问题，留守老人是三大留守群体之一。子女在外务工，虽然能够一定程度上保障老人物质生活供给，但老人不仅需要物质赡养，还需要精神赡养。尤其对健康状况较差的老年人而言，精神照料尤为稀奇和重要。解决老人赡养问题，农民工其中一个选择是将老人接到城市共同生活，但高昂的城市生活成本、有限的居住条件让他们望而却步。因此，为了履行家庭责任、尽赡养义务，部分农民工选择了回流。ZJB 便是因为父母身体年迈，而最终选择回家陪伴老人。

个案：ZJB

基本情况：男，1984 年出生，江西人。

自述：2004—2012 年，我在服装厂打工，2012 年 4 月因家中老人身体机能下降回到老家，承担起照顾家中老人的责任。我父母今年（2018 年）都六十多岁，父亲常年都是慢性支气管炎，前几年病情加重，有时候整日整夜咳嗽，还喘不过气来。母亲没什么大病，但腿脚也不利落，我也不能指望母亲没日没夜地照看父亲。父母行动不便，一直待在家里，没有别的说话的人。想了想，最终还是回家了。

（二）子女教育

农民工子女无法在流入地享受与城市居民子女同等的就学权利。迫于城市入学成本，在收入有限的情况下，农民工只能选择让子女在成本相对较低的农村上学。孩子的成长和发展是家庭得以延续和向上流动的关键。为此，父母一方或者双方不得不做出牺牲,退出城市劳动力市场,回到农村陪伴子女。WZM 因为城市上学成本高,婆婆年迈,即使在经济条件紧张的情况下,也不得不辞职返乡。

个案:WZM

基本情况:女,安徽人,1983 年出生。

自述:我 21 岁时到江苏务工,23 岁经家人介绍返乡结婚并育有一子,一年后迫于生计将不满一岁的儿子留在家中由婆婆照看,跟随丈夫再次外出务工。两年后因舍不得孩子再次返乡。生了孩子后就想在家照看儿子和婆婆,但没办法,老公赚的钱不够家用,我也只能出去赚钱。前几年我想着把孩子带到城市读幼儿园,自己也出去工作,但这样的话,我一个月的工资刚够孩子用。况且到了读小学还要交借读费,我打工那个地方也没有农民工子弟小学。孩子一天天长大,学习和成长需要有人陪伴。婆婆没读过书,而且身体不好,让她照看真的不放心。因此,我现在在村里农庄工作,不再外出。

(三)婚姻返乡

结婚成家是年轻人履行家庭职责的重要表现。成家立业是中国人长期传承的习俗,当子女到达一定年龄后(有些已到达法定结婚年龄,有些还未到法定结婚年龄),父母便希望子女尽早成家,由此而衍生出两种因婚姻而返乡的行为。一种是因张罗子女婚事而回流的父母,这种回流大多出现在男方家庭,当子女结婚之后,他们逐渐获得新的身份——爷爷、奶奶,伴随着孙辈的出生,他们便留在农村照顾孙子或孙女,维系家庭结构稳定。CL 是其中一个案例。另一种是为结婚而回流的未婚青年农民工。现代未婚青年农民工恋爱、择偶对象要么是一同工作的工友或同事,要么是家乡附近的人。在高房价驱逐下,他们难以在城市定居。为此,部分农民工结婚生育子女后,出于照料的需要而留在农村,不再进城务工。这种现象相对较少,但依然存在。

个案:CL

基本情况:男,河南人,1954年出生,有两个女儿和一个儿子。

自述:1988年开始,我在广东、北京等地务工。2000年因儿子结婚回乡,孙子出生之后一直在家照顾孙子,未外出务工。儿子结婚,当时要跟未过门的儿媳妇家说很多事情,特别杂,还要一个个邀请亲戚朋友、整理院子,我们这有很多风俗习惯。那段时间真是忙不过来,到最后还是缺这少那,出了一些岔子。儿子结完婚后也就没想着再回去打工了,毕竟是抱孙子嘛。打工这事就交给儿子和儿媳妇干好了,我就在家带带孩子、种种地。

（四）家庭变故

家庭变故导致的回流主要表现为因一些意外变故的发生,稳定的家庭结构破碎,因无法面对残酷的现实而做出的回流决策。以核心家庭为例,子女、父母就像三角形的三个支点。在这个家庭结构下,家庭成员彼此可以得到社会、精神、心理等层面的需要。同时,这个家庭结构极其脆弱,当三个支点中的任意一个缺失时,其他成员都有可能承受巨大的精神打击,产生抑郁、封闭等心理问题,在短时间内无法进行正常社会交往。另一方面,沉重的心理负担容易加剧身体机能下降,从而进一步促成回流。2014年10月,YXB的儿子因病死亡,此后他便返回了农村。

个案:YXB

基本情况:男,1966年出生,安徽人,曾在江苏、合肥等地累计打工8年,育有一男一女,儿子因病死亡,2014年10月返乡,目前在村里一家皮鞋厂做临时工。

　　自述:儿子生病之前,我在江苏收破烂,老婆在家负责照顾两个孩子,日子也算过得去。后来,十多岁的儿子得了一种病,脑子不正常,病时好时坏,严重时候生活不能自理,甚至不能走路。我们带着他在外求医三年,前后一共花了十多万元,他的病需要每天打针,疗效也没那么快见效,但只要坚持治疗,病情会稍有好转。孩子生病期间,我们一家人为了方便照顾他都到了合肥,我在那边收废品,妻子服侍儿子。但2014年10月,孩子还是离开了。我就不想继续待在城市了,回家打零工,照顾家里老人。以后我老的时候,就只能靠女儿养活我了,有饭吃、有酒喝就行,希望国家能够出台好的政策,村里能照顾一下。

(五)家庭团聚

　　家庭是农村的基本生产、生活、福利供给单位,是在外农民工的情感和精神寄托。因此,如STM一般的农民工,因想与家人团聚过稳定生活而选择了回流。

　　个案:STM

　　基本情况:男,1982年出生,贵州人,90年代开始外出务工,主要在浙江一带,后因想要和家人生活在一起,不再外出。

　　自述:对于目前美满的家庭生活,我非常知足。我现在就想在家里种种地、养养猪,在家辛苦点,但是可以和家人一起,生活过得差一点,我心里也无所谓。在外面打工的时候,我都不敢回家过年,不但需要路费,还要给家人买东西,回去之后还有一大笔开销,回趟家一万多块钱就不见了,觉着十几天不回家可以省一万多,所以经常不回家过年。看着别人都走了,自己眼泪掉了下来,但是真的没办法。记得有一年回家,我回来时小孩都不叫我了,我父亲把饭烧好,对我小孩说"让你爸爸来吃饭",我小孩就上来说"叫你吃饭",过完年走的时候也不说"爸,你走啦"。我有时候真的感觉感情都变淡了,所以我现在不想出去,反正就是不想离开太远了,我老爸现在快70岁了,再离开的话,我的良心都过意不去。现在,我跟我小孩关系很好,家人团聚是最重要的。

此外,伴随着家庭禀赋的提升,家庭内部可以共享的资源和能力也在增加。① 部分农民工因在家乡经济地位的提升而选择不再外出务工,同时,家庭禀赋的增加有助于其在家乡发展,以此实现与家人团聚。

二、群体结构特点

(一)人口结构和就业选择

家庭召唤型回流农民工有 592 人,占 1108 个回流农民工样本总量的 53.43%,人口结构和就业特点主要表现在以下方面。

1. 年龄分布。表 5-9 显示,家庭召唤型回流农民工集中在 20 岁到 60 岁之间,这本应是农民工进城务工以获取更多劳动报酬的重要人生阶段,但是他们却难以回避家庭责任,或是结婚生子以延续香火,或是照顾子女与父母以维护家庭结构稳定,又或是为了家庭团圆,因此,选择了回流。

表 5-9 家庭召唤型回流农民工年龄分布

年龄	频数	比例
70—80 岁	9	1.52%
60—70 岁	34	5.74%
50—60 岁	129	21.79%

① 石智雷、杨云彦:《家庭禀赋、家庭决策与农村迁移劳动力回流》,《社会学研究》2012 年第 3 期,第 157—181 页。

续表

年龄	频数	比例
40—50 岁	204	34.46%
30—40 岁	151	25.51%
20—30 岁	64	10.81%
16—20 岁	1	0.17%
总计	592	100.00%

2.性别特征。表5-10显示,家庭召唤型回流农民工以女性为主,共345人,占群体的58.28%。这表明,在农村抚养子女、照顾老人等促进家庭和谐稳定的职责仍主要由女性承担。当夫妻双方一同在外务工时,为了让家庭成员最优化履行家庭经济义务,以免夫妻双方一同返乡而减少经济来源,女性成为回流的现实人选。

表5-10　家庭召唤型回流农民工性别分布

性别	频数	比例
男	247	41.72%
女	345	58.28%
总计	592	100.00%

3.受教育程度。表5-11显示,家庭召唤型回流农民工受教育程度基本是初中及以下,占样本量的85.30%,受教育程度较个人发展型回流农民工整体偏低。

表5-11　家庭召唤型回流农民工受教育程度

受教育程度	频数	比例
文盲	52	8.78%
小学	200	33.78%

续表

受教育程度	频数	比例
初中	253	42.74%
高中	55	9.29%
中专或技校	15	2.53%
大专	16	2.70%
本科及以上	1	0.17%
总计	592	100.00%

4. 家庭经济地位。表5-12显示,经历外出务工后,农民工家庭经济状况有较为明显提升。农民工进城务工不单纯是个人行为,还深受家庭因素的影响。同时,大多数家庭不仅仅是只有被调查对象一个人曾外出务工,夫妻双方的一方或其他家庭成员仍在外务工的情况十分普遍。家庭财富累积的直接结果是家庭经济地位的提升。随着家庭经济条件的改善,当面对家庭责任时,这部分农民工更容易做出返乡决策。

表5-12 家庭召唤型回流农民工外出务工前后家庭经济地位的变化

所在等级	外出务工前		外出务工时		返乡后	
	频数	比例	频数	比例	频数	比例
上等	1	0.17%	4	0.68%	7	1.18%
中上等	11	1.86%	41	6.93%	59	9.97%
中等	187	31.59%	319	53.89%	336	56.76%
中下	209	35.30%	174	29.39%	143	24.16%
下等	180	30.41%	51	8.61%	44	7.43%
不知道	4	0.68%	3	0.51%	3	0.51%
总计	592	100.00%	592	100.00%	592	100.00%

5. 职业类型。表5-13显示,家庭召唤型回流农民工大多从事家务、务农和打零工等事务,从而能够保障较多空闲时间履行家庭责任,这与其回流动机相吻合。

表 5-13　家庭召唤型回流农民工职业类型

职业类型	频数	比例
家务	126	21.28%
务农	183	30.91%
打零工	65	10.98%
个体小业主	55	9.29%
村干部	21	3.55%
种养大户	15	2.53%
私营业主	12	2.03%
低技能工人	87	14.70%
高技能工人	28	4.73%
总计	592	100.00%

（二）生理和情感"失依"是回流行为的主要驱动力

进城务工虽是个体行为，却导致了家庭结构的分离。农民工与家庭成员相隔两地，其生理及精神需求不能及时得到满足与保障，容易造成与家庭成员亲情互动"失依"困境的出现。为最大程度避免"失依"状况出现，农民工往往选择家庭化迁移，即全家到城市去工作和生活，以避免长期分离。① 但家庭化迁移往往会因社会文化环境变化、生活成本增加等因素而中断。因此，生理和情感"失依"是农民工家庭难以规避的现实。

个体迁移的其中一个结果是农民工无法及时履行相应家庭责任，造成家庭内部幼无所养、老无所依、家庭结构脆弱的局面出现。留守儿童同样也存在生理、情感层面双重"失依"的状况，为此，抚养与教育子女的义务只能转移至上辈，因而产生隔代教养现象。此外，留守老人也面临双重"失依"困境。家庭收入的增加虽然能够部分弥补妻子、儿女、老人分离和亲情慰藉不足的缺

① 熊景维、钟涨宝：《农民工家庭化迁移中的社会理性》，《中国农村观察》2016 年第 4 期，第 40—55 页。

憾,但却是以牺牲家庭情感交流为代价。家庭直系亲属遭受重大伤病或死亡则直接摧毁了原有稳固的家庭结构,家庭成员情感状态处在崩溃的边缘,甚至直接面临崩溃。对于流动者和留守者而言,亲人分离均承受着不同程度的"失依"困扰。因而,家庭成员便会处于生理和情感的需求而选择回流。

(三)家庭延续与家庭禀赋的提升对回流具有促进作用

无论是青年农民工因结婚而回流,还是中年农民工因儿女结婚而回流,都是为了传宗接代、延续乡土。目前,丁克家庭虽然普遍,但结婚生子仍是乡土社会必须要履行的家庭责任与义务,因此,家庭延续促进了农民工的回流。此外,家庭禀赋的提升对回流也具有促进作用。592个家庭召唤型回流农民工中,因家庭经济状况提升而回流的有12人,占样本量的2.03%,这些回流农民工均表示非常满意目前的生活状态;75%的农民工家庭收入水平在家乡属于中等以上,伴随着家庭禀赋的提升,他们更向往美满团圆的家庭。

第三节　生存的无奈选择

改革开放以来,农村剩余劳动力大量向城市迁移,他们大多在技术含量低、替代性高、劳动消耗为主的就业链低端的劳动密集型行业工作。然而,伴随着就业门槛提升、市场竞争加大和年龄的增长,大龄农民工缺乏知识技能和竞争力,当其失业后再就业变得十分困难,由此衍生出基于生存无奈而引发的回流行为,这种回流主要表现为被动型回流。

一、回流动因与具体表现

生存无奈型回流农民工的行为抉择往往透露着无奈,他们在评估年龄和身体状况基础上,综合考量工作回报、养老环境和健康安全等需求后,认为难以在城市立足就业,出于生活的适应而做出回流决策。

（一）因年龄、身体等生理状况不适应而选择回流

这部分农民工整体年龄偏大，身体机能降低明显，不得已返回家乡。农民工身体机能降低主要有两方面因素：一是从生命历程视角来看，随着年龄的增长，其身体机能逐渐下降；二是高危行业加剧了农民工伤残或意外事故发生的概率，农民工大多聚集在劳动强度高、福利保障受限的建筑、制造、化工、冶炼、开矿等高危行业。这些因素共同作用，导致农民工人生轨迹随之发生变化，一旦失业很难再就业，失去了稳定收入来源难以维持日常经济生活，从而使得城市生活举步维艰。与此同时，因就业效益受限而导致的家庭经济压力增加弱化了其风险抵抗能力，而返乡能相对降低生活成本、减轻家庭开支。因而，这部分农民工选择返回农村，调整规划以寻找新的生计。换言之，回流是他们的最优抉择。

个案：CM

基本情况：女，1961年出生，浙江人。外出务工前一直在家务农，因供子女读书贴补家用，29岁时到省内市外打工，做过工厂工人、酒店帮工等。在酒店帮工时得了严重胃病，47岁回到农村老家。

自述：在外打工快20年，落下了胃病，挺严重的，去过大医院检查治疗，花销太大，也治不好。我人这么瘦，没力气，干不了什么活了。这个病是在四星级酒店帮工时落下的，当时早上八点半上班，下午两点下班，然后从下午四点半一直工作到九点。酒店给员工提供免费午饭，但为了省钱，我每天只吃这一顿饭，时间一长，胃就不行了。

（二）因技能水平低不适应工作要求而选择回流

农民工技能专长不显著，为此，大部分农民工最初只能在低端劳动力市场

摸爬滚打。面对产业结构的调整和升级,在缺乏系统培训或培训覆盖不足时,他们所掌握的技术不足以支撑他们在城市立足,而当所在企业遭遇风险倒闭时,又加速了他们离开城市的进程。缺乏一技之长而被迫回流,表明这部分农民工被城市劳动力市场所淘汰,结束了城市务工的人生历程。这归根结底是因为农民工人力资本存量过低。人力资本的高低直接决定就业机会的多少以及就业质量的高低。务工期间,部分农民工会接受教育、职业培训等获得或增强一些技能,提升人力资本。因此,人力资本高的农民工更容易获得稳定就业机会以及相对高端体面工作,人力资本低的农民工只能处于就业链的最底端。大多数农民工因受教育程度、就业环境限制,虽然在城市务工多年,但人力资本并没有得到明显增强。在产业结构升级、"机器换人"的背景下,他们显然容易被淘汰。WQS 所在的公司倒闭后,由于长期务工"没学到实用的本事",导致他无法继续立足城市,因而选择了回流。

个案:WQS

基本情况:男,1952 年出生,安徽人,已婚,无子女。

自述:1988 年,村里来了一个工头,招安装下水道、污水管工人,我就跟着一块去了。那份工作还是可以的,一天有 15 块钱,这已经高得不得了了。直到 1995 年,我与一个工友闹了点矛盾,那人跟工头是亲戚,工头就不让我干了。没有熟人也找不到这样的工作,亲戚让我到合肥的一家燃气公司做饭,我打打下手,另外晚上还巡逻,工作量也不是很大,但是到 2005 年,那个公司破产了。在外这么多年,其实没学到实用的本事,在城市干不下去,我就回来了。

(三)因就业环境不适应而选择回流

农民工在城市住房环境普遍较差,多数住在工棚或集体宿舍。一些打零工的农民工缺乏固定工作机会，一般工作到哪儿就住在哪里，生活环境艰难。对于这部分农民工而言，工作和生活条件不能满足其生存安全需求，为此，他们便会选择返回相对舒适的家乡。ZD 因无法忍受城市务工环境，在 2003 年返回了家乡。

个案：ZD

基本情况：男，1959 年出生，贵州人，1982 年到深圳做建筑工人，2003 年回乡。

自述：在深圳的时候很苦，白天干活，晚上就在工地随便搭个棚住下。"时间就是金钱"，你都不知道，那楼不到一个月就建好了，我们就在不停地换地方工作。深圳夏天很热，工地空气不好，我们就希望偶尔下点小雨，但深圳整天下雨，特别潮，晚上工棚还漏雨，睡都睡不着。那时工作和生活条件不能跟现在比，刚去的时候很年轻，还能受得了，但慢慢地就不行了，我就想回家了。

二、群体结构特点

（一）人口结构与职业选择

生存无奈型农民工有 217 人，占 1108 个回流农民工样本总量的 19.58%，具体人口结构特点如下。

1.年龄分布。表 5-14 显示，年龄主要分布在 40—70 岁，其中 50 岁以上有 144 人，占群体规模的 66.3%。目前，我国现行的退休年龄标准是男性 60 周岁，女性 55 周岁。因此，按照此标准，生存无奈型回流农民工接近退休年龄，只是他们无法在城市退休，只能无奈返乡。基于身体状况和就业前景的考虑，他们经常陷入"打工不能打一辈子"、"身体状况大不如前，健康要紧"、"天天在工厂、宿舍和饭堂，城市生活条件不如农村"等问题的思索，返乡成了他们最终的答案和选择。

表5-14　生存无奈型回流农民工年龄分布

年龄	频数	比例
80—90 岁	2	0.92%
70—80 岁	20	9.22%
60—70 岁	62	28.57%
50—60 岁	60	27.65%
40—50 岁	60	27.65%
30—40 岁	7	3.23%
20—30 岁	6	2.76%
总计	217	100.00%

2. 性别特征。表5-15显示,生存无奈型回流农民工以男性为主,有164人,占比75.58%;女性53人,占比24.42%,不足四分之一。

表5-15　生存无奈型回流农民工性别分布

性别	频数	比例
男	164	75.58%
女	53	24.42%
总计	217	100.00%

3. 受教育程度。表5-16显示,生存无奈型回流农民工学历严重偏低,初中及以下学历者占样本量的92.62%,其中文盲率超过20%。受教育程度与思维观念、能力素质等息息相关,综合制约了他们的择业选择。

表5-16　生存无奈型回流农民工受教育程度

受教育程度	频数	比例
文盲	45	20.74%

续表

受教育程度	频数	比例
小学	90	41.47%
初中	66	30.41%
高中	10	4.61%
中专或技校	3	1.38%
大专	3	1.38%
总计	217	100.00%

4.健康状况。表5-17显示,与其他类型回流农民工相比,生存无奈型回流农民工身体健康程度明显偏低。

表5-17 生存无奈型回流农民工身体健康状况

健康程度	生存无奈型回流农民工		因其他原因回流的农民工	
	频数	比例	频数	比例
健康	126	58.06%	747	83.84%
一般	52	23.96%	105	11.78%
较差	32	14.75%	33	3.70%
残疾	7	3.23%	6	0.67%
总计	217	100.00%	891	100.00%

5.职业类型。表5-18显示,生存无奈型回流农民工返回农村后务农居多,占53.46%;其次是做家务和打零工。他们从事的职业分布虽然与家庭召唤型回流农民工相似,但男性占比更为明显,其中原因可能是身体、年龄等生理因素制约了返乡后的就业选择。

表5-18 生存无奈型回流农民工回流后职业类型

职业类型	频数	比例
家务	34	15.67%

续表

职业类型	频数	比例
务农	116	53.46%
打零工	25	11.52%
个体小业主	19	8.76%
村干部	6	2.76%
种养大户	3	1.38%
私营业主	2	0.92%
低技能工人	11	5.07%
高技能工人	1	0.46%
总计	217	100.00%

（二）生存困顿是普遍遭遇

生存无奈型回流农民工年龄偏大且以男性为主。因此,他们无法如年轻女工一般,进入劳动密集型企业成为流水线上的产业工人,转而主要从事苦力性劳动,如建筑工人等,这直接导致他们的生活环境难以得到有效保障。在217名调查者中,有51人(约23.50%)租房居住,4人(约1.84%)住在亲戚家,59人(约27.19%)住在集体宿舍,102人(约47.00%)住在工地,1人在城市购买的房子居住。此外,有61.80%的生存无奈型回流农民工表示,工作之余没有任何娱乐活动,下班之后基本是睡觉;38.20%表示工作之余有娱乐活动,但也仅限于偶尔和工友们聊天、看电视、打牌、下棋等。个别农民工表示,除了恶劣的生活条件、高强度的工作,个别老板或工头还对他们有人身自由的限制。因此,生存困顿是他们的普遍遭遇。

（三）无奈选择是真实写照

在217个样本量中,因年纪大、身体有恙回流的有131人,因缺乏一技之长、劳动合同到期被解雇而找不到合适工作而回流的有70人,因工作条件过度恶劣而回流的有16人,分别占样本量的60.37%、32.26%、7.37%。他们普遍认为打工不是长久之计,依靠打工收入在城市买房、取得当地城市户籍十分困难。当遭遇特定瓶颈又无法化解、反抗时,返乡成为最终的选择。因此,年龄、身体和技能受限迫使他们结束城市务工经历,无奈选择成为了他们的真实写照。

第四节 故乡的眷恋与期盼

城市和农村具有很大差异,这种差异体现在社会环境和生活习惯等各个方面。村落是构建农民社会网络的基础,"生于斯,长于斯"是人地依附观念衍生的乡土情感,由此形成了"村落—家庭—土地"三位一体的结构模式。①"人情味"是农村文化的典型特点。城市人际关系与农村有显著区别,主要以地缘、业缘发展延伸,具有泛家族特点。因此,在这种文化差异下,农民工难以适应,他们出于对家乡的眷恋和期盼而选择了回流,故此,将这部分群体界定为家乡眷恋型回流农民工。

一、回流动因与具体表现

农民工城市融入艰难既有以户籍为代表的外在制度性障碍,又有社会认同上的内在抵触。在这双重因素的影响下,出于对农村社会文化的偏好,农民工选择了回流。

(一)城市认同度低催化了回流

农民工进城务工所得的收入确实高于农村。城市生活尽管丰富多彩,但这种生活与他们似乎没有多大交集。当生活和工作遭遇压力和困惑时,他们仍是向在农村建立起来的乡土"原生"社会网络寻求帮助。这在他们就业渠

① 鲍霁主编:《费孝通学术精华录》,北京师范学院出版社1988年版,第357—365页。

道上同样可以看出,农民工通过老乡、亲戚、朋友等,利用乡土"原生"社会网络了解城市就业机会和生存居所等方面信息,他们之间互相帮忙,从而得以在城市立足。乡土"原生"社会网络给予了他们强有力的情感支持,其个人精神需求得到满足,即使在城市有了一定归属感,但这种归属感是来源于"原生"社会网络,而非出于城市的归属。

乡土"原生"社会网络圈具有单一性和封闭性,它的延续和发展在一定程度上抑制了城市"再生"社会网络的建立,不利于其在城市社会的长期发展。① 此外,部分农民工源于人力资本的限制和社会环境的影响,很难建立城市"再生"社会网络。因此,在认同上,他们认为"农民"终归是"农民"。他们的经历传递着这样一个信号:农村人与人之间关系温暖,城里人际关系偏于冷淡,到城市打工只是短暂的逗留以获取经济收益,城市不是他们的家,他们有着强烈的城市过客心理。处在城市和农村这两种相互冲突的文化环境而难以适应者,更愿意保持家乡文化,认为根和关系网络在农村老家,因而,出于对故乡的眷恋和乡土社会的认同,他们选择了回流。JKJ 认为城市"冷漠",而农村"热闹",出于对农村生活的适应和偏好,他 35 岁时便选择了回流。

个案:JKJ

基本情况:男,1981 年出生,安徽人,2016 年 10 月返乡。

自述:农村有农村的好处,我就喜欢农村。在城市别看挣了很多钱,但为了还房贷、车贷,其实剩下的钱很少。除了上班还是上班,为了拼命挣钱,亲戚之间不走动,左亲右邻不讲话,很冷漠,门一关,家里出了事都没人知道,这是非常可怕的。在农村多好,左亲右邻那么热闹,逢年过节气氛特别融洽,在城市就没有这样的感觉。所谓"日出而

---

① 刘玉侠、喻佳:《社会网络对回流农民工的影响分析》,《江淮论坛》2018 年第 2 期,第 18—22 页。

作,日落而息",农村人干活累了,沾床就打呼噜,吃得香,睡得香,这些都是财富,用钱买不到的。我虽然是农村人,但是我觉得我比城里的白领、上班族、老板活得精彩、潇洒,平时我去钓钓鱼、打打猎、约约朋友、唱唱歌、打打牌。我有一个幸福的家庭,有儿有女,有漂亮的媳妇,她比我小七岁,感情非常好,一家人过得开开心心的比什么都重要。

(二)城市融入难加剧了回流

部分农民工在心理上认同城市文化,并且试图积极主动融入城市,但这种尝试受到正式制度和非正式制度的区隔却难以实现。由于城乡二元结构和户籍管理制度的限制,农民工无法纳入城市社会保障体系,在经济、政治、文化各方面都面临着比较严重的社会排斥,他们享受不到与城市居民同等的公共福利待遇,在就业机会、就业领域、社会权益、社会保险、随迁子女教育、政治权利表达等方面受到不公正对待,城市融入硬性制度困境难以突破,这进一步降低了他们的城市认同感。

此外,部分农民工表示在城市务工时有过被城市居民看不起的经历。城市居民与农民工文化、职业、背景方面存在较大差异,在大众传媒副作用扩散影响下,城市居民对农民工的认识刻板印象严重,出现以有色眼镜看待农民工的情况,认为他们受教育程度低且素质不高,从而出现心理排斥效应,并在语言和行动上表现出对农民工的歧视,这加重了农民工在城市的相对剥夺感。

农民工离开熟悉的家乡进入陌生的城市,却被隔离在城市主流社会之外,遭遇社会歧视难以被接纳,相较于浓厚人情味的乡村文化,深切体会到城市和乡村的差别和不平等,从而产生了强烈的角色和心理冲突。在城市歧视、文化推力和地域观念、乡土情结拉力的综合作用下,他们得出"在城市生存太难"、"城里人太难相处"等认识,从而引发了回流,以回到农村寻找人与人之间的相对平等。有大专学历的 CX 也表示,融入城市十分艰难。

个案:CX

基本情况:女,1988 年出生,贵州人,21 岁大专毕业后到重庆工作,在一家软件公司做初级程序员,本有机会在重庆长期发展,但工作 7 年后和老公返回家乡。现在,经营一家天猫店,老公和朋友加盟了一家旅游公司。

自述:当时我和老公一块在重庆工作,他在一家公司做新媒体传播,主要是重庆旅游这一块。我们最初打算在重庆定居,想着通过自己的努力可以达成这个目标。但事与愿违,我上班那个公司,大多员工都是重庆人,我们贵州和重庆生活习惯虽然类似,但我怎么也融入不进这个环境,可能也和我的性格有一些关系。很多重庆姑娘长得比较漂亮,我的条件很一般,平常工作和公司聚会时,她们就说我们贵州女人怎么样怎么样。我就感觉很难受,有时候上班都提不起精神。我老公也遇到了类似问题,在一些项目上跟当地人发生争执,可项目负责人都偏袒他们当地人。最后,我和老公商定之后,就打算回家找出路。

二、群体结构特点

(一)人口结构与职业类型

家乡眷恋型回流农民工共有49 人,数量最少,占1108 个回流农民工样本总量的4.42%,具体人口结构特点如下所示。

1.年龄分布。表5-19 显示,家乡眷恋型回流农民工主要分布在30—60岁,且各年龄区间人数分布相对均匀,这一定程度上表明城市融入艰难是普遍的生活体验。

表5-19　家乡眷恋型回流农民工年龄分布

年龄	频数	比例
70—80 岁	1	2.04%
60—70 岁	5	10.20%
50—60 岁	10	20.41%
40—50 岁	14	28.57%
30—40 岁	15	30.61%
20—30 岁	4	8.16%
总计	49	100.00%

2.性别特征。表5-20显示,家乡眷恋型回流农民工以男性为主,共有32人,占比65.31%,比1108个回流农民工总体样本中男性占比(58.57%)高约7个百分点。女性17人,占比34.69%。

表5-20　家乡眷恋型回流农民工性别分布

性别	频数	比例
男	32	65.31%
女	17	34.69%
总计	49	100.00%

3.受教育程度。表5-21显示,家乡眷恋型回流农民工受教育程度以初中和小学为主,占样本量的81.63%,与总体样本结构相似。

表5-21　家乡眷恋型回流农民工受教育程度

受教育程度	频数	比例
文盲	4	8.16%
小学	15	30.61%
初中	25	51.02%

受教育程度	频数	比例
高中	4	8.16%
中专或技校	1	2.04%
总计	49	100.00%

4.职业类型。表5-22显示,务农、打零工和成为低技能工人是家乡眷恋型回流农民工的主要职业选择,合计超过57%。其职业分布与其他三类回流农民工存在一些差异,个人发展型回流农民工从事家务、务农的比例较小,创业型比例最高;家庭召唤型和生存无奈型回流农民工从事家务和务农的比例则较大,合计超过一半。

表5-22 家乡眷恋型回流农民工回流后职业类型

职业类型	频数	比例
家务	5	10.20%
务农	14	28.57%
打零工	8	16.33%
个体小业主	5	10.20%
村干部	4	8.16%
种养大户	5	10.20%
低技能工人	6	12.24%
高技能工人	2	4.08%
总计	49	100.00%

（二）社会不适应是回流的主要因素

农村社会熟悉的文化环境使农民工获得相对充足的信任感、安全感和充实感。他们进入城市后,面对的是完全不同于农村社会的文化环境。地域、身份、职业的改变带来的生活方式、行为方式和社会心理等方面的冲击，让他们感受到两种不同文化的冲突，使得他们处于非农非城的社会状态——既不能从农村社会文化环境中抽离出来，又不能融入城市社会文化环境。在49名家乡眷恋型回流农民工中，14人因城市物价太高、农村消费低而回流，11人因对农村有强烈归属感而回流，1人因遭遇城市歧视并无法排解而回流，17人因叶落归根的认识而回流，3人因关系网络在家、回家办事方便而回流，3人认为农村人际关系温暖、城市人际关系冷漠而回流。从中可以看出，难以适应和融入城市社会是家乡眷恋型回流农民工普遍的经历。他们身处城市与农村的"夹生地带"，沦为城市的漂泊者，当城乡差异带来的文化冲突不断累积并且无法调和时，他们便会产生焦虑不安和孤独胆怯等负面情绪，与之相伴的是归属感、认同感缺失，最终选择回到熟悉的乡村社会。

（三）社会网络拓展失败对回流有极大影响

个体社会网络的拓展失败对农民工回流有极大影响。在49个样本量中，有34人（约69.39%）没有参加过任何社会组织和团体，高于67.42%的平均值（见第四章），这意味着他们在城市难以构建新型社会关系网络。剩余15人（约30.61%）参加过社会组织和团体，但仅限于同乡会和宗亲会，即与老乡和家族亲戚互动，这仍是原生性社会网络。此外，这一比例大大低于60.05%的平均值（见表4-2）。当地工会组织、宗教团体、联谊组织和职业团体等，他们基本没有参加过。农民工进城务工后，工作繁忙且强度大，大多居住在集体宿舍和工地，很少有机会与当地人有深度互动交流，从而抑制了城市"再生"社会网络的拓展。社会网络拓展失败进一步抑制了城市融入和社会认同，从而强化了回流决策。

第五节　农民工的回流与城镇化、农村发展[①]

个人发展型、家庭召唤型、生存无奈型和家乡眷恋型四类回流农民工,是基于价值追求、家庭分工、风险规避和文化认同而做出的区分认识。回顾这四类回流农民工呈现的特征时会发现,个人发展型和家乡眷恋型主要表现为一种主动行为,是基于个体内在主动需求而做出的行为决策;家庭召唤型和生存无奈型则更多表现为一种被动行为,是出于外在条件的无奈决策。为此,可将这四类回流农民工进一步归类划分,一是为了整体呈现农民工回流的基本状态,二是为了呈现不同动因而回流的农民工对城镇化产生的效应。

一、农民工回流的再认识

本书基于选择自由度将回流再划分为主动型回流和被动型回流。主动型回流是指农民工在有多种机会可选择而做出的回流决策,被动型回流是指农民工没有其他机会可选择而做出的回流行为。因此,回流农民工包括主动型回流农民工和被动型回流农民工。

在推拉理论看来,只有当拉力大于推力时,劳动力的流动或迁移才会发生。拉力和推力主要指各种生活条件和机会,包括就业、投资和公共服务等等。但是为什么有的人会在拉力小于推力的情况下回到流出地呢? 这显然不是推拉理论所能解释的,其中关键在于人口流动存在更为复杂的作用机制,包括人力资本、社会资本、生命周期、社会制度和社会文化等因素均对人口流动产生效应。有的人逆向流动,是由于拉力无法为他们提供相应机会,尽管拉力依然大于推力,但由于受教育水平低、年纪大找不到工作、不能享受基本公共服务、经营失败或者身体受限等原因,他们被迫回流到农村,这便是被动型回

---

①　本节部分内容发表于《浙江社会科学》,具体参见刘玉侠、石峰浩:《农民工回流动因的影响分析》,《浙江社会科学》2017年第8期,第86—93页。

流。有的人虽然能在拉力大于推力的地方找生存和发展机会,但是依然选择回到流出地,对他们而言,流出地有可能提供的机会比流入地更多、更好,或者他们对流出地有执着的价值追求和文化认同,或者他们认识到自己在流入地积攒的条件和能力在流出地会发挥更大作用,于是他们便选择了回流,这便是主动型回流。为此,"个人发展型"和"家乡眷恋型"属于主动型回流,"家庭召唤型"和"生存无奈型"属于被动型回流。

二、农民工的回流与城镇化选择

回流动因是影响农民工城镇化落脚点的主要因素。同时,地区经济发展水平也是不可忽视的重要因素。因回流动因不同,有的回流农民工在当地镇或县城生活、工作,有的则返回到农村,这并不意味着回到农村的农民工注定将成为农民,他们也存在着城镇化的可能。因此,不同类型的回流农民工,城镇化选择和结果存在差异。为了呈现东中西部的区域差异,下文主要选择了浙江、安徽和贵州三地的数据加以分析。

(一)回流是农民工城镇化的一条路径

社会经济发展水平和资源配置深刻影响城镇化进程。改革开放四十年以来,东部地区的城镇化水平一直领先于全国其他地区,东部地区中心城市更是城镇化的重点发展对象和受益者,从而造成并扩大了东中西部地区差异。以几个特大中心城市为代表的东部地区是我国城镇化的主力,吸纳了大量流动人口,创造了巨大物质财富,导致东部中心大城市人口过量聚集,人口承载量已趋于饱和。但优质的社会保障水平、发达的交通网络和便捷的生活服务设施,仍吸引着全国各地的人蜂拥而至,很多农民希望能在东部的大城市实现自己身份的转变。过量的人口集中,超出了城市承载量,对自然生态和社会管理形成了极大挑战。这种现状既不利于城镇化可持续发展,也不利于农民工市民化。欠发达地区因人口和资源的过度稀释而延缓了其城镇化进程,甚至逐渐失去了城镇化的可能。

农民工离开过度拥挤的东部城市选择回流,并不意味着离城镇化越来越远,在某种程度上能够加快城镇化速度。回流农民工在本省、本地的就近城镇化,可以化解和减少由大规模人口流动所造成的一系列社会问题;并且在文化和民俗上更容易接受,社会融入成本低。这种布局最终会缩小地区差距,符合我国城镇化的整体规划和长远发展。因此,回流有可能成为农民工城镇化的一条切实路径。

(二)主动型回流农民工的城镇化选择

从东部代表地区——浙江省调研数据看,主动型回流占28%,就业型占15%;从中部代表地区——安徽省调研数据看,主动型回流占21%,创业型占11.5%;从西部代表地区——贵州省调研数据看,主动型回流占28%,创业型占11.7%。东部地区经济比较发达,乡镇企业、村办企业和民营企业发达,就业机会多,并且创业环境和氛围浓厚。就地就近就业、创业可以兼顾家庭,更适合就地城镇化。为此,东部地区在下一阶段城镇化过程中,可以充分利用优质资源推进小城镇发展,形成以大城市带动周围中小城镇发展、彼此交往密切、社会服务资源共享的城市群,促进更多回流农民工就地就近实现城镇化。由于整体基数大,中西部地区返乡创业的农民工比东部地区多。调研发现,一些人在农村创业的同时,已经在城镇或县城有了产供销一条龙的店铺;或者开设了分店、分校等,未来他们倾向于在城镇或县城所在地工作生活,从而实现城镇化。

(三)被动型回流农民工的城镇化可能

从浙江省调研数据看,被动型回流占72%,其中因"孩子读书、成长需要陪伴"的占25%,因"回家结婚"的占19.8%。从安徽省调研数据看,被动型回流占79%,其中因"孩子读书、成长需要陪伴"的占20.3%,因"年纪大了,在城市很难就业"的占 13.1%，因"回家结婚"的占 9.5%。从贵州省调研数据看，被动型回流占 72%，其中因"孩子读书、成长需要陪伴"的占 25.5%，因"回家照顾老人"的占 17.4%。三个地区因"孩子读书、成长需要陪伴"而回流的比重均在 20% 以上。东部地区被动型回流农民工，无论是源于回家结婚还是为了照顾家庭，一般会到邻近企业就近上班，且土地大多已经流转，职业非农化明显，随着城镇化发展战略的推进，一些人容易就地实现城镇化。中西部有别于东部，经济相对不发达，乡镇企业少，由于年龄、身体的限制和兼顾家庭的需要，务农或打零工成为中西部被动型回流农民工的主要择业选择。由此，与主动型回流农民工相比，被动型回流农民工城镇化可能性小，尤其是中西部地区的被动型回流农民工。

三、农民工的回流与农村发展

近十余年，中央每年的一号文件都是关于农村发展的内容，从惠农政策到公共服务和基础设施建设，再到农业产业化、现代化和农村产权制度改革、农民主体性地位问题等，最终目的是促进农村发展，实现农村现代化。但是，农村发展依然面临挑战，关键在于缺少人才支撑。农民工回流对于破解困局、促进农村发展，意义重大。但是，不同类型的回流农民工所具有的人力资本各不相同，因而，对农村发展的效应也存在差异。

（一）农民工回流能够推动农村发展进步

回流农民工多大程度上能够促进农村发展，理论界研究的还比较少，存在理论盲点，缺乏足够解释力。实践中，确实有不少地方政府号召农民工回乡创业，带动农村发展，但是真正返乡创业的农民工比例明显偏低。尽管如此，回流农民工对农村发展的作用毋庸置疑。首先，回流农民工能够为农村发展带来部分资金和技术。回流农民工虽然回乡创业卓有成效的不多，但毕竟有相当一部分人带着资金和技术、带着创业憧憬回到农村，这将为农村经济发展注入新动力。其次,回流农民工返乡实践有助于带动和带领一批农民就业增收。回流农民工有的成为村干部,有的创业开办小加工厂或从事现代养殖业、种植业等。为此,回流农民工的返乡实践有助于优化农村治理成效,增加就业机会。并且在村干部或种养大户的带动下,能够进一步激活国家发展农村的政策活力,逐渐影响一批在地村民扩大种植、养殖等,实现脱贫致富。再次,农民工的回流带回了新的理念和生活方式,有助于推进农村社会的现代化。城市所彰显的民主法治、文明风尚和现代营销技术等一系列涉及政治、经济、文化生活的新理念,潜移默化地影响农民工,当他们回流时,不仅带来了新理念,而且会影响和改变农村既有的生活方式和生产方式,从而推进农村发展。但是,回流农民工价值的发挥和彰显,仍依赖于回流农民工的特质和村庄实际情况,为此,需要结合回流农民工的人才特质和村庄实情最优化运用。

(二)主动型回流农民工参与农村发展的选择

主动型回流农民工有一部分属于返乡创业者,他们在外积累了一定人力资本和社会资本,在判断返乡有更大发展空间和机会的情况下才作出了返乡决定。返乡参加村干部竞选的回流农民工也是如此,他们具有较好的经济、社会和人力条件,有更强的参与乡村治理、改变农村现状的动机和目的。在本书的调查研究中,这类回流农民工浙江占比是 17.82%,安徽是 18.4%,贵州是31.7%。他们是推动农村发展的最主要群体。

农村社会的结构性差异影响回流农民工社会、政治和经济参与的取向和程度。这些差异表现在村庄经济条件、文化传统和社会结构等方面,只有将这些因素结合起来,才能更好发挥回流农民工在特定农村社会环境中的作用和价值。东部地区农村各方面条件相对较好,回流农民工创业机会多。中部地区农民收入主要来源于务工和农副业种养殖,创业环境有待改善,为此,需要不断优化创业环境服务回流农民工创新创业。西部地区有资源优势,如矿产、土特产、风景名胜古迹、特色文化民俗等,为此,回流农民工可立足于资源优势,盘活资源活力,参与创新创业推进农村发展。

(三)被动型回流农民工在农村发展中的状态呈现

被动型回流农民工存在多种限制性的发展因素,如子女无法在城市上学,家里有老人需要照顾,在城市找不到工作(失业),年龄偏大、受伤、生病等。因此,被动型回流农民工在人力资本、经济资本、社会资本方面都不占优势,这影响了他们回流后的行动能力。由于现实条件的限制,他们参与改变和发展农村的动力不够强烈,为此,其实践效果不及主动型回流农民工。

此外,值得注意的是,家庭召唤型回流农民工虽然是迫于家庭责任而回流,但却很可能成为农村发展的有利契机。回乡结婚、生育孩子、照顾老人势必导致其在短期内无法再次外出务工,但家庭责任的有效履行依赖于经济增收。为此,就近寻求发展机遇、寻找合适职业成为他们最强烈的意愿。并且,其中一些青年人在文化水平、创新能力以及成就期盼上较一般农民具有优势,他们参与实践的积极性更强。若能有效发掘这一群体,给予政策引导,发挥人力资源优势,这对乡村发展具有显在效益。若无法把握时机,促成在地创业、就业,则该部分劳动力终将再次流向城市。

第六节　小　结

基于不同回流动因,本章将回流农民工细分为个人发展型、家庭召唤型、生存无奈型和家乡眷恋型。个人发展型和家乡眷恋型回流农民工主动性明显,部分农民工虽然有被动状况存在,即因在城市发展达不到预期或无法融入城市,但相对于继续留在城市,他们更愿意回到熟悉的农村,因此,将这两类群体理解为主动型回流。与之相对的是,家庭召唤型和生存无奈型可理解为被动型回流。这部分农民工想继续留在城市务工赚钱,但无奈家庭的牵绊、身体状况不佳、年龄偏大和技能受限等因素影响,他们不得不回到农村。

在 1108 个样本量中,被动型回流农民工占 73.02%,主动型回流农民工占 26.98%,被动型回流规模是主动型回流的近 3 倍,这意味着当前农民工回流主要表现为被动式。城市发展的吸引力远远大于农村,这为乡村振兴的有效实施既提出了挑战,也提供了价值参考,即如何拓展乡村社会的吸引力以实现农民工主动回流。被动型回流农民工之所以成为主体,这与其特质相关。在不同生命历程阶段,随着年龄的变化,个体所扮演的角色也在发生变化,这种角色的变化意味着需要承担该角色所赋予的职责义务,如相亲结婚、教养子女和赡养老人等等,他们会根据家庭以及自身状况决定留在城市还是回到农村。因此,被动回流在农民工回流决策中更为普遍。对于主动型回流群体,利益诉求多元化是其回流的根本原因。农民工进城务工是为了寻求发展,挣钱养家。随着社会的变迁和个人发展的逐步实现,农民工就业取向逐渐由"生存型"向"发展型"转变。因此,主动回流的农民工会成为乡村振兴不可或缺的力量。但目前比重较小,有待相关发展制度的完善和落实,以改善农村社会经济环境,丰富农村社会发展机遇,从而增强农村社会现实吸引力,促进发展型农民工的主动回流。

在城镇化和农村发展方面,主动型回流农民工和被动型回流农民工存在明显差异。相较而言,主动型回流农民工更容易实现城镇化,对农村发展效应更为明显。当然,这也存在明显的区域差异。源于区域社会经济发展水平、村庄结构和个体资本的差异,回流农民工在城镇化和推进农村发展作用上表现各不相同。

第六章　回流农民工的社会参与

　　研究群体的社会参与是深化群体认知的一种基本路径,社会参与的内涵在不同语境下各有差异。传统意义上的社会参与源于政治参与,学者一般从政治参与谈起,分析社会群体的社会参与行为。① 严格意义上来说,群体的政治参与和经济参与都应包含在社会参与内,但因研究需要,本书将回流农民工的社会参与界定为回流农民工以某种特定方式参与多元社会生活的过程,维权、消费、社交、学习、休闲等是其社会参与的具体表现。回流农民工的政治参与和经济参与不纳入此范畴论述,后章将具体呈现。

　　回流农民工的社会参与问题理应得到学界的广泛关注,但通过检索中国知网发现,围绕回流农民工社会参与问题展开的针对性、深层次研究尚未见诸笔端,国内外已有的相关研究多是从农民工的社会参与展开。农民工的概念具有中国特色,在国外与此相关的是移民群体,西方学者围绕移民群体的社会参与展开了诸多研究,取得了较为丰硕成果。从研究内容上看,西方学者主要关注移民群体的志愿参与、宗教活动参与等非正式社会参与领域;② 从研究方

---

　　① 刘红岩:《国内外社会参与程度与参与形式研究述评》,《中国行政管理》2012 年第 7 期,第 121—125 页。

　　② Eric Fong, Emi Ooka, "Patterns of Participation in Informal Social Activities among Chinese Immigrants in Toronto", *International Migration Review*, Vol. 40, No. 2 (2006), pp. 348—374.

法上看,西方学者普遍以跨国或特定地区的数据作为支撑加以理论阐释,同时重视比较研究。①② 国内诸多学者针对农民工的社会融入问题展开了深入探讨,取得了建设性研究成果,③④但关于社会参与这一与社会融入密切相关问题的综合性研究则相对较少。

　　有关农民工社会参与问题的文献大致可分为以下几类:一是对农民工社会参与现状的分析。不同学者的研究方法和切入视角有所不同。从研究方法上来看,大致可分为文献分析法⑤⑥和实证研究法⑦⑧两类;从研究视角上来看,对农民工社会参与现状的研究呈现出了多样化局面。侯志阳、孙琼如对新生代农民工的文化参与状况展开了实证调查,得出了新生代农民工文化参与频度不佳、参与质量不高的论断。⑨ 二是关于农民工社会参与影响因素和对策建议研究。学界一致认为农民工的社会参与受到多方面因素影响,其中首要因素是户籍制度的限制。⑩ 在此基础上,不同学者对影响农民工社会参与

---

　　① 　Vered Slonim-Nevo, Julia Mirsky, Bernhard Nauck, Tamar Horowitz, "Social Participation and Psychological Distress among Immigrants from the former Soviet Union: A Comparative Study in Israel and Germany", *International Social Work*, Vol. 50, No. 4 (2007), pp. 473-488.

　　② 　Figen UZAR, "Social Participation of Turkish and Arabic Immigrants in the Neighborhood: Case Study of Moabit West, Berlin", *Journal of Identity and Migration Studies*, Vol. 1, No. 2 (2007), p. 44.

　　③ 　王春光:《新生代农村流动人口的社会认同与城乡融合的关系》,《社会学研究》2001 年第 3 期,第 63—76 页。

　　④ 　李培林、田丰:《中国农民工社会融入的代际比较》,《社会》2012 年第 5 期,第 1—24 页。

　　⑤ 　王兵:《当代中国人的社会参与研究述评》,《哈尔滨工业大学学报(社会科学版)》2012 年第 6 期,第 22—26 页。

　　⑥ 　刘红岩:《国内外社会参与程度与参与形式研究述评》,《中国行政管理》2012 年第 7 期,第 121—125 页。

　　⑦ 　侯志阳、孙琼如:《新生代农民工的文化参与状况调查》,《重庆社会科学》2012 年第 9 期,第 25—30 页。

　　⑧ 　邓秀华:《长沙、广州两市农民工政治参与问卷调查分析》,《政治学研究》2009 年第 2 期,第 83—93 页。

　　⑨ 　侯志阳、孙琼如:《新生代农民工的文化参与状况调查》,《重庆社会科学》2012 年第 9 期,第 25—30 页。

　　⑩ 　龚志伟:《论农民工城市政治参与的非正式制度约束》,《学术交流》2010 年第 10 期,第 41—45 页。

的因素进行了多角度阐述。例如,姚华平、陈伟东认为农民工的构成和社区交往影响了其社区文化参与,①侯志阳、孙琼如认为年龄、文化程度、工作时间等因素制约了农民工的文化参与质量。② 此外,多数学者据此提出了促进农民工社会参与的政策思考。③ 三是农民工社会参与的比较研究。赵玉峰、扈新强利用 2014 年中国流动人口动态监测调查数据对流动人口社会参与的民族差异进行了考察;④陈旭峰、钱民辉从代际差异的视角出发,研究了两代农民工的社会融入状况对社区文化参与的影响;⑤吴际、尹海洁、曲鹏分析了流动人口社会参与的性别差异及其影响因素。⑥ 四是农民工社会参与影响效应方面的研究。王晓莹、罗教讲探究了社会支持、社会参与对农民工身份认同的影响;⑦李伟东从农民工的消费、娱乐、社会交往和社会参与等日常行为着手,剖析了农民工与城市社会的关系,探讨了农民工与城市疏离的原因。⑧

那么,同样拥有外出务工经历的回流农民工的社会参与状况如何呢?外出务工经历对回流农民工的社会参与产生了怎样的影响?出于不同动因回流的农民工的社会参与状况是否一致?回流农民工与未回流农民工、在地村民

---

① 姚华平、陈伟东:《城市农民工社区文化参与及其相关性因素分析——以武汉市为分析个案》,《理论与改革》2006 年第 3 期,第 115—118 页。

② 侯志阳、孙琼如:《新生代农民工的文化参与状况调查》,《重庆社会科学》2012 年第 9 期,第 25—30 页。

③ 陈旭峰、钱民辉:《社会融入状况对社区文化参与的影响研究——两代农民工的比较》,《人口与发展》2012 年第 1 期,第 41—48 页。

④ 赵玉峰、扈新强:《流动人口社会参与的民族差异——基于 2014 年流动人口动态监测的实证研究》,《西北人口》2019 年第 2 期,第 25—35 页。

⑤ 陈旭峰、钱民辉:《社会融入状况对社区文化参与的影响研究——两代农民工的比较》,《人口与发展》2012 年第 1 期,第 41—48 页。

⑥ 吴际、尹海洁、曲鹏:《流动人口社会参与度的性别差异及其影响因子检验》,《统计与决策》2017 年第 3 期,第 116—120 页。

⑦ 王晓莹、罗教讲:《农民工的社会支持、社会参与和身份认同》,《中国劳动关系学院学报》2017 年第 2 期,第 10—18 页。

⑧ 李伟东:《消费、娱乐和社会参与——从日常行为看农民工与城市社会的关系》,《城市问题》2006 年第 8 期,第 64—68 页。

这两类人群的社会参与有何异同？回流农民工的社会参与呈现如此现状的原因何在？又该如何促进回流农民工的社会参与？本章将围绕这些问题进行探讨。

第一节　回流农民工社会参与现状

农民深嵌于乡村社会,伴随着农民工外出务工的步伐,农民工与乡村社会的关系日渐疏远。同时,由于城乡二元分割,他们又无法真正融入城市社会,这导致不少农民工同时脱嵌于乡村社会和城市社会,黄斌欢将这种现象称为"双重脱嵌",①这一现象在新生代农民工群体中体现得尤为显著。农民工回流后能否摆脱"双重脱嵌"状态,重新融入农村发挥其社会作用？

一、回流农民工的社会参与意识

社会参与意识是一个相对抽象的概念,只有考察回流农民工的特定行为及其对某些行动的看法,才能分析其社会参与意识状况。维权意识、生活观念是回流农民工社会参与意识的两种主要体现。

(一)回流农民工的维权意识

维权是指个人或群体对合法权益的维护,它是个人或群体社会参与的主要方式。"维权经历有无"是回流农民工维权意识强弱的外在表现。表 6-1 显示,1108 个回流农民工样本中仅有 11.10% 的回流农民工在遇到权益受损时有过维权经历,绝大多数(88.18%)回流农民工未曾有维护合法权益的经历。

---

① 黄斌欢:《双重脱嵌与新生代农民工的阶级形成》,《社会学研究》2014 年第 2 期,第 170—188 页。

表 6-1 回流农民工有无维权经历的情况

维权经历有无	频数	比例
有维权经历	123	11.10%
无维权经历	977	88.18%
其他	8	0.72%

多重因素影响了回流农民工"无维权经历"。首先,随着全面依法治国的推进与社会的进步,回流农民工权益受损的情况有所好转,对确实无权益受损经历的回流农民工而言,"维权"自然无从谈起。江西某村村民 WB 表示,"我们村现在都搞得挺好的,也没有什么意见或建议,现在是法治社会,也没有人敢侵犯别人的权益。"其次,受限于文化水平普遍偏低的现实,"权益受损却不自知"也是造成回流农民工如此选择的原因之一。LB 因为缺乏权益意识,从而难以引发维权行为,但他现在的态度则说明回流农民工的维权意识已经得到了一定程度提升。

个案:LB

基本情况:男,1973 年出生,江西人,高中学历,返乡之前在 G 省开长途货运,后因左腿受伤致残而返乡,与妻子共同经营一家小卖部。

以下是与回流农民工 LB 的部分对话摘录:

问:发生医疗事故,医院有没有赔你钱?

LB:没有,我们在那个地方不认识别人。

问:当时权益意识不强?

LB:不太懂,那个时候哪里有什么权益啊。

问:假如说现在出现这种情况,你一定会积极去争取?

LB:那肯定。

最后,知道权益受损却未能或无法选择维权是回流农民工维权经历欠缺的一个重要原因。调查期间,受访者在谈及过往权益受损经历时,回答里不免流露出些许无奈。WWC 表示当碰到这种情况时,"那些就是没办法,他要你走人,你就得走人,那都是强制性的。"

如果说"有无维权经历"受到多方因素的共同作用,那么回流农民工对于维权方式的不同选择则大多都是由其文化水平所决定的。"维权方式"这一指标同样能反映出不同回流农民工在维权意识上的差异。

表6-2　回流农民工在面对权益受损或纠纷时的选择

	第一选择		第二选择		第三选择		总计	
	频数	比例	频数	比例	频数	比例	频数	比例
①	334	30.31%	60	21.82%	35	45.45%	429	38.93%
②	227	20.60%	118	42.91%	21	27.27%	366	33.21%
③	310	28.13%	39	14.18%	12	15.58%	361	32.76%
④	59	5.35%	41	14.91%	5	6.49%	105	9.53%
⑤	89	8.08%	13	4.73%	2	2.60%	104	9.44%
⑥	9	0.82%	0	0.00%	1	1.30%	10	0.91%
⑦	2	0.18%	1	0.36%	0	0.00%	3	0.27%
⑧	72	6.53%	3	1.09%	1	1.30%	76	6.90%
总计	1102	100.00%	275	100.00%	77	100.00%	/	/

注:1.因问卷调查样本较大,统计过程中此题出现数据缺失,缺失量为6条,此表选取完整无误的1102条记录以作分析。2.第一列数字分别代表下列方式——①法律途径;②寻求相关单位、部门或社会组织的帮助;③与对方协商解决;④找亲戚、朋友、老乡帮忙;⑤自认倒霉,默认了;⑥用过激言行恐吓对方;⑦静坐、打横幅堵路;⑧其他。

如表6-2所示,受访者在面对权益受损或纠纷时,第一选择中寻求法律途径解决的比例最高,占30.31%;其次为"与对方协商解决"和"寻求相关单位、部门或社会组织的帮助",占比分别是28.13%和20.60%。第二选择中"寻求相关单位、部门或社会组织的帮助"占比最高,达到42.91%;第三选择中接近半数(45.45%)的回流农民工表示会选择"法律途径"。

在设置的八种维权方式中,"法律途径"、"寻求相关单位、部门或社会组织的帮助"和"与对方协商解决"是一般合理合法途径。总体来看,大多数回流农民工已经懂得选择合理合法的方式维护合法权益或化解纠纷。其中,选择"法律途径"的回流农民工比例(38.93%)略高于"寻求相关单位、部门或社会组织的帮助"(33.21%)和"与对方协商解决"(32.76%)的比例。值得一提的是,选择前三项合理合法方式维护合法权益或化解纠纷的比例,明显高于后几项比例,"用过激言行恐吓对方"和"静坐、打横幅堵路"的比例仅为0.91%和0.27%。

依靠"回流农民工在面对权益受损或纠纷时的选择"这一指标,尽管无法直接反映整个回流农民工群体的维权意识或社会参与意识的强弱,但与"88.18%的回流农民工无维权经历"这一现状相比,回流农民工的维权意识稍显乐观。这是否是外出务工经历对回流农民工维权方式选择产生的积极结果? 对此,下文以维权方式的第一选择为依据,对比分析回流农民工外出前和回流后的状况。

表6-3 回流农民工外出前、回流后的维权方式选择情况(以第一选择为例)

	回流农民工外出前		农民工回流后(现在)		增(降)幅	
	频数	比例	频数	比例	频数	比例
①	177	16.06%	334	30.31%	+157	+88.70%
②	161	14.61%	227	20.60%	+66	+40.99%
③	315	28.58%	310	28.13%	−5	−1.59%
④	115	10.44%	59	5.35%	−56	−48.70%
⑤	198	17.97%	89	8.08%	−109	−55.05%
⑥	16	1.45%	9	0.82%	−7	−43.75%
⑦	2	0.18%	2	0.18%	0	0.00%
⑧	118	10.71%	72	6.53%	−46	−38.98%
总计	1102	100.00%	1102	100.00%	/	/

注:1.因问卷调查样本较大,统计过程中此题出现数据缺失,缺失量为6条,此表选取完整无误的1102条记录以作分析。2.课题组实际通过多选、排序考察了回流农民工务工前和回流后的维权方式选择情况,为方便分析,此处选取回流农民工的第一选择为分析依据。3.第一列数字分别代表下列方式——①法律途径;②寻求相关单位、部门或社会组织的帮助;③与对方协商解决;④找亲戚、朋友、老乡帮忙;⑤自认倒霉,默认了;⑥用过激言行恐吓对方;⑦静坐、打横幅堵路;⑧其他。

表 6-3 显示,在权益受损或产生纠纷情况下,回流农民工外出前、回流后的维权方式选择有了较大改变。一是选择"自认倒霉,默认了"的回流农民工数量大幅度下降,降幅高达 55.05%。二是选择"法律途径"、"寻求相关单位、部门或社会组织的帮助"等合理合法途径,维护权益的比重有了不同程度上升,增幅分别为 88.70% 和 40.99%;选择"找亲戚、朋友、老乡帮忙"、"用过激言行恐吓对方"和"其他"等方式,维护合法权益的比重有所下降。

因此,回流农民工外出务工经历对其维权意识提升有积极影响。从本质上来讲,这是回流农民工法律意识提升的表现,正因为越来越多的回流农民工意识到自己相关权益受法律保护,可以通过法律途径维护自己受损的合法权益,他们在回流后才会选择用合理合法的方式维权和化解纠纷。

(二)回流农民工的生活观念

生活观念是个人对生活的一种态度和看法。"生活"的概念有广义和狭义之分,广义的生活是个人一切社会活动的总和,包括劳动生活、消费生活和精神生活等。本书取其狭义,即个人衣、食、住、行、娱乐等方面的日常活动。回流农民工生活观念的形成受生产方式和特定社会环境的影响,其生活习惯和观念既是社会参与意识的体现,又在社会参与过程中有所改变。基于此,以"回流农民工外出前、回流后对待个人穿衣搭配的不同看法"来阐释回流农民工的生活观念。

在访谈中,回流农民工在谈及外出经历对个人穿衣搭配的影响时,经常会给出这样的回答,"打工后我的经济收入、穿衣打扮、想法都和以前不太一样""在生活习惯、穿衣打扮、思想观念上,打过工的比没有打过工的看起来要好一点""打工后眼界会开阔点,思想观念会开放点,穿衣打扮什么的会比之前好点"。这一变化也在调查数据中得到印证。

表6-4　回流农民工外出前、回流后对待个人穿衣搭配的不同看法

	回流农民工外出务工前		农民工回流后(现在)	
	频数	比例	频数	比例
不注意	379	34.21%	225	20.31%
很少注意	447	40.34%	400	36.10%
经常注意	236	21.30%	383	34.57%
十分注意	46	4.15%	100	9.03%

表6-4显示,现在经常注意或十分注意个人穿衣搭配的比例合计为43.6%,不注意的占比20.31%。对比回流农民工外出前和回流后对待个人穿衣搭配的不同看法,可以看出外出务工经历对回流农民工个人生活观念的影响:不注意和很少注意个人穿衣搭配的回流农民工比例有了不同程度的下降,不注意个人穿衣搭配的比例降幅达到了40.63%;经常注意或十分注意个人穿衣搭配的回流农民工比例却得到了较大提升,合计增幅达到了71.28%。因此,外出务工经历对回流农民工产生了积极影响,其生活观念较外出前已经有了较大程度改善。

二、回流农民工的社会参与行为

马斯洛认为人的需求分层次排列,只有在较低需求得到满足后才会追求更高层级的需求,这便是著名的马斯洛需求层次理论,该理论有五层次说和七层次说之分。学界采纳较多的是五层次说,即认为人有生存需求、安全需求、社交需求、尊重需求和自我实现需求。为了能充分涵盖和解释回流农民工不同的社会参与行为,本书选择以七层次说作为参考:七层次说是在五层次说的基础上,在"尊重需求"和"自我实现需求"间再划分出"求知需求"和"审美需求"两个层次。

（一）生存和安全需求：回流农民工的消费行为

回流农民工最基本需求是生存需求和安全需求，除因满足精神需求的高品质消费外，回流农民工的日常消费行为多是为了满足生存和安全需求。衣物支出是回流农民工（家庭）的主要消费支出之一，购买衣物的方式是其社会参与行为的重要可视化指标。

表 6-5　回流农民工外出前、回流后购买衣物的方式

	回流农民工外出务工前		农民工回流后（现在）	
	频数	比例	频数	比例
网上购买	33	2.98%	187	16.88%
村镇集市	806	72.74%	509	45.94%
县市一般实体店	282	25.45%	530	47.83%
县市专卖店	27	2.44%	130	11.73%

表 6-5 显示，回流农民工外出前、回流后在购买衣物方式上，在村镇集市购买的比例大幅度下降，降幅高达 36.85%；在网上、县市一般实体店、县市专卖店购买的比例有不同程度的上升。这一变化趋势的产生受到多方面因素影响。首先，回流农民工的外出务工经历使其观念发生了转变，更加重视个人穿衣搭配的回流农民工，意识到村镇集市已无法满足其穿衣搭配日益多样化的需求，这是村镇集市购衣比例大幅下降的重要原因；其次，互联网的普及使得网上购物"进入寻常百姓家"，种类繁多、品质保障、价格实惠等优越性吸引着一部分回流农民工，但受限于思想文化水平和互联网的普及，网上购买率依旧称不上可观；最后，回流农民工的整体生活消费水平与城市居民相比存在现实差距，加之其勤俭节约的特质，导致村镇集市购衣、县市一般实体店购衣与县市专卖店购衣间存在较大差距。虽然无法评价四种衣物购买方式孰优孰劣，但通过互联网、县市专卖店购买衣物的比例分别上升 13.90% 和 9.29% 的状

回归与超越:回流农民工的社会作用研究

况,说明外出务工经历对回流农民工消费行为产生了积极影响。

交通工具的使用状况是回流农民工生活水平的客观反映,同时,也能够反映回流农民工的社会参与行为现状。

表6-6　回流农民工外出前、回流后乘坐交通工具的状况

	回流农民工外出务工前		农民工回流后(现在)	
	频数	比例	频数	比例
①	16	1.44%	244	22.02%
②	26	2.35%	50	4.51%
③	335	30.23%	279	25.18%
④	212	19.13%	690	62.27%
⑤	448	40.43%	53	4.78%
⑥	9	0.81%	3	0.27%
⑦	223	20.13%	90	8.12%

注:第一列数字分别代表以下出行方式——①私家车;②出租车;③公交车;④摩托车、电瓶车;⑤自行车;⑥驴、马车;⑦其他。

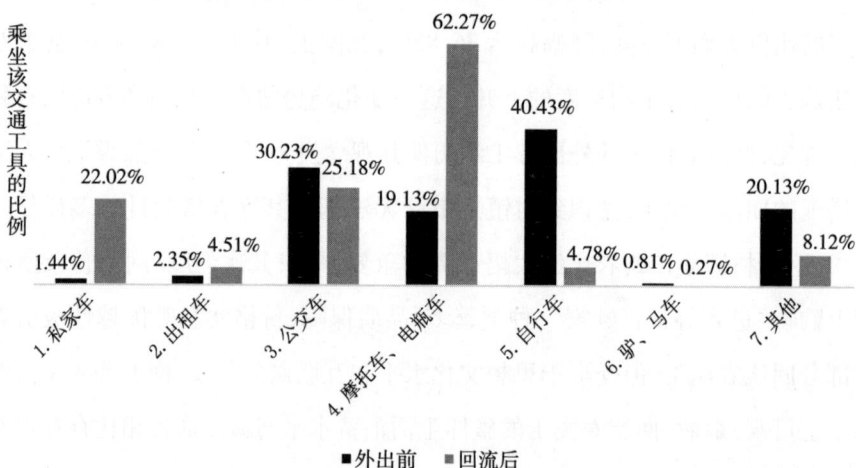

图6-1　回流农民工外出前、回流后乘坐交通工具的比例分布图

图6-1显示,回流农民工外出前、回流后乘坐交通工具的状况发生了较

166

大变化。使用自行车的降幅最大,取而代之的是私家车、摩托车、电瓶车等优越性更为突出的现代交通工具。私家车的乘坐率与摩托车、电瓶车的乘坐率增幅高达 1425% 和 225.47%。私家车拥有量比例的上升是回流农民工生活水平提高的体现,私家车不再成为可望而不可即的憧憬。摩托车、电瓶车成了他们出行的首选:一方面,对家庭条件较好的回流农民工而言,拥有私家车的同时,他们也会购置摩托车、电瓶车,因为后者更适合短途出行,便捷省时;另一方面,对暂且没有能力购置私家车的回流农民工而言,摩托车、电动车因其高性价比而广受青睐。另外,调查中发现选择"其他方式"的回流农民工大部分依靠步行出门,外出前、回流后的占比分别为 72.65% 和 47.78%。由此可推测,其他方式乘坐率的下降在很大程度上是步行减少的缘故。乘坐交通工具的变化折射出回流农民工生活水平的提高,但这并不意味着城乡收入差距的消失,这从摩托车、电瓶车拥有率与私家车拥有率之间高达 40.25% 的差距可以看出。

不论是购买衣物方式的变化还是乘坐交通工具的变化,基本印证了外出务工经历对回流农民工日常生活尤其消费行为的积极影响,越来越多的回流农民工在满足生存需求和安全需求后,开始转而追求更高层次需求和更高质量生活。

(二)社交需求:回流农民工的社交行为

处于社会中的个体都有对亲情、爱情、友情及其多样化社会关系的需求,这便是马斯洛所指的社交需求。交友选择和互动频率可以直观地呈现回流农民工社交圈的深度和广度(即回流农民工的社交行为)。表 6-7 表明:首先,从总体来看,回流农民工经常互动对象在农村老家的合计比例占 84.16%,远远高于在其他地方的比例,比排名第二的选项——"打工的城市"——高出了 60.63 个百分点;其次,回流农民工的第一、第二选择中比例最高的交往对象均在农村老家,比例分别为 73.03% 和 42.81%,且与第二名的差距明显,分别相差 55.84% 和 18.71%，这说明大多数回流农民工的人际交往依旧局限于传统社交圈；最后，不论是第一选择、第二选择、第三选择还是总计，回流农民工在打工城市交友的比例均不高，分别为 17.19%、24.10%、6.00% 和 23.53%，与农村老家的交友互动比例存在巨大差距。

表 6-7　回流农民工经常联系的朋友（所在地）情况

	第一选择		第二选择		第三选择		总计	
	频数	比例	频数	比例	频数	比例	频数	比例
打工的城市	190	17.19%	67	24.10%	3	6.00%	260	23.53%
农村老家	807	73.03%	119	42.81%	4	8.00%	930	84.16%
其他城市	38	3.44%	62	22.30%	21	42.00%	121	10.95%
其他农村	7	0.63%	29	10.43%	22	44.00%	58	5.25%
没什么朋友	63	5.70%	1	0.36%	0	0.00%	64	5.79%
总计	1105	100.00%	278	100.00%	50	100.00%	/	/

注：因问卷调查样本较大，统计过程中此题出现数据缺失，缺失量为 3 条，此表选取完整无误的 1105 条记录以作分析。

　　由此看来，回流农民工社交圈的深度和广度均有一定提升空间。难道是外出务工经历对回流农民工的社交行为没有产生任何影响？其实不然，只要对回流农民工务工期间的社交行为稍作分析、对回流农民工与在地村民的社交状况稍作对比，便能得出完全不同的结论。

　　一方面，回流农民工务工期间的社交状况尚有提升空间，其回流后的社交状况是多种因素影响的延续。表 6-8 显示，回流农民工社会组织或团体参与率较低，相较而言，同乡会的参与率较高，原因在于同乡会成员身份、经历相似，彼此共同话语较多，从而为农民工化解了社交顾虑，但这一比例也仅为 14.62%。在城乡二元分割、城市居民对农民工群体刻板印象还未完全消除，以及农民工难以融入城市的现实性下，同乡会俨然成为回流农民工社交的最佳选择。此外，73.47% 的回流农民工未参加任何社会组织或团体也同样印证了回流农民工务工期间的社会参与情况不佳。原因主要包括三方面：一是回流农民工思想认知有限，难以认识到参加社会组织或团体的重要性；二是回流农民工城市融入性低，缺乏有效参与渠道；三是城乡二元分割、城市居民的思想隔阂和农民工自卑心理限制了其社交参与。

表6-8　回流农民工务工期间参加社会组织或团体的情况

	①	②	③	④	⑤	⑥	⑦	⑧
频数	50	3	59	162	43	47	4	814
比例	4.51%	0.27%	5.32%	14.62%	3.88%	4.24%	0.36%	73.47%

注：第一行数字分别代表以下社会组织或团体——①当地的工会组织；②宗教团体；③宗亲会（以家族或亲戚关系为纽带结成的）；④同乡会；⑤联谊组织（以共同爱好或兴趣结成的）；⑥职业团体（职业相同或相关联）；⑦其他；⑧没有。

回流农民工务工期间与当地人的相处情况同样反映其社交状况。表6-9显示，回流农民工务工期间与当地人相处得还行或很好的合计占比77.65%，这意味着回流农民工务工期间与当地人相处得较为融洽。但这并不意味着所有回流农民工都已经迈出了既有社交圈，20.09%的回流农民工与当地人没有来往便是证明。安徽的M在谈及城市社交时便充满了失望，"有一些城里人很自私，瞧不起我们外省人，就是你和他说话的时候，他们就说，不要理她，她是外省人；我们安徽这边对外省人还是很热情的，那边的人就不是这个样子，我抱着小孙子去公园玩，让孩子叫老人婆婆，那老人都不搭理我们，后来我们就不和他们打交道，所以我在那边就没有交到什么朋友"。

表6-9　回流农民工务工期间与当地人的相处情况

	频数	比例
很好，大家相处愉快	361	32.67%
还行，只是一般交往	497	44.98%
相处得不好，总觉得他们对我有歧视	23	2.08%
没有来往	222	20.09%
其他	2	0.18%

	频数	比例
总计	1105	100.00%

注:因问卷调查样本较大,统计过程中此题出现数据缺失,缺失量为 3 条,此表选取完整无误的 1105 条记录以作分析。

另一方面,与在地村民相比,回流农民工的社交状况已然更加乐观,这恰恰是务工经历对其产生积极影响的体现。没有务工经历的在地村民很少有机会结识城市好友,因此,鲜有在地村民迈出传统社交圈、广交城市好友,而回流农民工迈出传统社交圈的比例则因务工经历得到了很大提升。同时,越来越多的回流农民工开始意识到走出狭窄的社交圈、积极融入社会、满足多样化社交需求对自身的重要性,他们明白个人发展离不开友人提携、离不开团队帮扶、离不开社会支持,也正是这一开拓性思维激励着不少回流农民工在返乡后依旧保持着与城市好友的联络。毋庸置疑,开拓其思维的正是务工期间回流农民工的社交经历。

基于上述分析,可以得出两条结论:第一,回流农民工社交状况欠佳是多重因素持续影响的结果。回流农民工务工期间的社交行为受到了自身思想认识限制、有效参与渠道缺乏、自卑心理深重等多重因素的制约。尽管回流农民工深重的自卑心理将随着回流而消散,但其他几个因素的影响具有长远性,其消散并非一朝一夕,加之生活场域的巨大变化,回流农民工当前的社交行为仍将受到上述多重因素的持续影响。第二,将回流农民工社交状况欠佳归咎于务工经历未对其产生影响是不切实际的。回流农民工与在地村民的社交状况对比充分印证了务工经历对回流农民工社交行为的积极影响。

(三)求知需求:回流农民工的学习行为

学习是满足回流农民工求知需求的重要途径,不仅有助于提升职业技能和综合素养,而且对回流农民工和回流"生存"大有裨益。回流农民工的学习行为有值得欣喜之处,也有遗憾之处。欣喜的是,随着农民工外出阅历和社会参与的增加,越来越多的回流农民工已经认识到培训的重要性。比如,有受访者表达了这样的观点,"哪怕是种植一棵蔬菜,也都是要经过培训才行","适当的培训很重要","县里面有很多培训都是我自己去的,留着讲师的电话,有问题联系他们,还是挺好的"。遗憾的是,回流农民工务工期间的技能提升状况并不容乐观。表6-10显示,61.10%的回流农民工认为务工经历没有带来技能提升,仅有37.09%的人认为技能发生了改变。这一结果看似出乎意料,实则也在情理之中。一方面,回流农民工接受培训率低、参与培训次数少、组织培训主体失衡等直接制约了回流农民工技能的提升,这一点将在后文展开详细论证。另一方面,不同个体对"技能改变"的判断存在差异,不排除存在技能得到提升却不自知的可能。

表6-10　回流农民工务工后技能改变情况

	带来了改变	没有带来改变	其他	不知道
频数	411	677	6	14
比例	37.09%	61.10%	0.54%	1.26%

首先,回流农民工务工期间的接受培训率低。表6-11显示,接受过培训的回流农民工仅约为未接受过培训回流农民工的三分之一,这反过来又制约了农民工在城市社会的发展,影响了其在城市和农村的社会参与状况。

表6-11　回流农民工务工期间接受培训的情况

	频数	比例
接受过培训	298	27.21%
未接受过培训	797	72.79%

注:因问卷调查样本较大,统计过程中此题出现数据缺失,缺失量为13条,此表选取完整无误的1095条记录以作分析。

其次,对于接受过培训的回流农民工而言,其参与培训状况同样值得反思。由表6-12可知,86.88%的群体只接受过1—3次培训,接受过4次及以上培训的回流农民工明显较少。需要特别指出的是,其中有5名回流农民工表示参加过20次及以上培训。当然,回流农民工务工期间接受培训率低、参与培训次数少是以下三方面原因共同制约的结果:第一,部分回流农民工疲于奔波,心有余而力不足;第二,部分回流农民工认知水平有限,无法意识到参加培训对个人发展的重要性,导致其在有培训可以参加且有时间参加的情况下,依旧认为参加培训是"徒劳",从而不愿意接受培训;第三,回流农民工有接受培训意愿,但是部分培训"高昂"费用让他们望而却步,例如CLQ表示,在其参加的小吃店培训中,五天学费就需要三千多元,对于生活条件相对受限的农民工而言,这并非是小数目。

表6-12　回流农民工务工期间接受培训的次数统计

	频数	比例		频数	比例
1次	98	36.70%	10次	6	2.25%
2次	98	36.70%	11次	1	0.37%
3次	36	13.48%	16次	0	0.00%
4次	5	1.87%	20次	3	1.12%
5次	6	2.25%	21次	0	0.00%
6次	6	2.25%	36次	1	0.37%
7次	2	0.75%	99次	1	0.37%
8次	4	1.50%			

注:由于受调查者未回答次数等原因,统计发现此题出现数据缺失,缺失量为31条,此表选取完整无误的267条记录以作分析。

最后,组织培训主体失衡导致回流农民工培训机会欠缺或培训渠道缺乏。表6-13显示,在接受过培训的回流农民工群体中,83.16%的人参加的是由所在单位提供的培训,商业培训和政府部门组织的培训相对较少,这表明回流农民工培训机会提供的主体相对单一,均衡性不足。因此,较为理想的培训"市场"应当是切实考虑地方、企业和回流农民工的实际,由打工所在单位负主责,多元主体共同参与,以满足回流农民工多样化实际需求。

表 6-13　回流农民工务工期间所接受培训的组织部门

	打工所在单位	商业培训	政府部门组织的培训	其他
频数	247	27	18	5
比例	83.16%	9.09%	6.06%	1.68%

注:因此题为关联性题目,只有接受过培训的回流农民工需回答此题,因此调查过程中出现了样本漏答的情况,导致统计过程中此题出现数据缺失,缺失量为1条,此表选取完整无误的297条记录以作分析。

（四）自我实现需求:回流农民工的休闲行为

城市的快速发展不仅改变着城市居民的生活,同样也影响着农民工的实际生活。在生存和安全需求、社交需求、求知需求得到一定程度满足后,加之新思想观念和生活方式的冲击,部分回流农民工为寻求更高质量生活而不懈努力。回流农民工的休闲行为不仅能反映其生活水平的变化,而且也体现了其社会参与的程度。

表 6-14 显示,回流农民工在外务工期间,下班后体验最多的娱乐活动是看电视,比例为43.77%。由于多数农民工日常工作艰辛,下班后他们想用更多时间来休息,以恢复精力继续第二天高强度工作,因此,没有娱乐活动的回流农民工比例也不小,为30.60%。排除娱乐活动的质量与精神价值的考虑,回流农民工选择其余娱乐活动的比例比较均衡,这说明回流农民工的闲暇生活较充实,于他们而言,这些娱乐活动可以在一定程度上缓解日常工作压力,愉悦身心。

表 6-14　回流农民工外出务工期间的娱乐活动

	①	②	③	④	⑤	⑥	⑦	⑧
频数	282	320	485	59	99	114	34	339

续表

	①	②	③	④	⑤	⑥	⑦	⑧
比例	25.45%	28.88%	43.77%	5.32%	8.94%	10.29%	3.07%	30.60%

注:第一行数字分别代表以下娱乐活动——①聊天或喝酒;②逛街;③看电视;④看书报;⑤上网;⑥打牌、下棋、打麻将等;⑦其他;⑧没有娱乐活动。

比起回流农民工务工期间的休闲行为,本书更加关注他们回流后的休闲娱乐状况,这是其休闲行为最直观的体现。表6-15显示,回流农民工外出前、回流后的休闲娱乐方式发生了巨大变化。首先,回流农民工外出务工前,闲聊是首选的娱乐方式,比例为49.46%;看电视次之,比例为47.56%。农民工回流后,看电视成了其首选,比例高达71.57%,闲聊第二,比例为43.59%。其次,外出务工前,回流农民工的休闲娱乐方式比较单一,参加村中组织的文化娱乐活动、上网、广场舞的比例均在10%以下;回流后,他们的休闲娱乐方式更加多元,除闲聊和其他比例有所下降外,剩余五项休闲娱乐方式比例均有不同程度上升。最后,上网增幅达到317.81%,这不仅是互联网等信息技术发展、普及的体现①,更是回流农民工努力丰富自身精神文化生活、积极参与社会多元生活的体现。

表6-15 回流农民工外出前、回流后的休闲娱乐方式对比

	回流农民工外出务工前		农民工回流后(现在)		增(降)幅	
	频数	比例	频数	比例	频数	比例
①	548	49.46%	483	43.59%	-65	-11.86%
②	173	15.61%	256	23.10%	+83	+47.98%
③	23	2.08%	63	5.69%	+40	+173.91%
④	73	6.59%	305	27.53%	+232	+317.81%

---

① 据中国互联网络信息中心(CNNIC)第43次《中国互联网络发展状况统计报告》显示,截至2018年12月,我国网民规模已达8.29亿,其中手机网民规模为8.17亿;互联网普及率达59.6%,城镇地区互联网普及率和农村地区互联网普及率分别为74.6%和38.4%。

续表

	回流农民工外出务工前		农民工回流后（现在）		增（降）幅	
	频数	比例	频数	比例	频数	比例
⑤	13	1.17%	36	3.25%	+23	+176.92%
⑥	527	47.56%	793	71.57%	+266	+50.47%
⑦	197	17.78%	133	12.00%	−64	−32.49%

注：第一列数字分别代表以下休闲娱乐方式——①闲聊；②打麻将或打牌；③村中组织的文化娱乐活动；④上网；⑤广场舞；⑥看电视；⑦其他。

回流农民工使用互联网的比例大幅上升，那具体用途又表现在哪些方面？表6-16和图6-2显示，没使用过互联网的回流农民工比例大幅度下降，降幅为36.12%；通过互联网来娱乐、浏览新闻、搜寻工作相关信息、聊天、收发邮件、购物等的比例均有不同程度上升，用于购物、浏览新闻的涨幅最为显著，分别为505.41%和307.89%；回流农民工通过互联网来聊天和浏览新闻的比例最高，分别为28.16%和27.98%。

表6-16　回流农民工外出前、回流后使用互联网的情况

	回流农民工外出前		农民工回流后（现在）		增（降）幅	
	频数	比例	频数	比例	频数	比例
①	105	9.48%	151	13.63%	+46	+43.81%
②	76	6.86%	310	27.98%	+234	+307.89%
③	34	3.07%	117	10.56%	+83	+244.12%
④	100	9.03%	312	28.16%	+212	+212.00%
⑤	22	1.99%	51	4.60%	+29	+131.82%
⑥	37	3.34%	224	20.22%	+187	+505.41%
⑦	7	0.63%	25	2.26%	+18	+257.14%
⑧	850	76.71%	543	49.01%	−307	−36.12%

注：第一列数字分别代表以下互联网的用途——①娱乐、打游戏；②浏览新闻；③搜寻工作相关信息；④聊天；⑤收发邮件；⑥购物（包括买车票）；⑦其他；⑧没使用过互联网。

互联网为回流农民工广泛社会参与提供了便捷网络平台。浏览新闻本质

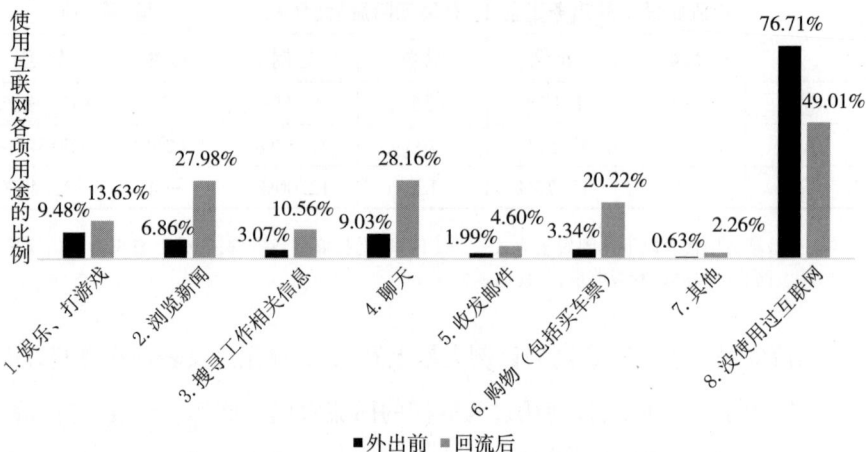

图 6-2　回流农民工外出前、回流后使用互联网的情况

上是为了与社会保持密切联系、跟进时代潮流,防止因消息闭塞而为社会所淘汰。同时,互联网社交平台已经成为现实社交圈的延伸,回流农民工借此与亲友联系,突破了现实社交的局限,进一步满足了回流农民工社交需求。此外,互联网的发展对回流农民工消费方式、思想观念等转变产生了巨大影响,这在前文已经做了充分阐述。

　　外出旅游是分析回流农民工休闲行为的重要指标之一。表 6-17 显示,回流农民工现在外出旅游的比例有了一定提升,现在经常出去旅游和偶尔出去旅游的回流农民工合计占比 26.92%,尽管这一比例相对较低,但增幅是显著的,分别为 104.76% 和 94.66%。这表明外出务工经历对回流农民工产生了一定积极影响。对于这部分回流农民工而言,外出务工经历使他们意识到旅游消费对丰富精神世界和充实业余生活的重要性。随着回流农民工生活条件的提升、思想认知的改变和交通环境的改善,越来越多的回流农民工将会通过外出旅游等方式满足自己多样化的自我实现需求。

表 6-17　回流农民工外出前后每年外出旅游的情况

	回流农民工外出前		农民工回流后(现在)		增(降)幅	
	频数	比例	频数	比例	频数	比例
经常出去旅游	21	1.90%	43	3.88%	+22	+104.76%
偶尔出去旅游	131	11.83%	255	23.04%	+124	+94.66%
不出去旅游	955	86.27%	809	73.08%	−146	−15.29%

注:因问卷调查样本较大,统计过程中此题出现数据缺失,缺失量为 1 条,此表选取完整无误的 1107 条记录以作分析。

外出务工经历尽管对回流农民工的休闲行为产生了积极影响,但纵览整个过程,不难发现其休闲选择与中高等收入群体相比仍存在现实差距。回流农民工的休闲行为多是为了打发时间、愉悦身心,并未表现出如广泛学习充电以充实精神世界或深度参与社会实践等现象。当然,这种状况也是由回流农民工的生活水平和思想认知程度所决定,随着社会发展和回流农民工生活水平的提高,这种现象将得到改善。

第二节　回流农民工社会参与的多维比照

比较是认识事物的基础,比较研究(comparative research)是人类认知、区别和确定事物异同关系的最常用方法,在人文社科研究中得到广泛运用。回流农民工在代际、回流动因上存在差异,又与未回流农民工、在地村民存在区别,从而使得比较研究成为可能。通过差异化的比较,将有助于深化回流农民工社会参与的认知。

一、回流农民工社会参与的内部差异

(一)不同类型回流农民工的社会参与

根据回流动因差异,回流农民工分为"个人发展型"、"家庭召唤型"、"生

存无奈型"和"家乡眷恋型"四种类型,其中"个人发展型"和"家乡眷恋型"是主动型回流,"家庭召唤型"和"生存无奈型"是被动型回流。不同回流类型农民工社会参与是否存在一定差异,差异具体表现在哪里,主动型回流农民工的社会参与状况是否优于被动型回流农民工?

为了充分考量各类回流农民工的社会参与状况,有必要对不同回流农民工人口结构做整体梳理。

1. 人口结构特点

(1)年龄。表6-18显示,生存无奈型回流农民工老龄化现象最明显,60岁以上人口占比38.71%,超过排名第二的家乡眷恋型回流农民工(12.24%)的26.47%,其他三类回流农民工年龄集中在30—60岁。

表6-18　不同类型回流农民工年龄分布

	个人发展型		家乡眷恋型		家庭召唤型		生存无奈型	
	频数	比例	频数	比例	频数	比例	频数	比例
16—20岁	0	0.00%	0	0.00%	1	0.17%	0	0.00%
20—30岁	30	12.00%	4	8.16%	64	10.81%	6	2.76%
30—40岁	72	28.80%	15	30.61%	151	25.51%	7	3.23%
40—50岁	77	30.80%	14	28.57%	204	34.46%	60	27.65%
50—60岁	48	19.20%	10	20.41%	129	21.79%	60	27.65%
60—70岁	22	8.80%	5	10.20%	34	5.74%	62	28.57%
70—80岁	1	0.40%	1	2.04%	9	1.52%	20	9.22%
80—90岁	0	0.00%	0	0.00%	0	0.00%	2	0.92%
总计	250	100.00%	49	100.00%	592	100.00%	217	100.00%

(2)受教育程度。表6-19显示,整体受教育程度最优的是个人发展型回流农民工,高中以上学历占比达到26%,文盲率最低,仅为4.80%。受教育程度较低的是生存无奈型回流农民工,初中及以下学历比例高达92.62%,文盲率达到了20.74%。结合年龄结构分析,生存无奈型回流农民工老龄化程度

最严重,这部分群体所处年代恰是中国教育欠发展时期,尤其对农村而言,受教育机会更少。

表6-19　不同类型回流农民工受教育程度

	个人发展型		家乡眷恋型		家庭召唤型		生存无奈型	
	频数	比例	频数	比例	频数	比例	频数	比例
文盲	12	4.80%	4	8.16%	52	8.78%	45	20.74%
小学	55	22.00%	15	30.61%	200	33.78%	90	41.47%
初中	118	47.20%	25	51.02%	253	42.74%	66	30.41%
高中	42	16.80%	4	8.16%	55	9.29%	10	4.61%
中专或技校	5	2.00%	1	2.04%	15	2.53%	3	1.38%
大专	17	6.80%	0	0.00%	16	2.70%	3	1.38%
本科及以上	1	0.40%	0	0.00%	1	0.17%	0	0.00%
总计	250	100.00%	49	100.00%	592	100.00%	217	100.00%

2. 社会参与差异

(1)维权意识。表6-20显示,有维权经历最明显的是个人发展型回流农民工,占比14.92%;其次为家庭召唤型回流农民工,占比11.82%。无维权经历最显著的是生存无奈型回流农民工,比例高达94.47%。这种结果与生存无奈型回流农民工的特征紧密相连,他们年龄大、受教育程度低、生存受困,从而抑制了维权意识和维权能力。

表6-20　不同类型回流农民工有无维权经历状况

	个人发展型		家乡眷恋型		家庭召唤型		生存无奈型	
	频数	比例	频数	比例	频数	比例	频数	比例
有维权经历	37	14.92%	4	8.16%	70	11.82%	12	5.53%
无维权经历	209	84.27%	44	89.80%	517	87.33%	205	94.47%
其他	2	0.81%	1	2.04%	5	0.84%	0	0.00%

续表

	个人发展型		家乡眷恋型		家庭召唤型		生存无奈型	
	频数	比例	频数	比例	频数	比例	频数	比例
总计	248	100.00%	49	100.00%	592	100.00%	217	100.00%

注：因问卷调查样本较大，统计过程中此题个人发展型回流的农民工部分出现数据缺失，缺失量为2条，此表选取该部分完整无误的248条记录以作分析。

在维权方式选择上，表6-21显示，不同类型回流农民工并未呈现显著差异，主要采用"法律途径"、"寻求相关单位、部门或社会组织的帮助"和"与对方协商解决"的方式维护权益。其中，个人发展型和家庭召唤型回流农民工通过"法律途径"维权的比例最高，分别为35.08%和31.02%；家乡眷恋型和生存无奈型回流农民工选择"与对方协商解决"的比例最高，分别为28.57%和28.30%。需要指出的是，家乡眷恋型和生存无奈型回流农民工选择"自认倒霉，默认了"的比例不小，分别为12.24%和11.32%。这主要是因为这两类回流农民工存在一定的特殊性——文化水平整体较低。虽然绝大多数家乡眷恋型农民工是主动做出回流决定，但他们在城市社会的融入状况同样不容乐观：认为被城里人看不起、回农村更有归属感、想落叶归根等是这部分回流农民工的共同心声，是这些因素催生了农民工回归农村的决定。

表6-21 不同类型回流农民工维权方式的选择状况（以第一选择为例）

	个人发展型		家乡眷恋型		家庭召唤型		生存无奈型	
	频数	比例	频数	比例	频数	比例	频数	比例
①	87	35.08%	10	20.41%	183	31.02%	54	25.47%
②	60	24.19%	11	22.45%	105	17.80%	50	23.58%
③	56	22.58%	14	28.57%	179	30.34%	60	28.30%
④	21	8.47%	4	8.16%	28	4.75%	6	2.83%
⑤	13	5.24%	6	12.24%	46	7.80%	24	11.32%
⑥	2	0.81%	1	2.04%	5	0.85%	1	0.47%
⑦	1	0.40%	1	2.04%	0	0.00%	0	0.00%

续表

	个人发展型		家乡眷恋型		家庭召唤型		生存无奈型	
	频数	比例	频数	比例	频数	比例	频数	比例
⑧	8	3.23%	2	4.08%	44	7.46%	17	8.02%

注:1. 因问卷调查样本较大,统计过程中此题出现数据缺失,缺失量为9条,此表选取完整无误的1099条记录以作分析。2. 课题组实际通过多项、排序考察了不同类型回流的农民工务工前和回流后的维权方式选择情况,为方便分析,此处选取回流农民工的第一种选择为分析依据。3. 第一列数字分别代表下列方式——①法律途径;②寻求相关单位、部门或社会组织的帮助;③与对方协商解决;④找亲戚、朋友、老乡帮忙;⑤自认倒霉,默认了;⑥用过激言行恐吓对方;⑦静坐、打横幅堵路;⑧其他。

（2）生活观念。生活观念的差异能在穿衣搭配的态度上得到直观体现。表6-22显示,个人发展型和家乡眷恋型回流农民工在穿衣搭配态度上较其他两类回流农民工更为"注意",经常注意或十分注意个人穿衣搭配的比例合计分别为58.07%和51.02%,均超过一半;家庭召唤型和生存无奈型回流农民工的比例则分别为45.10%和21.20%。尤其对于生存无奈型回流农民工而言,其对穿衣搭配的态度结果显示,既有的结构特性决定了其消费认知和消费能力,从而弱化了其对外在形象的注重。

表6-22　不同类型回流农民工对待个人穿衣搭配的看法

	个人发展型		家乡眷恋型		家庭召唤型		生存无奈型	
	频数	比例	频数	比例	频数	比例	频数	比例
不注意	41	16.53%	10	20.41%	103	17.40%	71	32.72%
很少注意	63	25.40%	14	28.57%	222	37.50%	100	46.08%
经常注意	107	43.15%	20	40.82%	219	36.99%	37	17.05%
十分注意	37	14.92%	5	10.20%	48	8.11%	9	4.15%
总计	248	100.00%	49	100.00%	592	100.00%	217	100.00%

注:因问卷调查样本较大,统计过程中此题个人发展型农民工部分出现数据缺失,缺失量为2条,此表选取该部分完整无误的248条记录以作分析。

（3）消费行为。表6-23显示,个人发展型、家乡眷恋型和家庭召唤型回流农民工的购买衣物方式未呈现较大差异。稍有不同的是,个人发展型回流农民工网络购物比例(22.80%)稍高于其他两类回流农民工(比例分别为 10.20%和18.75%)。

表6-23　不同类型回流农民工购买衣物方式

	个人发展型		家乡眷恋型		家庭召唤型		生存无奈型	
	频数	比例	频数	比例	频数	比例	频数	比例
网上购买	57	22.80%	5	10.20%	111	18.75%	14	6.45%
村镇集市	106	42.40%	22	44.90%	242	40.88%	138	63.59%
县市一般实体店	127	50.80%	24	48.98%	304	51.35%	75	34.56%
县市专卖店	39	15.60%	7	14.29%	73	12.33%	10	4.61%

　　在购买衣物方式上,最具区分度的同样是生存无奈型回流农民工,他们在网上购买衣物和县市专卖店购买衣物的比例均较低,比例分别为6.45%和4.61%,与其他三类回流农民工相比,尤其是与个人发展型回流农民工相比存在较大差距;生存无奈型回流农民工更倾向于在村镇集市中购买衣物,比例高达63.59%,比家乡眷恋型回流农民工高出近20%。这一结果产生的原因主要表现在三个方面:一是生存无奈型回流农民工并不如其他三类回流农民工那般,注意个人穿衣搭配,在村镇集市购买的衣物已经能够满足实际需求;二是受限于年龄和文化水平,生存无奈型回流农民工中会使用互联网或智能手机的比例相对较低,导致网络购买率低;三是勤俭节约的品质在生存无奈型回流农民工中表现得更为浓厚,他们倾向于选择性价比较高的衣物,而不过于追求衣物的品牌效应,从而导致专卖店购买衣服的行为发生比例较低。

　　(4)社交行为。从受教育程度来看,回流农民工文化水平越高,广泛交友的积极性和主动性就越高;反之,文化水平越低,越倾向于局限在狭小的非正式社会关系网络(如"'老乡'圈"等)中交流。

表6-24　不同类型回流农民工经常联系朋友(所在地)状况(以第一选择为例)

	个人发展型		家乡眷恋型		家庭召唤型		生存无奈型	
	频数	比例	频数	比例	频数	比例	频数	比例
打工的城市	51	20.65%	9	18.37%	111	18.75%	18	8.37%
农村老家	177	71.66%	37	75.51%	423	71.45%	169	78.60%
其他城市	11	4.45%	1	2.04%	20	3.38%	6	2.79%
其他农村	1	0.40%	1	2.04%	5	0.84%	0	0.00%
没什么朋友	7	2.83%	1	2.04%	33	5.57%	22	10.23%
总计	247	100.00%	49	100.00%	592	100.00%	215	100.00%

注:1. 因问卷数据样本较大,统计过程中此题个人发展型和生存无奈型回流农民工部分出现数据缺失,缺失量分别为3条和2条,此表选取这两部分完整无误的247条和215条记录以作分析。2. 课题组实际通过多选、排序考察了回流农民工经常联系朋友(所在地)的情况,为方便分析,此处选择不同类型农民工的第一选择为分析依据。

表6-24表明,生存无奈型回流农民工社交局限在"'老乡'圈"等非正式社会关系网络的现象最明显,经常联系的朋友在农村老家的比例最高,达到78.60%;并且,生存无奈型回流农民工"没什么朋友"的比例达到10.23%,高于其他任何一类回流农民工。此外,家乡眷恋型回流农民工经常联系的朋友在农村老家的比例也不低,为75.51%。

无独有偶,回流农民工务工期间的社交状况也印证了受教育程度和回流农民工社交行为的关系。如表6-25所示,尽管从参与社会组织或团体的情况来看,四类回流农民工的状况与整体状况基本保持一致,即使参与,也多局限于同乡会等非正式的社会组织或团体,参加工会组织等组织性、正规性较强的社会组织或团体的比例较小。具体来看,家乡眷恋型回流农民工参加工会组织的比例最高,占8.16%;其次为个人发展型回流农民工,占8.00%。但从未参加过任何组织或团体方面来看,不同类型回流农民工呈现出一定差异。家乡眷恋型和家庭召唤型回流农民工未参与率基本相似,处于73%左右;个人发展型农民工未参与率最低,为61.20%;未参与率最高的是生存无奈型回流农民工,比例高达85.71%,与个人发展型回流农民工相差24.51%。

表6-25 不同类型回流农民工参加社会组织或团体情况

	个人发展型		家乡眷恋型		家庭召唤型		生存无奈型	
	频数	比例	频数	比例	频数	比例	频数	比例
①	20	8.00%	4	8.16%	19	3.21%	8	3.69%
②	2	0.80%	0	0.00%	1	0.17%	0	0.00%
③	15	6.00%	1	2.04%	35	5.91%	8	3.69%
④	51	20.40%	5	10.20%	86	14.53%	20	9.22%
⑤	13	5.20%	1	2.04%	26	4.39%	3	1.38%
⑥	17	6.80%	1	2.04%	28	4.73%	1	0.46%
⑦	1	0.40%	1	2.04%	2	0.34%	0	0.00%
⑧	153	61.20%	36	73.47%	437	73.82%	186	85.71%

注:第一列数字分别代表以下社会组织或团体——①当地的工会组织;②宗教团体;③宗亲会(以家族或亲戚关系为纽带结成的);④同乡会;⑤联谊组织(以共同爱好或兴趣结成的);⑥职业团体(职业相同或相关联);⑦其他;⑧没有。

各类回流农民工与当地人的相处状况同样呈现出类似特征。表6-26显示,四类回流农民工认为与当地人相处得愉快或还行的合计比例均超过70%,但生存无奈型回流农民工与当地人相处得很好的比例(20.37%)明显低于其他三类回流农民工(42.11%、38.78%和32.77%)。此外,在与当地人没有来往方面,生存无奈型回流农民工状况最为"糟糕",比例达到26.85%。

表6-26 不同类型回流农民工与当地人相处情况

	个人发展型		家乡眷恋型		家庭召唤型		生存无奈型	
	频数	比例	频数	比例	频数	比例	频数	比例
①	104	42.11%	19	38.78%	194	32.77%	44	20.37%
②	93	37.65%	22	44.90%	272	45.95%	109	50.46%
③	5	2.02%	2	4.08%	11	1.86%	5	2.31%
④	44	17.81%	6	12.24%	114	19.26%	58	26.85%
⑤	1	0.40%	0	0.00%	1	0.17%	0	0.00%

续表

	个人发展型		家乡眷恋型		家庭召唤型		生存无奈型	
	频数	比例	频数	比例	频数	比例	频数	比例
总计	247	100.00%	49	100.00%	592	100.00%	216	100.00%

注:1.因问卷调查样本较大,统计过程中此题个人发展型和生存无奈型回流农民工部分出现数据缺失,缺失量分别为3条和1条,此表选取这两部分完整无误的247条和216条记录以作分析。2.第一列数字分别代表以下相处情况——①很好,大家相处愉快;②还行,只是一般交往;③相处得不好,总觉得他们对我有歧视;④没有来往;⑤其他。

综上所述,任何一类回流农民工的社交行为都与回流农民工的整体社交状况相符合。但倘若对不同类型农民工展开比较分析,不难发现各类回流农民工的社交行为还是略有差异,其中差异最大的是生存无奈型回流农民工。受年龄和文化水平等因素的影响,生存无奈型回流农民工的社交状态较为"糟糕"。当然,这种影响贯穿着农民工回流前后的社交生活始终,因为农民工回流前后社交行为的不同类型间差异具有高度相似性。

(5)学习行为。不同类型回流农民工在技能变化方面的差异反映了各自学习行为的区别。如表6-27所示,个人发展型、家乡眷恋型和家庭召唤型回流农民工的技能改变情况基本相似,认为自己技能得到改变的比例均处于40%左右,但生存无奈型回流农民工技能改变情况明显差于其他三类回流农民工,认为技能得到改变的比例仅为22.12%,约是其他三类回流农民工的一半。

表6-27 不同类型农民工的技能改变情况

	个人发展型		家乡眷恋型		家庭召唤型		生存无奈型	
	频数	比例	频数	比例	频数	比例	频数	比例
带来了改变	109	43.95%	21	42.86%	233	39.36%	48	22.12%
没有带来改变	134	54.03%	28	57.14%	348	58.78%	165	76.04%
其他	2	0.81%	0	0.00%	4	0.68%	0	0.00%
不知道	3	1.21%	0	0.00%	7	1.18%	4	1.84%

续表

	个人发展型		家乡眷恋型		家庭召唤型		生存无奈型	
	频数	比例	频数	比例	频数	比例	频数	比例
总计	248	100.00%	49	100.00%	592	100.00%	217	100.00%

注:因问卷调查样本较大,统计过程中此题个人发展型回流农民工部分出现数据缺失,缺失量为2条,此表选取该部分完整无误的248条记录以作分析。

生存无奈型回流农民工很大一部分是由于技能不足或进城后技能没有得到提升而找不到合适工作,从而被迫做出回流决定。参加培训对提升职业技能有一定助益,但数据(见表6-28)表明,生存无奈型回流农民工培训率恰恰是四类回流农民工中最低的,从而难以改变城市融入困境。

表6-28　不同类型回流农民工接受培训状况

	个人发展型		家乡眷恋型		家庭召唤型		生存无奈型	
	频数	比例	频数	比例	频数	比例	频数	比例
接受过培训	85	34.41%	12	24.49%	168	28.67%	33	15.57%
未接受过培训	162	65.59%	37	75.51%	418	71.33%	179	84.43%
总计	247	100.00%	49	100.00%	586	100.00%	212	100.00%

注:因问卷调查样本较大,统计过程中此题个人发展型、家庭召唤型和生存无奈型回流农民工部分均出现数据缺失,缺失量分别为3条、6条和5条,此表选取这三部分完整无误的247条、586条和212条记录以作分析。

表6-28显示,务工期间,生存无奈型回流农民工接受培训的比例最低,仅为15.57%,不及个人发展型回流农民工的二分之一。当然,家乡眷恋型回流农民工的接受培训率也不高,低于总体27.21%的平均值。

(6)休闲行为。表6-29显示,个人发展型、家乡眷恋型和家庭召唤型回流农民工的休闲娱乐方式总体符合群体一般特征——休闲娱乐方式日趋多样化。与此不同的是,生存无奈型回流农民工休闲娱乐方式相对单一,通过闲聊和看电视以外的方式丰富业余生活的比例均不足20%。

表6-29　不同类型回流农民工的休闲娱乐方式

	个人发展型		家乡眷恋型		家庭召唤型		生存无奈型	
	频数	比例	频数	比例	频数	比例	频数	比例
①	102	40.80%	18	36.73%	254	42.91%	107	49.31%
②	72	28.80%	18	36.73%	127	21.45%	40	18.43%
③	19	7.60%	3	6.12%	37	6.25%	4	1.84%
④	90	36.00%	14	28.57%	178	30.07%	23	10.60%
⑤	9	3.60%	1	2.04%	25	4.22%	1	0.46%
⑥	174	69.60%	37	75.51%	424	71.62%	156	71.89%
⑦	22	8.80%	6	12.24%	79	13.34%	26	11.98%

注:第一列数字分别代表以下休闲娱乐方式——①闲聊;②打麻将或打牌;③村中组织的文化娱乐活动;④上网;⑤广场舞;⑥看电视;⑦其他。

　　生存无奈型回流农民工参加村里组织的文化娱乐活动、上网、跳广场舞的比例,在四类回流农民工中均处于最低水平。其中,上网比例差距最明显,其他三类回流农民工通过上网丰富业余生活的比例均在25%以上,而生存无奈型回流农民工仅为10.60%。

　　这一显著差异同样体现在互联网使用上。表6-30显示,生存无奈型回流农民工未使用过互联网的比例高达78.34%,比排名第二的家庭召唤型回流农民工高出32.56%。这一差距同样可从生存无奈型回流农民工群体特征上来理解。相较而言,生存无奈型回流农民工普遍年龄偏大、文化水平不高,这直接影响了他们对互联网的接受程度和接受能力,阻碍了学习、使用互联网的"步伐",这一点在中国的网民属性结构中得到了印证①。但需要指出的是,有使用互联网经历的生存无奈型回流农民工在互联网用途上,与其他三类回

---

　　①　据中国互联网络信息中心(CNNIC)第43次《中国互联网络发展状况统计报告》显示,我国网民以中青年群体为主,截至2018年12月,我国50岁以上的网民比例仅为12.5%(年龄结构)。同时,我国网民以中等教育水平的群体为主,截至2018年12月,小学及以下学历的网民比例仅为18.2%(学历结构)。需要指出的是,我国50岁以上的网民比例和小学及以下学历的网民比例虽比2017年12月的同比例(分别为10.5%和16.2%)有了一定增长,但总体上来看,在整个网民群体中,这两项占比均保持在较低水平。

流农民工并无多大差异,他们大多将互联网作为浏览新闻和聊天的工具。

表 6-30　不同类型回流农民工使用互联网情况

	个人发展型		家乡眷恋型		家庭召唤型		生存无奈型	
	频数	比例	频数	比例	频数	比例	频数	比例
①	37	14.80%	8	16.33%	92	15.54%	15	6.91%
②	97	38.80%	19	38.78%	162	27.36%	31	14.29%
③	47	18.80%	3	6.12%	59	9.97%	8	3.69%
④	70	28.00%	18	36.73%	197	33.28%	27	12.44%
⑤	25	10.00%	3	6.12%	21	3.55%	3	1.38%
⑥	63	25.20%	7	14.29%	138	23.31%	17	7.83%
⑦	8	3.20%	1	2.04%	15	2.53%	1	0.46%
⑧	80	32.00%	20	40.82%	271	45.78%	170	78.34%

注:第一列数字分别代表以下互联网的用途——①娱乐、打游戏;②浏览新闻;③搜寻工作相关信息;④聊天;⑤收发邮件;⑥购物(包括买车票);⑦其他;⑧没使用过互联网。

综上所述,不同类型回流农民工的社会参与意识和行为状况基本符合回流农民工整体特征,但生存无奈型回流农民工在维权意识、生活观念、消费行为、社交行为、学习行为和休闲行为等方面表现出比其他三类回流农民工更"糟糕"的状态。

(二)回流农民工社会参与的代际差异

为了综合东中西部地区的差异,本部分选取了东部浙江省、中部安徽省和西部贵州省的数据和访谈材料,分析回流农民工社会参与的代际差异。

1. 思想观念。调查结果表明,在 641 个有效样本量中,城市务工经历使 53.6% 的老一代回流农民工和 75.3% 的新生代回流农民工的观念发生了改变。在维权意识上,新生代回流农民工选择"法律途径"的有 42.08%,而老一代回流农民工则仅有 26.21%;选择"与对方协商解决"的新生代回流农民工为 24.32%,老一代回流农民工为 32.29%;选择"自认倒霉,默认了"的新生代回流农民工为 4.63%，老一代回流农民工为 9.36%。这说明新生代回流农民工运用法律维护自身权益的意识要普遍高于老一代回流农民工。

表 6-31　新老两代回流农民工权益受损时的维权途径选择

	老一代回流农民工		新生代回流农民工	
	频数	比例	频数	比例
①	168	26.21%	109	42.08%
②	126	19.66%	50	19.31%
③	207	32.29%	63	24.32%
④	31	4.84%	15	5.79%
⑤	60	9.36%	12	4.63%
⑥	6	0.94%	2	0.77%
⑦	0	0.00%	1	0.39%
⑧	43	6.71%	7	2.70%
总计	641	100.00%	259	100.00%

注：1. 统计过程中，此题老一代回流农民工有效样本量 641 个，缺失量 6 个。2. 第一列数字分别代表下列方式——①法律途径；②寻求相关单位、部门或社会组织的帮助；③与对方协商解决；④找亲戚、朋友、老乡帮忙；⑤自认倒霉，默认了；⑥用过激言行恐吓对方；⑦静坐、打横幅堵路；⑧其他。

2. 生活方式。在休闲娱乐上，老一代回流农民工前三项选择分别是看电视（75.27%）、闲聊（46.06%）和打麻将或打牌（20.09%）；新生代回流农民工前三项选择分别是看电视（69.11%）、上网（53.28%）和闲聊（38.22%）。对比发现，新、老两代回流农民工在上网方面差异明显，在其他方面并无显著差异。这既表明当前农村文化活动比较单一，也说明了时代环境对新、老两代回流农民工造成的不同影响。

表 6-32　新老两代回流农民工休闲娱乐方式选择（多选）

	老一代回流农民工		新生代回流农民工	
	频数	比例	频数	比例
闲聊	298	46.06%	99	38.22%

续表

	老一代回流农民工		新生代回流农民工	
	频数	比例	频数	比例
打麻将或打牌	130	20.09%	54	20.85%
村中组织的文化娱乐活动	28	4.33%	26	10.00%
上网	95	14.68%	138	53.28%
广场舞	18	2.78%	9	3.47%
看电视	487	75.27%	179	69.11%
其他	81	12.52%	27	10.42%

在互联网使用上,69.1%的老一代回流农民工"没使用过互联网",而新生代回流农民工比例仅为12%;老一代回流农民工有17.6%通过互联网"浏览新闻",新生代回流农民工则有45.6%;老一代回流农民工有14.1%选择"聊天",新生代回流农民工有54.1%;42.5%的新生代回流农民工通过互联网"购物",而老一代回流农民工仅占8.3%;老一代回流农民工有5.6%通过互联网"搜寻工作相关信息",新生代回流农民工则有23.6%。总体表明,新生代回流农民工运用互联网的能力和深度要强于老一代回流农民工。

在人际互动对象上,76.4%的老一代回流农民工表示与农村老家朋友联系更频繁,新生代回流农民工这一比例为60.6%;老一代回流农民工有13.1%与务工城市的朋友存在互动,新生代这一比例则是32%。新老两代回流农民工经常联系的朋友虽然主要在农村,但新生代回流农民工在原生社会网络基础上拓展社会网络的程度要高于老一代回流农民工。

二、回流农民工与未回流农民工社会参与的对比

回流农民工与未回流农民工同样具有务工经历,他们在社会参与方面有何异同? 以下将从维权意识、生活观念、消费行为、社交行为、学习行为和休闲行为等方面进行对比分析。

（一）维权意识

回流农民工和未回流农民工的维权意识需要通过各自的维权行为加以考察。表6-33显示,未回流农民工有维权经历的比例略高于回流农民工,但总体来看,回流农民工和未回流农民工有维权经历的比例均不高,分别为11.10%和23.33%。

表6-33　回流农民工与未回流农民工有无维权经历情况

	回流农民工		未回流农民工	
	频数	比例	频数	比例
有维权经历	123	11.10%	35	23.33%
无维权经历	977	88.18%	115	76.67%
其他	8	0.72%	0	0.00%
总计	1108	100.00%	150	100.00%

回流农民工与未回流农民工在维权方式选择上未呈现显著差异,面对权益受损或纠纷时,选择不同方式维权的比例差距均在5%以内。在各群体内部,回流农民工更倾向于通过法律途径维护合法权益,比例为30.31%;未回流农民工则更倾向于与对方协商解决,比例为28.67%,选择"法律途径"和"寻求相关单位、部门或社会组织的帮助"的比例分别为26.67%和24.67%。因此,以维权经历和维权方式选择为考察指标,两类群体的维权意识均未呈现显著差异。

表6-34　回流农民工与未回流农民工维权方式选择情况（以当下的第一选择为例）

	回流农民工		未回流农民工		比例差值
	频数	比例	频数	比例	
①	334	30.31%	40	26.67%	-3.64%
②	227	20.60%	37	24.67%	4.07%

续表

	回流农民工		未回流农民工		比例差值
	频数	比例	频数	比例	
③	310	28.13%	43	28.67%	0.54%
④	59	5.35%	9	6.00%	0.65%
⑤	89	8.08%	13	8.67%	0.59%
⑥	9	0.82%	0	0.00%	−0.82%
⑦	2	0.18%	0	0.00%	−0.18%
⑧	72	6.53%	8	5.33%	−1.20%
总计	1102	100.00%	150	100.00%	/

注：1.因问卷调查样本较大，统计过程中此题回流农民工部分出现数据缺失，缺失量为6条，此表选取完整无误的1102条记录以作分析。2.课题组实际通过多选、排序考察了回流农民工与未回流农民工过去和现在维权方式的选择情况，为方便分析，此处选取回流农民工与未回流农民工当下的第一选择为分析依据。3.第一列数字分别代表下列方式——①法律途径；②寻求相关单位、部门或社会组织的帮助；③与对方协商解决；④找亲戚、朋友、老乡帮忙；⑤自认倒霉，默认了；⑥用过激言行恐吓对方；⑦静坐、打横幅堵路；⑧其他。

（二）生活观念

表6-35显示，回流农民工与未回流农民工在穿衣搭配的看法上产生了一定差异。未回流农民工经常注意和十分注意个人穿衣搭配的比例均高于回流农民工，其中经常注意个人穿衣搭配的比例高出回流农民工13.43%。这与两类群体的社交需求有关，未回流农民工免不了与城市居民的接触，为了防止或降低其他群体对农民工歧视心理的产生、更好融入社会，在穿衣打扮上比回流农民工有更多的考量和顾虑。

表6-35 回流农民工与未回流农民工对待个人穿衣搭配的看法（以当下态度为例）

	回流农民工		未回流农民工		比例差值
	频数	比例	频数	比例	
不注意	225	20.31%	29	19.33%	−0.98%
很少注意	400	36.10%	34	22.67%	−13.43%

	回流农民工		未回流农民工		比例差值
	频数	比例	频数	比例	
经常注意	383	34.57%	72	48.00%	13.43%
十分注意	100	9.03%	15	10.00%	0.97%
总计	1108	100.00%	150	100.00%	/

（三）消费行为

表 6-36 显示,未回流农民工购买衣物的方式发生了巨大变化,从村镇集市向县市一般实体店转变,并且网上、村镇集市、县市专卖店购买的比例趋于均衡。总体来看,这一变化趋势与回流农民工外出前、回流后的结构基本一致。

表 6-36　回流农民工与未回流农民工购买衣物方式

	回流农民工				未回流农民工			
	外出前		回流后（现在）		外出前		外出后（现在）	
	频数	比例	频数	比例	频数	比例	频数	比例
网上购买	33	2.98%	187	16.88%	6	4.00%	38	25.33%
村镇集市	806	72.74%	509	45.94%	109	72.67%	56	37.33%
县市一般实体店	282	25.45%	530	47.83%	39	26.00%	77	51.33%
县市专卖店	27	2.44%	130	11.73%	4	2.67%	28	18.67%

对比回流农民工和未回流农民工现在购买衣物的方式发现,在县市一般实体店购买是双方首选,比例分别为 47.83% 和 51.33%;村镇集市次之,比例分别为 45.94% 和 37.33%;略有不同的是,回流农民工在村镇集市购买衣物的比例与在县市一般实体店购买的比例相差仅为 1.89%,而未回流农民工这两种方式的差距有 14%。

此外,回流农民工通过网上购买、县市一般实体店和县市专卖店购买比例均低于未回流农民工比例,比例差距分别为 8.45%、3.50%、6.94%。在村镇集市购买的比例上,回流农民工(45.94%)明显高于未回流农民工(37.33%)。这一差距产生的主要原因是双方生活环境的不同。一方面,城市物流业明显发达于农村,网上购物在城市的普及度也明显高于农村,同等条件下,生活在城市的农民工比生活在农村的回流农民工更倾向于通过网络购买衣物。另一方面,在村镇集市和县市一般实体店、县市专卖店购买衣物所耗费的时间和经济成本不同,同时,加之回流农民工对个人穿衣搭配的注意程度有所下降,在村镇集市消费不失为一种合理选择,从而构成了上述消费方式的结果差异。

表 6-37 显示,回流农民工与未回流农民工乘坐交通工具排行前三的是摩托车(电瓶车)、公交车和私家车,同时,排行第一的交通工具——摩托车和电瓶车的比例均超过半数,分别为 62.27% 和 52.00%,明显高于排名第二的公交车。比例最小的均为依靠驴、马车出行,比例分别为 0.27% 和 1.33%。两类群体公交车出行比例差距最大,差值达 14.15%。这与城市公共交通发达是分不开的,未回流农民工可以选择公交车这种便捷实惠的公共交通,而农村公共交通体系相对欠缺,回流农民工即使有心但条件受限。

因此,在消费方式上回流农民工与未回流农民工的社会参与行为都呈现出了不同程度差异,这表明生活环境对群体的社会参与行为影响显著。

表 6-37　回流农民工与未回流农民工乘坐交通工具情况

	回流农民工		未回流农民工		比例差值
	频数	比例	频数	比例	
①	244	22.02%	28	18.67%	-3.35%
②	50	4.51%	21	14.00%	9.49%
③	279	25.18%	59	39.33%	14.15%
④	690	62.27%	78	52.00%	-10.27%

续表

	回流农民工		未回流农民工		比例差值
	频数	比例	频数	比例	
⑤	53	4.78%	6	4.00%	−0.78%
⑥	3	0.27%	2	1.33%	1.06%
⑦	90	8.12%	20	13.33%	5.21%

注:第一列数字分别代表以下出行方式——①私家车;②出租车;③公交车;④摩托车、电瓶车;⑤自行车;⑥驴、马车;⑦其他。

(四)社交行为

社交行为能直观区分群体的社会参与状况,社交圈的状况又正是群体社交行为的直观体现。表6-38显示,回流农民工与未回流农民工在经常联系的朋友方面表现出了显著差异。回流农民工经常联系的朋友在农村老家的比例高达73.03%,远超过在打工城市的比例(17.19%);50.67%的未回流农民工经常联系的朋友在打工城市,但经常联系的朋友在农村老家的比例也不低,为47.33%;同时,经常联系的朋友在打工城市的比例明显高于回流农民工,差值达到33.48%。

表6-38　回流农民工与未回流农民工经常联系的朋友
（所在地）情况（以第一选择为例）

	回流农民工		未回流农民工		比例差值
	频数	比例	频数	比例	
打工的城市	190	17.19%	76	50.67%	33.48%
农村老家	807	73.03%	71	47.33%	−25.70%
其他城市	38	3.44%	3	2.00%	−1.44%
其他农村	7	0.63%	0	0.00%	−0.63%
没什么朋友	63	5.70%	0	0.00%	−5.70%

	回流农民工		未回流农民工		比例差值
	频数	比例	频数	比例	
总计	1105	100.00%	150	100.00%	/

注:1.因问卷调查样本较大,统计过程中此题回流农民工部分出现数据缺失,缺失量为3条,此表选取完整无误的1105条记录以作分析。2.课题组实际通过多选、排序考察了回流农民工经常联系朋友(所在地)的情况,为方便分析,此处选取回流农民工与未回流农民工的第一选择为分析依据。

这种现象主要是由回流农民工和未回流农民工的生活、工作环境和各方需求截然不同所致。"形单影只"且长期在外的未回流农民工,不得不基于工作需要和城市生存等多方面因素的考量,在城市建立社交圈(至少务工期间需要如此)。回流农民工回到了熟悉的乡村,对他们来说,这更意味着对既有农村社交圈的回归。

(五)学习行为

回流农民工学习行为呈现出接受培训率低、参加培训次数少和技能提升少等特征。未回流农民工群体中是否也存在类似的现象?表6-39显示,接受过培训的未回流农民工比例略高于回流农民工,相差9.70%。在未回流农民工群体中,未接受过培训的比例明显高于接受过培训的比例。因此,单纯从有无培训经历这一角度,考察回流农民工和未回流农民工的学习行为,并不能发现明显差异,因为两类群体接受培训情况均不够理想,这需要进一步细化探究。

表6-39　回流农民工与未回流农民工接受培训的情况

	回流农民工		未回流农民工		比例差值
	频数	比例	频数	比例	
接受过培训	298	27.21%	55	36.91%	9.70%

	回流农民工		未回流农民工		比例差值
	频数	比例	频数	比例	
未接受过培训	797	72.79%	94	63.09%	-9.70%
总计	1095	100.00%	149	100.00%	/

注:因问卷调查样本较大,统计过程中此题回流农民工部分和未回流农民工部分均出现数据缺失,缺失量分别为13条和1条,此表选取完整无误的1095条回流农民工记录和149条未回流农民工记录以作分析。

表 6-40 显示,接受过培训的未回流农民工,培训次数超过 4 次(含 4 次)的比例为 17.65%,略高于回流农民工(13.11%)。由此,从培训次数上考察回流农民工和未回流农民工的学习行为,两类群体的整体受培训情况相差无几,未回流农民工略优于回流农民工。

表 6-40 回流农民工与未回流农民工务工期间接受培训次数统计

	回流农民工		未回流农民工			回流农民工		未回流农民工	
	频数	比例	频数	比例		频数	比例	频数	比例
1 次	98	36.70%	14	27.45%	10 次	6	2.25%	1	1.96%
2 次	98	36.70%	20	39.22%	11 次	1	0.37%	0	0.00%
3 次	36	13.48%	8	15.69%	16 次	0	0.00%	1	1.96%
4 次	5	1.87%	1	1.96%	20 次	3	1.12%	2	3.92%
5 次	6	2.25%	1	1.96%	21 次	0	0.00%	1	1.96%
6 次	6	2.25%	1	1.96%	36 次	1	0.37%	0	0.00%
7 次	2	0.75%	0	0.00%	99 次	1	0.37%	0	0.00%
8 次	4	1.50%	/	/					

注:由于受调查者未回答次数等原因,统计发现此题回流农民工和未回流农民工部分均出现数据缺失,缺失量分别为31条和4条,此表选取完整无误的267条回流农民工记录和50条未回流农民工记录以作分析。

在技能提升方面,未回流农民工的状况优于回流农民工。表 6-41 显示,54.00%的未回流农民工表示在外务工过程中得到了技能提升,而回流农民工这一比例相对较少,有37.09%。相应地,回流农民工技能未得到提升的比例(61.10%)高于未回流农民工(44.00%)。这种结果产生的其中一个原因,可能是两者选择的参照物和对改变的认知标准不同:未回流农民工与外出务工前一无所知的状态相比,其技能提升可轻易感知;部分回流农民工由于在外务工时间较长,甚至有些带着遗憾回流,他们便会将离开城市的自己与已经经过历练、具备一定技能的"熟练工人"比较,如此,认知标准会提升,进而形成认知结果的差异。

表6-41 回流农民工与未回流农民工务工后技能改变情况

	回流农民工		未回流农民工		比例差值
	频数	比例	频数	比例	
带来了改变	411	37.09%	81	54.00%	16.91%
没有带来改变	677	61.10%	66	44.00%	-17.10%
其他	6	0.54%	0	0.00%	-0.54%
不知道	14	1.26%	3	2.00%	0.74%
总计	1108	100.00%	150	100.00%	/

(六)休闲行为

考虑到回流农民工务工期间的娱乐生活与未回流农民工务工期间的娱乐生活并不会产生太大差异,本书在此选取回流农民工回流后,即现在的休闲娱乐方式进行比较,同时结合两类群体的互联网使用情况和旅游消费情况,呈现两者休闲行为的差异。

表6-42显示,两者主要的休闲娱乐方式均是看电视,比例分别为71.57%和66.67%。回流农民工打麻将(牌)、参加村中组织的文化娱乐活动、跳广场舞和其他休闲娱乐方式的比例略高于未回流农民工,但两者差异最明显的是上网和闲聊。未回流农民工闲聊的比例比回流农民工的比例低12.26%,上网的比例则比回流农民工高16.47%。

表 6-42 回流农民工与未回流农民工的休闲娱乐方式

	回流农民工		未回流农民工		比例差值
	频数	比例	频数	比例	
①	483	43.59%	47	31.33%	−12.26%
②	256	23.10%	31	20.67%	−2.43%
③	63	5.69%	2	1.33%	−4.36%
④	305	27.53%	66	44.00%	16.47%
⑤	36	3.25%	3	2.00%	−1.25%
⑥	793	71.57%	100	66.67%	−4.90%
⑦	133	12.00%	15	10.00%	−2.00%

注:第一列数字分别代表以下休闲娱乐方式——①闲聊;②打麻将或打牌;③村中组织的文化娱乐活动;④上网;⑤广场舞;⑥看电视;⑦其他。

其原因:一是绝大多数回流农民工的工作时间较为自由,不需要分秒必争,而未回流农民工面临着工作压力和生存压力,他们不得不花更多时间在工作中,从而无法如回流农民工一般花费过多时间在休闲娱乐上。二是互联网的普及和发展,吸引了年纪较轻、受教育程度较高的未回流农民工,网上冲浪成为一种普遍选择。三是未回流农民工长期生活、工作在城市,难以参加村中组织的文化娱乐活动。

表 6-43 显示,回流农民工与未回流农民工使用互联网情况有较大差异。未回流农民工未使用过互联网的比例显著低于回流农民工,差值为 12.34%。互联网与智能手机虽然是两个完全不同的概念,但于多数农民工而言,智能手机便是互联网的代名词。

表 6-43 回流农民工与未回流农民工使用互联网情况

	回流农民工		未回流农民工		比例差值
	频数	比例	频数	比例	
①	151	13.63%	30	20.00%	6.37%
②	310	27.98%	56	37.33%	9.35%

续表

	回流农民工		未回流农民工		比例差值
	频数	比例	频数	比例	
③	117	10.56%	20	13.33%	2.77%
④	312	28.16%	54	36.00%	7.84%
⑤	51	4.60%	13	8.67%	4.07%
⑥	224	20.22%	46	30.67%	10.45%
⑦	25	2.26%	3	2.00%	-0.26%
⑧	543	49.01%	55	36.67%	-12.34%

注:第一列数字分别代表以下互联网的用途——①娱乐、打游戏;②浏览新闻;③搜寻工作相关信息;④聊天;⑤收发邮件;⑥购物(包括买车票);⑦其他;⑧没使用过互联网。

此外,未回流农民工通过互联网娱乐、浏览新闻、搜寻工作相关信息、聊天、收发邮件和购物等的比例均不同程度地高于回流农民工。这再次印证了互联网在城市的普及度高于在农村的现实。此外,未回流农民工使用互联网购物的比例和回流农民工的差值最大,为10.45%,这也印证了回流农民工与未回流农民工消费行为上的差异。

表6-44显示,未回流农民工与回流农民工每年外出旅游的情况相差不大。大多数回流农民工和未回流农民工均表示不出去旅游,比例分别为73.08%和64.67%,未回流农民工的比例略低于回流农民工。

表6-44 回流农民工与未回流农民工每年外出旅游情况

	回流农民工		未回流农民工		比例差值
	频数	比例	频数	比例	
经常出去旅游	43	3.88%	11	7.33%	3.45%
偶尔出去旅游	255	23.04%	42	28.00%	4.96%
不出去旅游	809	73.08%	97	64.67%	-8.41%
总计	1107	100.00%	150	100.00%	/

注:因问卷调查样本较大,统计过程中此题回流农民工部分出现数据缺失,缺失量为1条,此表选取完整无误的1107条记录以作分析。

总而言之,回流农民工与未回流农民工的社会参与意识和行为存在较大相似度,两类群体的维权经历、维权方式选择、培训率和培训次数等未显示显著差异,这与两者具有相似经历分不开。同时,回流农民工与未回流农民工社会参与也表现出一定差异。例如,在生活观念都得到改善情况下,未回流农民工更加注重个人形象;回流农民工社交局限性更强;未回流农民工的技能提升状况略优于回流农民工;未回流农民工互联网使用率、使用取向和外出旅游概率略优于回流农民工。需要指出的是,回流农民工与未回流农民工的这些差异并不完全是由两类群体主观差异所导致的,更重要的是两类群体不同的生活、工作环境,即农村社会和城市社会的差异。

三、回流农民工与在地村民社会参与的对比

外出务工经历对回流农民工的社会参与意识和行为产生了一定积极影响。回归农村社会的他们,是否与在地村民呈现出了显著差异?

(一)生活观念

在地村民由于缺乏外出经历,思想观念相对受限,尽管这一现象已经随着社会发展、教育普及得到一定改善,但这一差距仍然存在。城市文明对农民工生活观念的影响是显著的。回流初期,回流农民工的生活观念与在地村民的生活观念显得与众不同。在地村民 CLQ 认为,回流农民工"在外面习惯了,我们在家里,老风俗和他们不一样,思想观念不一样"。为了重新融入农村社会,回流农民工会做出一定"妥协"。回流后,他们的生活观念会发生变化,上文分析的回流农民工与未回流农民工在对待个人形象态度上的差异即说明了这一事实。当然,回流农民工的"妥协"并不意味着与在地村民生活观念差异的彻底消失。以穿衣搭配和语言表达为例,在地村民 YZY 的观察很有说服力,"大女儿和小女儿出去打工回来之后比以前在家里好些,穿衣服、语言表达等方面都发生了很大的变化"。担任村主任的 Y 的评价也客观反映了这一

差异，"回流农民工见过世面，在衣着打扮、说话聊天方面与未外出过的农民相比肯定是有点分别的"。

（二）社交行为

回流农民工在社交行为上具有很强局限性，但与在地村民相比，其状况较为乐观。一方面，在地村民与外界接触的机会与有进城务工经历的回流农民工相比，显得相对匮乏；另一方面，在地村民社交局限在地缘、血缘联结而成的圈子的特征，较回流农民工更为明显。

部分在地村民不敢主动迈出社交步子，在他们的认知里，自己与回流农民工等其他群体在价值观念上已经产生了一定差异，只有与自己一样长期居住在农村的在地村民才可能成为"志同道合"的朋友。在地村民 CLQ 表示，"不太和他们（回流农民工）聊天，因为他们才回来，不像我们（在地村民）在家里，和他们在一起谈不来"。在地村民 YYL 的状况也大致相似，"我的性格不太喜欢动，偶尔和他们（回流农民工）聊天，其实搭不上，没出去过的人之间都差不多，还能聊一聊，但没出去过的人和他们就谈不太拢"。当然，这些仅是在地村民的"一家之言"，只能反映部分在地村民的社交观念。比如受访者 Y 认为"大部分回流农民工与村民关系处得很好，在公共场所与其他村民沟通很好，就算是有钱的也不会出现有钱不理人的状况。"

（三）休闲行为

回流农民工与城市文明有过直接接触，他们休闲方式的品质和类型明显异于在地村民。

在地村民 CLQ 表示，"我们不出门，一般和那些与我们一样在家不出门带小孩的，一起打个小牌、聊聊天。"闲聊、打牌、看电视、浏览新闻等娱乐方式是年龄较大、文化水平相对较低的在地村民的普遍选择。随着互联网和智能手机的普及，受教育程度较优的年轻一代在地村民，在上网聊天、打游戏等方面花费更多时间,这是在地村民群体内部的代际差异。WLJ 表示,"五十五岁以上用电脑的人比较少,家里有电脑的也不多,但五十五岁以下的,基本上手机都会用"。在地村民的休闲行为尽管不如早期那般单一,但与回流农民工相比,他们的休闲娱乐行为稍显不足,这为农民工回流丰富农村文化生活提供了可能。

外出务工经历对回流农民工社会参与意识和行为有积极影响。回流农民工生活观念、社交行为和休闲行为,虽然不能与城市居民等相提并论,但其状况明显优于在地村民。这与两者文化水平差异存在一定关联性。表 6-45 显示,回流农民工文化水平整体高于在地村民。回流农民工文盲率为 10.20%,是在地村民的一半,接受中高等教育(初中及以上)的比例为 57.32%,明显高于在地村民(41.80%)。

表 6-45　回流农民工与在地村民的受教育程度

	回流农民工		在地村民	
	频数	比例	频数	比例
文盲	113	10.20%	78	24.15%
小学	360	32.49%	110	34.06%
初中	462	41.70%	93	28.79%
高中	111	10.02%	25	7.74%
中专或技校	24	2.17%	8	2.48%
大专	36	3.25%	9	2.79%
本科及以上	2	0.18%	0	0.00%
总计	1108	100.00%	323	100.00%

注:统计过程中此题在地村民部分出现数据缺失,缺失量为 2 条,此表选取完整无误的 323 条记录以作分析。

需要指出的是,回流农民工与在地村民在社会参与上的差异不仅仅体现在生活观念、社交行为和休闲行为上,在维权意识、消费行为、学习行为等方面,两者也存在一定差异,这在前文中已有所阐述,故不再赘述。

第三节 回流农民工社会参与影响因素

任何一种社会现象的产生,均有其社会历史渊源和深层次的现实因素,它是一定条件下多种因素共同作用的产物。为此,本书从宏观和微观两方面阐述影响回流农民工社会参与的因素。

一、宏观层面

制度深刻影响着个体的社会行为。因此,回流农民工的社会参与及其表现不可避免地受到了社会制度的影响。

(一)户籍制度

户籍制度是影响回流农民工社会参与最重要的因素之一。户籍制度与土地直接联系,根据地域和家庭成员关系将户籍属性划分为农业户口和非农业户口,由此带来了城乡二元分割。因户籍属性的不同,农村户籍的农民工和城市居民在社会待遇等方面还存在较大差距。城市居民受益于经济环境和非农户口带来的社会福利,他们中绝大多数人的生存和安全需求已经得到了满足,转而追求更高层次的需求和生活,积极参与社会组织或团体、广泛社交、注重自我提升和实现……这是城市居民社会参与的一般写照。受制于城乡差异带来的结构性制度束缚,回流农民工迫于生计而奔波,其社会参与自然难以与城市居民相提并论。

(二)财政制度

财政制度对回流农民工社会参与的影响,主要体现在基本公共服务的资金供给上。王春光认为,在我国现有的财政体制中,基本公共服务的筹资、承担和投入主体并不是中央政府,而是地方政府;流入地政府没有积极性和动力为回流农民工提供基本公共服务,流出地政府也不愿让回流农民工市民化而失去中央的部分转移支付。① 流入地和流出地政府双方的"按兵不动",使回流农民工在务工期间的基本公共服务无法得到充分保障,与城市居民所享有的公共服务产生了较大差距,回流农民工的某些社会参与行为,如社交行为、学习行为等因此受到较大制约。也正是基于以上原因,农民工回流后的某些社会参与行为仍然延续了务工期间社会参与状况欠佳的局面。此外,地方政府对城市和农村基本公共服务的投入是有差异的,基本公共服务均等化的实现仍需进一步改善。在此背景下,对回流农民工而言,回流只是从一个基本公共服务保障欠佳的地方到另一个基本公共服务不足的地方。尽管党和国家呼吁要在 2020—2035 年基本实现基本公共服务均等化②,各地也为此付出了诸多努力,但农村基本公共服务状况仍不容乐观。回流农民工与未回流农民工在社会参与某些方面产生的差异便在很大程度上受到了上述因素的影响。

(三)教育制度

教育制度虽不能直接影响回流农民工的社会参与行为,但它对回流农民工思想认知的影响是毋庸置疑的,从而间接影响着回流农民工的社会参与。绝大多数文化水平较低的回流农民工,成长在中国教育欠发展时期。同时,城乡教育资源不均衡的现象由来已久,即使在义务教育普及、"撤点并校"推行过后的当下,这一失衡现象依旧存在。文化水平状况直接影响个体的行动意识和行动能力,进而对(回流)农民工的社会参与产生了一定束缚。此外,回流农民工子女的受教育情况也间接影响着回流农民工的社会参与。中央要求流入地政府对外来流动人口子女的义务教育负有责任,但地方政府会在此政

---

①　王春光:《财政政策如何助力农业转移人口市民化》,《人民论坛》2016 年第 28 期,第 63—65 页。

②　习近平:《决胜全面建成小康社会　夺取新时代中国特色社会主义伟大胜利——在中国共产党第十九次全国代表大会上的报告》,人民出版社 2017 年版,第 28 页。

策基础上附加许多硬性规定,如父母需参加社保和稳定就业证明等。① 这客观上推动了农民工的回流,从而限制了农民工的城市融入和城市社会参与。当然,回流农民工在务工期间接受的职业教育是值得肯定的,尽管职业教育比例仍有巨大提升空间,但这些有限的职业教育已使回流农民工的思想观念发生了重要转变,回流农民工的多数社会参与意识和行为优于在地村民的现实差异因此产生。

(四)社会保障制度

社会保障制度在城乡之间的差异悬殊,导致农民工群体成了游离于城市与农村之间的"第三类群体",社会保障制度是影响回流农民工维权意识的重要因素。64.67%的回流农民工在外务工期间未与工作单位签订劳动合同,这说明大多数回流农民工在外从事的是非正规就业,工作单位没有为其负担部分社会保险的责任,其权益无法律保障。当权益受损、发生工伤和失业时,许多回流农民工选择忍气吞声。事实上,我国的社会保险政策对农民工是全面开放的,但实际参保率并不高,调查结果显示,80.92%的回流农民工没有社会保险。这尽管与回流农民工经济条件有限,无法支付商业保险费用、自身对在工作地长期居留不抱较高期待有着密切关系,但更关键的是,社会保险转移接续还存在许多政策性和制度性障碍,②社会保障制度的具体落实依然存在屏障。这综合导致(回流)农民工的社会保障成了"一场空谈"。因此,得不到基本保障的农民工,城市社会参与受限便在情理之中,带着对城市生活的固有认知,农民工回流后在某些方面也因此无法追求更高层面的社会参与。

---

① 王春光:《城镇化与机会平等》,《团结》2016 年第 2 期,第 22—26 页。
② 王春光:《城镇化与机会平等》,《团结》2016 年第 2 期,第 22—26 页。

二、微观层面

(一) 经济收入

经济收入是影响回流农民工社会参与最直接的因素。调查发现,91.16%的回流农民工表示自身收入水平处于中等偏下水平,这决定了大多数回流农民工在务工期间必须为生计奔波,以至于限制了品质消费、社交互动、学习提升和休闲娱乐等更高需求的支出。农民工回流后的经济状况,也不容乐观,其中个人发展型回流农民工的经济收入水平得到改善的可能性最大,调查中出现了种养大户、农场主、村干部等带动小部分村民共同致富的案例。但这类回流农民工毕竟少数,对于家乡眷恋型、家庭召唤型和生存无奈型回流农民工而言,他们的回流多少带着些许无奈,回流带给他们的或许只是在熟悉环境中继续生活的舒适感和与家人团聚的幸福感,经济收入能否得到提升仍不确定。农民工回流后的消费行为、社交行为、休闲行为与未回流农民工相比,呈现"退化"迹象,实际上也与回流农民工家庭经济收入水平并不宽裕有关。

(二) 生活环境

社会参与是在一定社会环境下发生的,回流农民工的社会参与状况与其生活环境密不可分。以社交行为为例,回流农民工与未回流农民工相比,经常联系的朋友呈现明显差异(见表6-38),主要原因便是生活环境和工作需求的不同。对回流农民工而言,回流更意味着既有农村社交圈的回归;对未回流农民工而言,他们在城市建立社交圈是基于工作需要和继续发展等多种因素综合考量的结果。不仅社交行为如此,回流农民工维权意识、生活观念、消费行为、学习行为、休闲行为,在外出前、务工时和回流后均呈现出如此特征的差异,生活环境的影响明显。实际上,生活环境的差异还意味着城市、农村文化环境的不同。务工经历对农民工社会参与的积极影响,本质上是由文化差异带来的。城市与乡村两种不同的文化环境熏陶着特定环境下的群体,从而表现出不同社会参与状况。

（三）受教育水平

受教育水平影响回流农民工社会参与的广度和深度。吴际等通过统计分析指出,受教育水平对流动人口社会参与有明显的正向影响。[①] 回流农民工维权意识相对淡薄,无法意识到高质量社交的重要性,学习培训状况不理想……很大程度上是受教育水平低所造成的。源于此,生存无奈型回流农民工的社会参与明显弱于其他类型的回流农民工。由于受教育程度的提升,新生代农民工的文化水平优于老一代农民工,呈现出一定的代际差异。但与同期的城市居民相比,新生代农民工仍显不足,这直接影响着他们的职业选择和职业深造,他们中的大多数抱着得过且过、随遇而安的心态,难以意识到学习提升、高质量社交、积极参与社会组织等社会参与行为对个体发展的重要性,因此,将意识转变为行动,更显得阻碍重重。

（四）自我认知与他人眼光

回流农民工的自我认知与城市居民、在地村民对回流农民工的看法,分别影响着回流农民工务工时和回流后的社会参与。是否将自己认同为城市社会的一分子而非过客,是影响回流农民工务工时社会参与的关键。李景治、熊光清认为中国的社会排斥问题具有两个显著特点:其一,社会排斥的对象不是一般的社会弱势群体,而主要是城市中的农民工群体;其二,社会排斥不是分散的、个别的,而是对城市中农民工相当程度上的一种整体性、体制性排斥。[②]

---

① 吴际、尹海洁、曲鹏:《流动人口社会参与度的性别差异及其影响因子检验》,《统计与决策》2017年第3期,第116—120页。

② 李景治、熊光清:《中国城市中农民工群体的社会排斥问题》,《江苏行政学院学报》2006年第6期,第61—66页。

这使得农民工与城市居民产生了心理隔阂,许多农民工因此心生自卑,在城市化的进程中逐渐被边缘化。① 在地村民如何看待回流农民工,是农民工回流后自我认知形成和社会参与实践取向的关键。回流农民工与在地村民本是联系密切的两个群体,但外出务工经历逐渐割裂了在地村民与回流农民工的联系。在在地村民看来,有过外出务工经历的回流农民工在思想观念、社交行为、生活习惯等方面与自身存在较大差异,这一隔阂使一些在地村民不愿与回流农民工交往。回流农民工试图按照在地村民的某些方式去重新融入农村社会,再加之生活环境改变和其他因素带来的综合影响,回流农民工的社会参与状况与务工时便产生了差异。

第四节　小　结

通过回流农民工务工前后、群体内部、与未回流农民工和在地村民的比较分析,可做出以下小结。第一,外出务工经历对回流农民工产生了积极影响,与外出务工前相比,回流农民工在外务工期间以及回流后,其社会参与意识和行为有了较大程度的改善和提升,农民工回流后,已经摆脱了本章开篇所述的"双重脱嵌"状态。第二,回流农民工社会参与行为表现不一,与外出务工前相比存在较大进步的同时,各方面尚有不同程度的欠缺。回流农民工的消费行为变化最大,但勤俭节约的特质依旧在其行为中体现得淋漓尽致;社交行为不容乐观,尽管他们在外务工时与当地人相处得较为融洽,但其社交仍有较大局限;回流农民工的学习行为不明显,接受培训率低、培训机会失衡等影响着回流农民工技能的提升;受到务工经历和城市文明的积极影响,回流农民工的休闲行为呈现出多样化态势。同时,回流农民工社会参与还存在代际差异,相较而言,新生代回流农民工社会参与状况优于老一代回流农民工。第三,个人

---

① 姜胜洪:《和谐社会视野下的农民工政治参与态度探析》,《前沿》2008 年第 2 期,第122—126 页。

发展型、家乡眷恋型和家庭召唤型农民工的社会参与状况没有表现出显著差异，但生存无奈型农民工在维权意识、生活观念、消费行为、社交行为、学习行为和休闲行为中表现出比其他三类回流农民工更"糟糕"的状态。第四，通过对比回流农民工和未回流农民工社会参与后，发现农民工回流后的社会参与存在"退化"现象。例如，在生活观念都得到改善情况下，未回流农民工更加注重个人形象；在两类群体社交行为欠缺情况下，回流农民工社交局限性更强；在职业技能培训情况不容乐观的同时，未回流农民工的技能提升认知状况略优于回流农民工；在两类群体休闲娱乐呈现多样化态势下，未回流农民工互联网使用率、使用取向和外出旅游概率略优于回流农民工。第五，回流农民工的社会参与明显优于在地村民，在生活方式、社交行为和休闲方式上均呈现这一特征。主要原因在于外出务工经验开拓了回流农民工的经验视野，当然，也缘于两者特质的差异，如回流农民工普遍受教育程度要高于在地村民。

总体而言，回流农民工的社会参与受到宏观制度因素和微观结构因素的影响，宏观制度因素包括户籍制度、财政制度、教育制度和社会保障制度等，微观结构因素包括经济收入、生活环境、受教育水平、自我认知与他人眼光等，在这些因素的共同作用下，回流农民工呈现出特定的社会参与状况，不同类型回流农民工之间、回流农民工代际之间、回流农民工与未回流农民工、回流农民工与在地村民才在社会参与的某些方面产生了一定差异。

第七章　回流农民工的政治参与

　　回流农民工的政治参与,既反映了他们的政治意愿,又呈现出他们参与农村社会治理的能力和成效;社会治理水平和效能的提升,能够为农村经济发展和社会服务优化提供基础保障。因此,分析回流农民工的政治参与,有助于进一步理解回流农民工对优化农村社会治理的实践价值,也有助于回应农村社会治理现代化探索的内生性路径。

　　农民工的政治参与深受制度环境的影响。为此,在分析回流农民工的政治参与之前,有必要梳理农村社会治理的演变历程,从而厘清农民工政治参与的制度背景。

第一节　政治参与背景

　　从传统的县政绅治到中华人民共和国成立初期的政社合一,再到改革开放后的乡政村治,宏观制度设置深刻影响农村社会治理和农民政治参与的取向。我国政体是人民代表大会制度,人民可以竞选人大代表,直接参与国家政治;也可以选举适宜的人大代表并向其反映意见和提出建议,间接参与国家政治。同时,随着信访制度、听证制度、专家咨询制度、民意调查制度和村民自治制度等不断完善,农民(回流农民工)政治参与愈加多样化。

一、人口流动政策的渐进与农民工的出现

　　城乡人口流动政策以改革开放为节点可以划分为两个时期。改革开放前，我国农村实行的是计划经济体制和政社合一制度，目的是为了集中力量发展工业，早日改变新中国成立初期一穷二白的局面。由于生产力水平所限，国家为了发展农业，开始限制农民向城市流动。1953 年 4 月 17 日，政务院（即现在的国务院）发出《关于劝阻农民盲目流入城市的指示》，规定未经劳动部门许可或介绍者不得擅自去农村招收工人。"盲流"一词由此出现。随后，这一制度通过多项政策的出台得到强化。1954 年 3 月，内务部和劳动部发布《关于继续贯彻劝止农民盲目流入城市的指示》；1956 年 12 月 30 日，国务院公布《关于防止农村人口盲目外流的指示》；1957 年 3 月 2 日，国务院公布《关于防止农村人口盲目外流的补充指示》；1957 年 12 月 18 日，中共中央和国务院联合发文《关于制止农村人口盲目外流的指示》；1958 年 1 月，全国人民代表大会常务委员会第 91 次会议通过了《中华人民共和国户口登记条例》等。可见，中华人民共和国成立初期已经出现农民向城市流动的现象，当时采取的是限制农民进城的政策，进而呈现农民向城市流动数量较少的状况。1958 年以后，农村普遍推行人民公社制度。农民一起劳动，一起生产，加之当时生产水平普遍较低，农民远离家乡、进城务工的可能性被大大降低。改革开放后，以户籍为核心的制约农民城乡流动的政策限制逐渐得到松解，农民进城务工成为常态并形成规模化，进而成为农民工。

二、改革开放后农村社会治理的演进

　　1978 年，党的十一届三中全会在北京召开，作出了把全党工作重点转移到社会主义现代化建设上来的战略决策，实现了伟大的历史转折。大会确定了"解放思想、实事求是、团结一致向前看"的指导方针，实现了思想路

线的拨乱反正,恢复了党的民主集中制传统,作出了实行改革开放这一重大决策。

（一）党的十八大以前农村自治的制度实践与发展

随着家庭联产承包责任制的推行,农民生产积极性大大提高,农村经济得到了快速发展,但一系列问题也随之而来,迫切需要新的组织架构治理乡村。最先进行重大创新的是广西宜山县。1980年2月,为了解决村里乱占耕地、赌博横行、水利失修等现象,宜山县屏南公社合寨大队果作自然村产生了中国第一个村民委员会,从而开创了中国基层民主管理的先河。随后,全国开始了村民委员会的试点工作。

1982年12月,"基层群众自治"第一次写入宪法。新宪法正式确立了村民委员会作为农村基层群众性自治组织的法律地位。1983年开始撤社建乡。1983年10月,中共中央颁布了《关于实行政社分开建立乡政府的通知》,指出"村民委员会是基层群众性自治组织,应按村民居住状况设立",村委会职能是"协助乡人民政府搞好本村的行政工作和生产建设工作"。

1987年11月,第六届全国人大常委会第二十三次会议通过了《村民委员会组织法（试行）》,对村民委员会的性质、职能做出了明确要求,规定"村民委员会是村民自我管理、自我教育、自我服务的基层群众性组织,办理本村的公共事务和公益事业,调解民间纠纷,协助维护社会治安,向人民政府反映村民的意见、要求和提出建议"。截至1992年12月,我国30个省级地区建立了1004349个农村委员会。[①] 1994年11月,中共中央颁布了《关于加强农村基层组织建设的通知》,要求更好地发挥村党支部的领导核心作用,推动农村各项事业全面进步。1995年,我国第一部信访行政法规《信访条例》颁布。《信访条例》的出台是国家在肯定先前经验的基础上推动信访工作规范化、法制

---

① 中国基层政权建设研究会:《中国农村村民委员会换届选举制度》,中国社会科学出版社1994年版,第3页。

化迈出的重要一步。

1997年9月，党的十五大报告提出"实行民主选举、民主决策、民主管理和民主监督，保证人民依法享有广泛的权利和自由，尊重和保障人权"。这是中国共产党首次从一般民主政治意义上阐述出了"四个民主"理念，并将其成为规范概念延续下来。1998年11月，第九届全国人大常委会第五次会议通过《中华人民共和国村民委员会组织法》，我国的村民自治制度得到进一步完善。

2005年10月，党的十六届五中全会把管理民主作为社会主义新农村建设的重要组成部分，"要按照生产发展、生活宽裕、乡风文明、村容整洁、管理民主的要求，坚持从各地的实际出发，尊重村民意愿，扎实稳步地加以推进新农村建设"。2007年，党的十七大报告指出，"坚持和完善人民代表大会制度、中国共产党领导的多党合作和政治协商制度、民族区域自治制度以及基层群众自治制度，不断推进社会主义政治制度自我完善和发展"。这是中国共产党第一次将基层群众自治制度纳入中国特色社会主义政治制度范畴。2010年10月，第十一届全国人大常委会第十七次会议对《中华人民共和国村民委员会组织法》进行修订。总体而言，村民自治制度经历了从无到有再到渐于完善的过程。

（二）新时代农村社会治理现代化的实践与发展

党的十八大以来，习近平总书记高度重视农村基层民主的发展，不断完善村级组织体系，加强和改善基层党组织的领导，发挥协商民主在基层民主决策中的作用，坚持"老虎"、"苍蝇"一起打等一系列举措，进一步拓展和深化了基层民主发展的层次和水平。

2012年12月，中共中央和国务院联合颁布了《中共中央关于加快发展现代农业，进一步增强农村发展活力的若干意见》，指出"顺应农村经济社会结构、城乡利益格局、农民思想观念的深刻变化，加强农村基层党建工作，不断推进农村基层民主政治建设,提高农村社会管理科学化水平,建立健全符合国情、规范有序、充满活力的乡村治理机制"。2013 年 11 月,党的十八届三中全会颁布了《中共中央关于全面深化改革若干重大问题的决定》;2014 年 1 月,中共中央和国务院联合颁布了《关于全面深化农村改革加快推进农业现代化的若干意见》,指出"强化党组织的领导核心作用,巩固和加强党在农村的执政基础,完善和创新村民自治机制,充分发挥其他社会组织的积极功能";2015 年 2 月,中共中央颁布实施了《关于加强社会主义协商民主建设的意见》,指出"坚持村(居)民会议、村(居)民代表会议制度,规范议事规程。积极探索村(居)民议事会、村(居)民理事会、恳谈会等协商形式。重视吸纳利益相关方、社会组织、外来务工人员、驻村(社区)单位参加协商"。党和政府不断致力于创新民主形式,多渠道、多形式地提升农民政治参与水平。同年 12 月 31 日,中共中央、国务院颁布了《关于落实发展新理念加快农业现代化实现全面小康目标的若干意见》,对创新、协调、绿色、开放、共享的新发展理念和大力推进农业现代化作出进一步落实,为"三农"问题有效解决指明方向。2016 年 12 月 31 日,中共中央、国务院颁布的《关于深入推进农业供给侧结构性改革加快培育农业农村发展新动能的若干意见》,指出"要深入贯彻党的十八届六中全会精神,切实增强'四个意识',将全面从严治党要求落实到农村基层,严格落实农村基层党建工作责任制……完善村党组织领导的村民自治有效实现形式,加强村务监督委员会建设,健全务实管用的村务监督机制,开展以村民小组、自然村为基本单元的村民自治试点工作。深化农村社区建设试点"。党和政府始终重视发挥基层党组织的领导核心作用,推动农村民主政治建设。

2017 年 10 月,习近平总书记在党的十九大上宣告中国特色社会主义进入了新时代。这是我们党发出的时代强音,意味着中国进入新的发展阶段。习近平总书记在大会上提出实施乡村振兴战略,"加强农村基层基础工作,健全自治、法治、德治相结合的乡村治理体系。培养造就一支懂农业、爱农村、爱农民的'三农'工作队伍";在民主政治建设上,提出"扩大人民有序政治参与,保证人民依法实行民主选举、民主协商、民主决策、民主管理、民主监督;维护国家法制统一、尊严、权威,加强人权法治保障,保证人民依法享有广泛权利和自由。巩固基层政权,完善基层民主制度,保障人民知情权、参与权、表达权、监督权"。党的十九大在"四个民主"基础上增加了"民主协商"。虽然只有短短四字,意义却十分重大,民主协商是中国社会主义民主政治特有形式和独特优势。习近平总书记指出,"有事好商量,众人的事情由众人商量,是人民民主的真谛"。

2018 年 1 月 2 日,中共中央、国务院发布了中央一号文件《中共中央国务院关于实施乡村振兴战略的意见》,从提升农业发展质量、推进乡村绿色发展、繁荣兴盛农村文化、构建乡村治理新体系、提高农村民生保障水平、打好精准脱贫攻坚战、强化乡村振兴制度性供给、强化乡村振兴人才支撑、强化乡村振兴投入保障、坚持和完善党对"三农"工作的领导等方面进行安排部署,推动了农业全面升级、农村全面进步、农民全面发展,谱写新时代乡村全面振兴新篇章。2018 年 12 月 29 日,第十三届全国人民代表大会常务委员会第七次会议通过了修改《中华人民共和国村民委员会组织法》的决定,这是继 2010 年之后的第二次修订,使其适应于我国农村发展的实际要求。2019 年中央一号文件《中共中央国务院关于坚持农业农村优先发展,做好"三农"工作的若干意见》提出,"完善乡村治理机制,保持农村社会和谐稳定……发挥农村党支部战斗堡垒作用,全面加强农村基层组织建设。"这对健全乡村治理体系、发展基层民主、促进农民合法有序参与政治提供了重要指导。

因此,伴随着农村社会的不断发展,农村社会治理方式不断创新,农村社会治理要求不断提升,农村社会治理内容不断突破,这既为新时期回流农民工的政治参与提供了实践平台,又提出了切实要求和能力挑战。

第二节　政治参与内涵与回流
农民工政治参与意义

一、政治参与基本内涵

政治参与的定义可谓仁者见仁,智者见智。亨廷顿、纳尔逊认为政治参与是"平民试图影响政府决策的活动"①,并将政治参与主体限定为普通公民而非职业政治家。蒲岛郁夫认为,"所谓政治参与是旨在对政府决策及其他政治事务中施加影响的普通公民的参政活动"。② 史天健则认为政治参与是"公民对政府政策过程和决策产生影响的行为"。③

国内学者对政治参与的理解和定义进一步创新和完善,这种实践和努力使政治参与的内涵向本土化迈进。中国大百科全书将政治参与定义为"公民自愿通过各种合法方式参与政治生活的行为"。④ 王浦劬在《政治学基础》一书中将政治参与定义为"普通公民通过各种合法方式参加政治生活,并影响政治体系的构成、运行方式、运行规则和政策过程的行为"。⑤ 程同顺认为政治参与是"人民群众旨在影响党和政府及自治组织的干部和决策的活动。"⑥ 王旭宽认为,政治参与是指公民依法通过一定的程序参加社会政治生活,表达自己的各种意愿,影响政府的政策制定和实施过程的活动。⑦ 王维国在《公民

---

① 〔美〕塞缪尔·亨廷顿、琼·纳尔逊:《难以抉择——发展中国家的政治参与》,汪晓寿、吴志华、项继权译,华夏出版社1989年版,第5页。
② 〔日〕蒲岛郁夫:《政治参与》,解莉莉译,经济日报出版社1989年版,第4页。
③ Tianjian Shi, *Political Participation in Beijing*, Cambridge:Harvard University Press,1997.
④ 中国大百科全书总编辑委员会:《中国大百科全书政治学卷》,中国大百科全书出版社1992年版,第485页。
⑤ 王浦劬:《政治学基础》,北京大学出版社1995年版,第207页。
⑥ 程同顺:《当代中国农村政治发展研究》,天津人民出版社2000年版,第236页。
⑦ 王旭宽:《构建和谐社会视野下的农民政治参与》,《求索》2005年第9期,第115—117页。

有序政治参与的途径》一书中认为政治参与"从一般意义上来看，是指公民、公民群体或公民团体运用自己的政治权利，通过影响政治权力或政治系统以满足自己的利益要求和实现自我的行为"。① 俞慈珍根据我国实际情况和各派观点将政治参与定义为，"普通公民个人、群体、公民团体通过一定的方式去直接或间接地影响政府决定或与政府活动有关的公共政治生活的政治行为"。② 伍俊斌认为"政治参与意指公民或公民团体通过一定的渠道、采取一定的方式影响既定政治系统的公共决策、政府构成、政治运行和政治规则的政治行为"。③ 穆艳杰、罗莹认为，政治参与是指政治参与主体作为"政治动物"参与政治活动、规范政治程序、实现权益和诉求的表达方式，其目标价值在于寻求各参与主体不同利益的最大公约数。④

综合以上学者观点，政治参与的内涵涉及四方面内容：一是政治参与的主体是普通公民，包括个人、群体和团体；二是其作用对象是政府，既有静态的规则、政策，又有动态的政治活动；三是政治参与的方式，包括有序政治参与和无序政治参与；四是政治参与的目标是维护自身权利，保障合法利益。结合我国人民当家作主的本质和政治参与有序化的研究重点，本书将政治参与界定为：人民群众采取合法方式影响党和政府的决策，以维护和保障自身权益的行为。

二、回流农民工政治参与意义

回流农民工的政治参与，有利于进一步扩大基层民主，保障人民权益和健全乡村治理体系。

---

① 王维国编著：《公民有序政治参与的途径》，人民出版社 2007 年版，第 89 页。
② 俞慈珍：《扩大公民有序政治参与的现实意义及路径依赖》，《中国行政管理》2008 年第 3 期，第 18—21 页。
③ 伍俊斌：《政治参与和有序政治参与的基本内涵分析》，《上海大学学报（社会科学版）》2013 年第 4 期，第 9—18 页。
④ 穆艳杰、罗莹：《新时代农民政治认同与有序参政的维度分析》，《北华大学学报（社会科学版）》2018 年第 1 期，第 92—98 页。

（一）有利于扩大基层民主

习近平总书记指出："坚持和完善人民代表大会制度，必须保证和发展人民当家作主。人民当家作主是社会主义民主政治的本质和核心。人民民主是社会主义的生命。没有民主就没有社会主义，就没有社会主义的现代化，就没有中华民族伟大复兴。"[①]保障农民的民主权利，使农民真正享受到社会主义文明发展成果是我国始终追求的目标。农民工群体庞大，农民工回流规模在逐渐上升。回流农民工对家乡政治的再融入体现了人民群众的意志，彰显了我国政治制度和政治文明的优越性。

（二）有利于保障人民权益

政治参与是宪法赋予人民的基本权益，这是农民参与政治的合法性前提。人民享有知情权、参与权、表达权、监督权等权益，合法性权益不容侵犯，政治权益的保障是其他权益得以实现的基础和前提。因此，回流农民工参与政治既是现实的需要，也符合法律要求、人民当家作主的性质和马克思提出的关于人的本质、人的全面发展的理论内涵。回流农民工选举村干部和人大代表，参与村中事务决策，通过村务公开了解村干部工作，通过村务监督委员会等类似机构监督村干部工作和政府部门和人大代表提建议等，这都是回流农民工行使其权利的具体体现。此外，回流农民工充分运用其外出务工的经验参与政治，在保障自身权益的同时能够进一步促进乡村政治生态发展。

（三）有利于健全乡村治理体系

乡村振兴战略提出要实现农村"治理有效"，"健全自治、法治、德治相结

---

① 习近平：《在庆祝全国人民代表大会成立 60 周年大会上的讲话》，《人民日报》2014 年 9 月 6 日。

合的乡村治理体系"。①回流农民工的政治参与既表明了他们对自身权益的维护意识，又反映出他们对国家治理理念、政治制度、发展道路、政治文化的认同与拥护。提高回流农民工政治参与的有序化水平，加强回流农民工的政治认同，促进其政治参与的广度、深度和效度，能更好地将乡村振兴战略的发展理念延伸到社会基层的每个角落，能更好地将国家层面的发展战略和乡村治理紧密结合起来，促进自治、法治、德治的有机融合，加快推进农村现代化发展。

第三节　回流农民工政治参与现状与比较分析

农民工务工期间家乡政治参与度弱，甚至出现政治参与缺位的状况，为此，回流农民工的政治参与其实也是重新融入家乡政治环境的过程。在这个过程中，回流农民工政治参与状况如何？回流农民工的主动政治参与对乡村治理成效又如何？相较于在地村民，回流农民工政治参与又呈现哪些区别？围绕这些问题，本节从回流农民工政治参与概况、回流农民工中的村干部、回流农民工政治参与的代际差异和回流农民工与在地村民的政治参与对比四方面展开详细阐述。

一、回流农民工政治参与概况

村民自治探索实践以来，我国乡村民主政治在发展中逐步完善，农民政治权利意识不断增强。随着时代的发展，农村出现一些新情况和新问题。马克思主义发展观认为事物是不断发展变化的，农民的政治参与也不例外。政治生态的变化直接影响了民众乡村政治的满意度、参与乡村政治的愿意和取向。为此，下文具体呈现。

政治意识可以从多方面测量，本书主要从时事新闻关注度和政治运行制

---

① 党的十九大报告辅导读本编写组：《党的十九大报告辅导读本》，人民出版社 2017 年版。

度熟悉度两方面呈现回流农民工政治意识的基本状况。时事新闻关注度是个体政治意识泛化的表现,政治运行制度熟悉度则更聚焦,根据调查数据显示,大部分农民工经常关注时事新闻,回流农民工关注时事新闻的比例高于未回流农民工。

回流农民工对《村民委员会组织法》的认知程度也需要提升,之所以出现这种状况,主要是两方面因素。一是回流农民工文化水平偏低,制约了对法律文本的关注和理解。正如列宁所说,"文盲是处在政治之外的,必须先教他们识字。不识字就不可能有政治,不识字只能有流言蜚语、谎话偏见,而没有政治。"①二是乡村社会对《村民委员会组织法》的宣传力度有限。

表 7-1 乡村治理现状满意度

类型	频数	百分比
非常满意	72	6.50%
满意	445	40.16%
一般	378	34.12%
不太满意	83	7.49%
不满意	93	8.39%
不回答	37	3.34%
总计	1108	100.00%

村务监督委员会是村民监督村干部行为、行使监督权的重要载体,村务监督对规范村干部治理行为、激励村干部有效作为具有重要意义。2010 年国家要求各地建立村务监督委员会,但回流农民工对村务监督委员会的感知状况却并不理想。以江西省的数据为例,表 7-2 显示,回流农民工认为所在地已设立村务监督组织的比例仅为 32.45%,有 49.67% 的回流农民工认为所在地并没有建立村务监督组织。在认为已建立村务监督组织的受访者中,仅有

① 《列宁全集》第 42 卷,人民出版社 1987 年版,第 200 页。

38.78%的回流农民工认为该组织发挥效应明显(见表7-3)。

表7-2 村务监督组织设立状况

类型	频数	百分比
有	49	32.45%
没有	75	49.67%
不清楚	27	17.88%
总计	151	100.00%

数据来源:选自江西地区的调研。

表7-3 村务监督组织效应发挥状况

类型	频数	百分比
明显	19	38.78%
一般	13	26.53%
不明显	5	10.20%
不清楚	12	24.49%
总计	49	100.00%

数据来源:选自江西地区的调研。

综合以上表明,回流农民工政治意识普遍较低,对乡村治理现状满意度还需提升。这种现状可能产生两种结果:一是政治意识低和乡村治理现状不满意的现实,会弱化回流农民工政治参与意愿,从而限制其政治参与行为;二是激发回流农民工的政治参与,部分积极行动的回流农民工经历城市务工生活后,政治意识和治理期盼较高,在面对治理现状不满意的状况下,他们反而会选择参与乡村政治,进而立志进一步改善和提升乡村治理。

二、回流农民工中的村干部

村干部是乡村社会的政治精英,在维护乡村秩序、管理公共事务、上传下达等实践治理中发挥着重要作用。贺雪峰从社会治理的角度对村干部的角色扮演做过阐述,"乡镇政府为了避免和村民起冲突,需要寻找其代理人帮助他们完成任务,村干部是最好的人选——一来和村民关系熟悉,二来可以节省乡镇政府的人力物力和财力"①。因此,阐述回流群体参与村干部的意愿及其实践作为,能够具体呈现回流农民工乡村政治参与的价值成效,这对乡村振兴更具现实意义。

(一)竞选意愿

回流农民工竞选村干部的意愿整体不强。表7-4显示,1108名回流农民工中,仅有19.40%的人有竞选村干部的意愿,其中121人(10.92%)积极竞选,94人(8.48%)虽然有竞选意愿但不会积极竞选,高达80.60%的回流农民工缺乏竞选意愿,这一比例与认为自身素质和能力不具备是政治参与主要影响因素的群体(76.61%)相当。这综合表明大部分回流农民工竞选村干部的优势有限。

表7-4 竞选村干部的意愿

类型	频数	百分比
想当并积极竞选	121	10.92%
想当但不积极竞选	94	8.48%
不想当	893	80.60%
总计	1108	100.00%

(二)群体类型

在1108个样本量中,59人担任村干部,占样本量的5.32%。表7-5显示,个人发展型回流农民工担任村干部的有28人,占比47.46%;家庭召唤型回流农民工担任村干部的有21人,占比35.59%;生存无奈型回流农民工担任

① 贺雪峰:《乡村治理与秩序:村治研究论集》,华中师范大学出版社2003年版。

村干部的有6人，占比10.17%；家乡眷恋型回流农民工担任村干部的有4人，占比6.78%。统计结果初步表明，村干部主要来自于个人发展型和家庭召唤型回流农民工。

表7-5 各类型回流农民工担任村干部的分布

回流类型	频数	比例
个人发展型	28	47.46%
家庭召唤型	21	35.59%
生存无奈型	6	10.17%
家乡眷恋型	4	6.78%
总计	59	100.00%

但是，这并不完全意味着个人发展型和家庭召唤型回流农民工更倾向于担任村干部。表7-6显示，个人发展型和家乡眷恋型回流农民工担任村干部的概率更高，家庭召唤型回流农民工仅有3.55%的人担任村干部。

表7-6 村干部在回流农民工中的类型分布

回流类型	总数	担任村干部	比例
个人发展型	250	28	11.20%
家庭召唤型	592	21	3.55%
生存无奈型	217	6	2.76%
家乡眷恋型	49	4	8.16%
回流农民工	1108	59	5.32%

综合以上可知，相较于其他三类回流农民工，个人发展型回流农民工更倾向于担任村干部。这既说明了个人发展型回流农民工在乡村政治参与中的主动作为，又表明个人发展型回流农民工在政治参与中的显著优势。

（三）能力和实践

大部分回流农民工虽然在竞选村干部时缺少优势,但并不影响少数回流农民工利用自身优势成功当选上村干部。熟悉电脑技术是 ML 竞选上村干部的一个明显优势。计算机技能是他外出务工时习得的。调查中,多数访谈对象认为务工经历对村干部工作有帮助,使他们视野更加开阔,处理问题更加成熟,做事情更能有所突破和创新。

个案:ML

基本情况:男,1989 年出生,安徽人,村干部,同时是五金店老板,种植大户。2005 年开始外出务工,因结婚返乡。

自述:2012 年村里缺人,当时村里年轻人也不多,因为牵扯一些电脑技术,他们不是太熟练,就找了几个年轻人谈谈有没有这个意向。我就和家里人商量去竞选。当时有考核,相当于面试了一下。村干部的工资很低1500,现在稍微涨了点,加上绩效的话,一个月不到 2000 块钱。在外经历对我现在干村干部有一定的帮助。因为出去锻炼了,如果你一直在农村的话其实对很多事情都不是很懂,但是你出去的话就会稍微了解些,比如说普通话、用电脑。

随着农村现代化的推进、信息技术的发展和脱贫致富的需求,素质和能力是村干部的基本条件。村干部需要发挥带头人的作用,既要发展集体经济,带领村民发家致富;又要做好基础设施建设和民生服务,契合民主政治的要求,从而才能得到村民肯定。因此,多样化的职责要求进一步强化了村干部的职业素养和实践能力。为此,会发现如 ML 一般,村干部不仅有政治角色,还拥有其他身份,如村里的种植养殖大户、个体户、工厂老板等。叠加于村干部工资收入有限,这进一步要求村干部有足够的家庭经济条件支撑,进而形成村干部兼具多重身份的事实,尤其是经济精英的角色赋予。

兼具多重身份既为村干部带领村民共同致富提供了条件和可能,但也产生了分身乏术、难以兼顾的困境。CFY因为村干部工作繁忙,导致难以兼顾家里的生意。此外,利益分配和权力操作始终是村民与村干部发生冲突的诱因,尤其是在社会转型和脱贫攻坚时期,国家福利政策和资源大量向农村输入,源于政策执行和利益获得上的认知差异导致村干部和村民互动陷入各式困境。比如ZTT反映的生育政策难以执行、土地流转难以有效开展问题,LSX阐述的扶贫政策执行的公平性问题。

个案:CFY

基本情况:女,1981年出生,安徽人,村妇女主任,丈夫做卫浴生意。

自述:现在当村干部比较忙,全日制的上班导致没时间打理家里的生意。村干部的工作千头万绪,除了上面安排每天完成的事情,还有接待群众。然而接待群众也有很多不确定因素,比如某人的粮食卡丢了,让你开证;邻里之间纠纷了,让你处理;或者其他群众反映的事情,不是一天两天就能解决,有时需要一两个月。我感觉中国农村普遍还是经济问题,穷了一点,好多事情村干部解决不了。比如扶贫的事情,碰到很多人说我家里怎么不能搞上扶贫户啊,需要给他解释。但是他不听解释,只看他有没有得到实惠。

个案:ZTT

基本情况:女,1983年出生,安徽人,村干部。

自述:现在村里发展的困难,其实很大一部分老百姓不理解,那么你的工作就难干了。比如计划生育的时候老百姓就不理解,怨恨你,说你的工作做的不好啦这些,其实他理解错了,根本就不是他理解的那样,有很多人他就是不理解。村里现在有很多合作社,土地流转过程中也有些会比较不理解,但是大多还是比较顺利。

个案：LSX

基本情况：女，1991 年出生，贵州人，村干部，养殖大户（竹鼠）。

自述：我以前没有做村干部，其实是比较反感村干部的，但是进来之后就能够理解他们的工作了。最开始的反感主要还是因为不了解他们工作的方法，只看到他们到处走。现在就能够体谅了。其实很多人还是不理解村干部，会说很多事情都是你们这些村干部在那里搞的（获得利益）。其实我们做的每项工作都是非常公平公正的，比如评精准扶贫，通过人家写的申请，然后召开民主评议，都还是挺好的，但就是会有人有意见。

除此之外，年轻劳动力的大量流出和农村空心化的现状，导致农村人力资源有限，这给村干部实践工作带来现实挑战。WLJ 所在的村，村小组长参选人年龄偏大，严重制约了行动能力和效率。为此，部分村干部感叹真正关心和能够推动村庄发展的还是在外（或曾在外）务工的人。这部分群体长期在外务工，容易感受到家乡变化；同时，在外务工能够增长见识、拓展视野，进而为村庄发展提出可行性建议（见 QXG）。但这并不意味着（回流）农民工总是积极参与乡村公共事务，为此需要村干部的组织动员，否则他们不会主动参与（见 XXX）。

个案：WLJ

基本情况：男，1959 年出生，安徽人，村干部，在外累计务工 16年，2002 年返回家乡。

自述：总觉得在研究重大的问题征求群众意见时，（参加的）人少，参与村里决策的都是一些老年人。我们的村民组长年年选举，竞选人都是五十多到六十岁，还有一个最大的都七十多（岁），他们受到年龄的限制，参与意识比较薄弱，做什么事情都不积极。真正关心村里发展面貌的，就是在外务工回来的人。比如回到村里，看到路修了,水通了,电通了,他们关心的比较多。在家的都是老弱病残,对这些就无动于衷。

个案:QXG

基本情况:男,1961年出生,安徽人,村干部。

自述:回流农民工对于村子的建设会提比较好的建议,像现在的土地流转这个事情,他们看到江浙那一带就是这么干的,就回来和我们建议让我们也这么干,我们就采纳了他们的意见,向外宣传。他们出去过的人和一直在村子里的人相比,看问题的方法方式还是挺不一样的。没出去不是一件好事情,只有出去了才能看到那些你凭空根本想象不到的环境、方法。

个案:XXX

基本情况:男,1962年出生,浙江人,村干部。

自述:回流的农民工不会主动参加村里面的事务,比如村里的垃圾分类需要志愿者服务队,必须要妇女主任去组织,不组织的话是没人去的。

三、回流农民工政治参与的代际差异

与分析社会参与的代际差异一般,该部分同样选择浙江省、安徽省和贵州省的数据和访谈材料,从政治参与意识和取向来分析回流农民工政治参与的代际差异。

政治参与意识主要从《村民委员会组织法》和村民自治的认知上来阐述。其中,有62.7%的老一代回流农民工不了解《村民委员会组织法》,而新生代回流农民工占比为49.8%,新生代回流农民工对《村民委员会组织法》的认知度要高于老一代回流农民工;37.9%的老一代回流农民工将村民自治理解为是人民当家作主,新生代回流农民工比例则是48.6%。因此,综合而言,新生

代回流农民工政治参与意识要高于老一代回流农民工。

政治参与取向主要表现在村委会选举认知、村干部竞选意愿与影响因素、担任村干部状况三方面。基于权利意识而参加村委会选举的新老两代回流农民工占比分别为29.3%和26.4%;差异最明显的是表现在给予"村里要求我参加"而参与村委会选举,其中新生代回流农民工占比为17.4%,而老一代回流农民工则占36%。这表明老一代回流农民工更愿意遵守村里要求,行使权利主动参与乡村政治意识较新生代回流农民工弱。在竞选村干部意愿上,老一代回流农民工仅有7.3%想当村干部,有86.6%的不想当村干部;而新生代回流农民工有17.8%想当村干部和72.2%不想当村干部,这说明老一代回流农民工参与政治的意愿度更低。在政治参与影响因素上,76.2%的老一代回流农民工和64.1%的新生代回流农民工,认为素质和能力不具备是制约其政治参与的主要因素,相较而言,老一代回流农民工自信度更弱,这与其受教育水平和技能水平偏低存在一定正相关性。此外,4.3%的老一代回流农民工成为村干部,而新生代回流农民工这一比例为6.9%。因此,总体而言新生代回流农民工乡村政治参与表现强于老一代回流农民工。

表7-7　新老两代回流农民工参加村委会选举原因的差异

	老一代回流农民工		新生代回流农民工	
	频数	百分比	频数	百分比
村里要求我参加	233	36%	45	17.4%
大家都去所以我也去	84	13%	30	11.6%
这是我的权利	171	26.4%	76	29.3%
选举对自己有好处	41	6.3%	11	4.2%
不选会得罪人	11	1.7%	5	1.9%
没参加过村委会选举	180	27.8%	110	42.5%
不回答	22	3.4%	16	6.2%

四、回流农民工与在地村民的政治参与对比

经历城市生活洗礼后，回流农民工思想观念、权利意识等发生了一定程度的改观，这对其政治参与有何影响？换言之，城市务工经历对回流农民工的政治参与是否产生显著影响？为了揭示这种影响效应和程度，需要对比分析回流农民工和在地村民的政治参与差异。在地村民的有效样本量共 324 个，虽然相比于回流农民工 1108 个样本量显得较小，但通过比例结构的分析，也可以呈现基本概况。

（一）政治意识

表 7-8 显示，在时事新闻关注度、《村民委员会组织法》了解度和村民自治的认知等方面，回流农民工与在地村民总体相差不大，仅在结构性方面存在细微差别。如经常关注时事新闻的回流农民工比例比在地村民少近 5 个百分点，但偶尔关注的比例要高近 10 个百分点；非常了解《村民委员会组织法》的回流农民工比例比在地村民少 2.68 个百分点，但知道一些的比例要高 2.78 个百分点；认为村民自治流于形式的回流农民工比例比在地村民高近 6 个百分点，而认为村民自治是村干部事情的比例要少 1 个百分点。因此，在政治意识方面，回流农民工与在地村民的差异表现不显著。

表 7-8　回流农民工与在地村民政治意识比较

指标	类型	回流农民工频数或比例	在地村民频数或比例
样本量	人数	1108	324
时事新闻	关注	48.92%	53.70%
	偶尔	23.74%	14.20%
	合计	72.66%	67.90%

指标	类型	回流农民工 频数或比例	在地村民 频数或比例
《村民委员会组织法》	非常了解	4.42%	7.10%
	知道一些	21.30%	18.52%
	合计	25.72%	25.62%
村民自治	当家作主	41.88%	41.67%
	流于形式	13.99%	8.02%
	村干部的事情	16.60%	17.59%

注:统计过程中此题在地村民部分出现数据缺失,缺失量为1条,此表选取完整无误的324条记录以作
　　分析。

(二)乡村治理现状满意度

相较于在地村民,回流农民工对乡村治理现状的满意度偏低。表7-9显示,回流农民工对乡村治理现状持"满意"或"非常满意"的态度占46.66%,与之相对的在地村民占比为66.97%,回流农民工较在地村民少20个百分点;持"一般"态度的回流农民工比在地村民高近16个百分点。由此可以推测,相较于在地村民,回流农民工对乡村治理水平的要求可能更高,这与其城市务工经历存在一定程度相关性。一般而言,城市社会治理水平要明显优于乡村社会,在这种差异对比下,回流农民工的城市务工经历会降低其对乡村社会治理现状的满意度。

表7-9　回流农民工与在地村民乡村治理现状满意度比较

指标	类型	回流农民工 频数或比例	在地村民 频数或比例
样本量	人数	1108	324

续表

指标	类型	回流农民工 频数或比例	在地村民 频数或比例
乡村治理现状	非常满意	6.50%	8.64%
	满意	40.16%	58.33%
	一般	34.12%	18.52%
	不太满意	7.49%	3.09%
	不满意	8.39%	9.88%

注:统计过程中此题在地村民部分出现数据缺失,缺失量为1条,此表选取完整无误的324条记录以作分析。

(三)政治身份效应

相较于在地村民,回流农民工认为党员带头作用不够明显。表7-10显示,无论是持"明显"态度还是"比较明显"态度,回流农民工的比例均低于在地村民,分别低3.34%和3.36%,整体低6.7%。因此,在乡村发展过程中,在地村民更加重视和认可党员的价值发挥。其中原因大致包括两方面:一是在地村民长期生活在家乡,容易感知党员干部的实际作为;二是回流农民工经历城市务工后,社会治理要求更高,在城乡社会治理落差环境下,容易表现出消极状态。

表7-10　回流农民工与在地村民党员带头作用的认知比较(部分)

指标	类型	回流农民工 频数或比例	在地村民 频数或比例
样本量	人数	1108	324
党员带头作用	明显	17.96%	21.30%
	比较明显	21.03%	24.39%

注:统计过程中此题在地村民部分出现数据缺失,缺失量为1条,此表选取完整无误的324条记录以作分析。

（四）政治参与动因和影响因素

相较于在地村民,回流农民工行使选举权的意识和行动更弱,外部性因素（如经济条件差、政府制度安排有欠缺和信息传输渠道不畅）制约回流农民工政治参与的效应更明显。表 7-11 显示,未行使选举权（没参加过）的回流农民工的比例比在地村民高 2.67%,基于权利意识而行使选举权的回流农民工比例比在地村民低 4.45%,出于好处（对自己有好处）而行使选举权的回流农民工比例比在地村民低 5.05%。这主要源于回流农民工长期在外务工,从而降低了其行使选举权的可能,这进一步弱化了（回流）农民工的选举权意识。在地村民因长期在家,行使选举权的可及性更强,重复的实践深化了其权利意识,但也同时增加了其为了好处而参与选举的概率。此外,表 7-12 显示,回流农民工因自身素质和能力不具备而导致政治参与受限的比例比在地村民少8.5 个百分点。换言之,相较于回流农民工,内在因素制约在地村民政治参与的效应更明显。之所以出现这种情况,一定程度是务工经历提升回流农民工素质和能力形成的结果。

表 7-11　回流农民工与在地村民政治参与动因比较

指标	类型	回流农民工频数或比例	在地村民频数或比例
样本量	人数	1108	324
参与村委会选举原因（多选）	村里要求参加	29.96%	33.33%
	大家都去所以我也去	13.18%	13.89%
	我的权利	28.88%	33.33%
	对自己有好处	5.14%	10.19%
	不选会得罪人	1.44%	1.23%
	没参加过	30.14%	27.47%

注:统计过程中此题在地村民部分出现数据缺失,缺失量为1条,此表选取完整无误的324条记录以作分析。

表 7-12 回流农民工与在地村民政治参与影响因素比较

指标	类型	回流农民工 频数或比例	在地村民 频数或比例
样本量	人数	1073	324
政治参与影响因素	经济条件差	7.36%	4.53%
	自身素质和 能力不具备	76.61%	85.11%
	政府制度 安排有欠缺	10.07%	4.53%
	信息传输渠道不畅	5.31%	4.53%

注：统计过程中此题回流农民工部分和在地村民部分出现数据缺失，缺失量分别为 35 条和 1 条，此表
选取完整无误的 1073 条和 324 条记录以作分析。

（五）竞选村干部意愿

回流农民工竞选村干部的意愿总体要强于在地村民。表 7-13 显示，想当村干部的回流农民工比例高在地村民 3 个百分点，但是，积极争取者则少约 1 个百分点。结合表 7-12 可以推测，回流农民工尽管直接参与乡村政治的意愿强于在地村民，但是，他们面临的外部性挑战和限制又弱化了其行为实践，因此，形成了这样的结果：想当但不积极争取的回流农民工比例要高于在地村民，而想当并积极争取者的比例要低于在地村民。

表 7-13 回流农民工与在地村民政治竞选村干部意愿比较

指标	类型	回流农民工 频数或比例	在地村民 频数或比例
样本量	人数	1108	324
竞选村干部的意愿	想当并积极争取	10.92%	12.07%
	想当但不积极争取	8.48%	4.33%
	不想当	80.60%	83.60%

注：统计过程中此题在地村民部分出现数据缺失，缺失量为 1 条，此表选取完整无误的 324 条记录以作
分析。

综合以上,与在地村民相比,回流农民工在乡村政治参与上并未呈现显著特征,但也存在一些细微差别:回流农民工对乡村治理现状满意度更低,对党员带头作用发挥的认可度更低,行使选举权的意识和行动更弱,外部性因素制约政治参与的效应更明显和竞选村干部的意愿总体要强于在地村民。而这种差异的呈现,追根溯源则是在外务工经历造成的结果偏差。因此,外出务工经历对回流农民工的政治参与具有较明显的影响效应。

第四节　村治精英的互动①

乡村治理是国家治理的基础,而村治精英是推进乡村治理的关键力量。在农民工回流背景下,一些在城市务工的农村精英因实现个人的社会价值以及出于对家乡情感和归属的需要,回村担任村干部,为村治精英队伍注入了新的活力。调查发现,回流农民工担任村干部已成为常态,多数村庄的"两委"干部队伍中都有回流村治精英。回流村治精英与在地村治精英参与乡村治理的互动状况,影响着乡村治理的成效和水平。为进一步呈现回流农民工政治参与的效应,本节将围绕村治精英互动的主题展开进一步阐述。

一、农民工回流背景下村治精英的类型及其特征

（一）村治精英类型:在地型和回流型

帕累托在《精英的兴衰》中提到,精英是在一定的区域范围内被精选出来的"少数"或"优秀人物",是"最强有力、最生气勃勃和最精明能干的人,不论其是好人还是坏人"。②

---

① 本章部分内容发表于《浙江学刊》,具体参见:刘玉侠、石峰浩:《农民工回流背景下村治精英互动问题探析》,《浙江学刊》2019 年第 2 期,第 195—201 页。

② ［意］维尔弗雷多·帕累托:《精英的兴衰》,刘北成译,上海人民出版社 2003 年版。

在农村治理模式中，由村庄民主选举出的"两委"干部、乡贤以及广大社会力量等组成农村基层社区治理体系，通过互动协商的形式对公共事务进行管理，同时乡镇党委政府也对村庄进行直接的指导和干预。① 在学界，对于农村精英的分类，一般有两种较为普遍的方法：一是将其分为政治精英、经济精英和社会精英三类；②二是将农村精英分为体制内精英和体制外精英两类。③本章节内容中讨论村治精英，是指由村民自主选举出的"两委"干部，因具有较强的群众基础和号召力、掌握相对较多的资源、综合素质高，对推动农村经济发展以及维护农村社会和谐稳定起到至关重要的作用，为农村发展做出巨大的贡献而具有极强的威望，是农村社会发展的核心人物。村治精英属于体制内精英，和传统的士绅阶层不同，他们在民主框架下，经由民主选举，合法获得并行使权力；④掌握着村庄公共权力，但在村庄建设和发展中碌碌无为的"两委"干部不属于村治精英；⑤对普通村民有较强号召力，且能带领部分村民影响村干部决策和行为，对"两委"工作进行约束、监督的部分村民，我们可以称之为非治理权威，⑥但这部分村民也不属于村治精英，他们在农村社区生活中对政治生活产生巨大的影响，和村治精英一样应该归属于农村政治精英的范畴。

在农民工回流背景下，村治精英大体分为在地村治精英和回流村治精英。一直生活在农村，掌握丰厚的政治资源并拥有较强的个人能力，出于个人利益考量或坚定的政治抱负而竞选成为村干部，并对农村的发展产生影响，这部分

---

① 马欣荣：《中国近现代乡村治理结构研究》，博士学位论文，西北农林科技大学，2012 年。

② 卜璟：《农村精英回流对乡村治理的影响》，硕士学位论文，湘潭大学，2014 年。

③ 金太军：《村庄治理与权力结构》，广东人民出版社 2008 年版。

④ 刘彤、杨郁：《城镇化进程中村治精英的蜕变风险与防治对策》，《理论探讨》2014 年第 2 期，第 41—43 页。

⑤ 董江爱、陈晓燕：《精英主导下的参与式治理——权威与民主关系视角下的村治模式探索》，《华中师范大学学报（人文社会科学版）》2007 年第 6 期，第 17—21 页。

⑥ 贺雪峰：《缺乏分层与缺失记忆型村庄的权力结构——关于村庄性质的一项内部考察》，《社会学研究》2001 年第 2 期，第 68—73 页。

群体称之为在地村治精英。在城市打工,出于个人发展需要和家乡的情愫,返乡参加村干部竞选,因为有资源、有技术、有门路、有想法,而被推选担任村干部并逐渐掌握村庄公共权力,引领农村发展且成效显著,这部分群体称之为回流村治精英。在现代农村社会,回流村治精英应该具备农村经济精英、农村社会精英和农村政治精英三位一体的特征,具备超前的观念和市场意识,追求政治理想和个人价值,为农村发展出谋划策、无私奉献。①

(二)在地村治精英与回流村治精英特征比较分析

回流村治精英因城市务工经历,在组织、沟通、协调等各方面能力得到提升,与乡村治理中老一辈的在地村治精英有着显著不同之处。

1. 年龄上,回流村治精英有年龄优势,趋于年轻化。回流村治精英大多集中在 30 岁到 50 岁之间,以 30 岁到 40 岁居多;而在地村治精英年龄集中在 40 岁到 70 岁之间,以 50 岁到 60 岁居多。村治精英是否年富力强,直接影响着农村基层干部队伍的生机与活力,相对于在地村治精英,回流村治精英在公共事务的时间和精力投入上表现更显著。

2. 受教育程度上,回流村治精英文化水平高于在地村治精英。回流村治精英文化水平大多为高中及以上,以高中及大专居多;而在地村治精英文化程度大多为初中及高中,以初中居多。村治精英文化水平高低与其综合素质紧密相关,直接影响村治精英日常工作方法以及对新鲜事物的接受程度。相对于在地村治精英,回流村治精英趋于年轻化且文化程度较高,在工作方法方面更容易变通、懂得创新,且对新意识、新观念、新思想的接受度也更为开放。

3. 政治参与意识上,二者都很强烈。在地村治精英一直生活并工作在农村,熟悉农村社会环境并且农村的生产生活与他们的利益息息相关,政治参与意识势必强烈。回流村治精英受到城市生活的熏陶,希望把接触和理解到的

---

① 董江爱、陈晓燕:《精英主导下的参与式治理——权威与民主关系视角下的村治模式探索》,《华中师范大学学报(人文社会科学版)》2007 年第 6 期,第 17—21 页。

新理念融进农村治理,诸如治理民主化、经济产业化和生活城市化等。

4.实践阅历上,回流村治精英更丰富一些。城市经历的洗礼对农民工的行动能力与价值观念有一定的重塑作用。调查数据表明,回流村治精英返乡之前平均在外务工时间累计达 6.3 年,而且从回流村治精英在城市的职业选择来看,他们大多涉及创业行为,这些经历较在地村治精英具有一定优势。农村与城市的双重经历使得回流村治精英深入思考城市与农村之间的差距,对未来农村发展的想法与规划与在地村治精英相比不尽相同。

二、村治精英互动对乡村治理的影响

村治精英对乡村治理的影响引起了诸多学者的注意,有学者认为应构建精英主导与农村发展的长效机制。[①] 也有学者关注到回流农民工对乡村治理的影响,这一群体对乡村秩序的介入推动了村庄公共事务的管理以及新农村建设。[②] 村治精英内部的有效合作能够推进乡村治理;反之,则制约了乡村治理水平的提升。

(一)村治精英有序合作促进乡村发展

回流村治精英促进了农村村治精英治理体系的变革。在其进入"两委"干部队伍时,部分在地村治精英能够认识到回流村治精英对村庄发展的作用,乐于接受回流村治精英,并且与他们保持良好的人际关系,与回流村治精英展开合作,共同治理乡村。在这个过程中,新旧村治精英各自被赋予了新的角色,并不是一方彻底取代另一方,而是一方走向乡村治理的核心,或是一方担任另一方的幕僚助手,两者角色、地位因时因地因事相互转变,而非固化。因

---

① 董江爱、陈晓燕:《精英主导下的参与式治理——权威与民主关系视角下的村治模式探索》,《华中师范大学学报(人文社会科学版)》2007 年第 6 期,第 17—21 页。

② 杨林峰:《回流经济精英掌权的辩证思考》,《山西农业大学学报(社会科学版)》2008 年第 4 期,第 391—393 页。

而,在乡村治理中,在地村治精英和回流村治精英会展开良性互动,彼此相互促进,进而提升乡村治理的成效和水平。

1.充实村治精英队伍,助推村民自治。回流村治精英的加入,充实了村干部队伍,并对既有的村治精英结构体系形成了冲击,在一定程度上发挥了鲶鱼效应,激发了村"两委"干部的工作活力,进而推动乡村社会治理体系的变革。相对于在地村治精英,回流村治精英独特的城市务工和创业经历,有助于深化培育农村社会的市场精神。回流村治精英一般以"服务"理念展开公平竞选,竞选成功后现代化的工作方式,如通过微信群实时公布治理信息,容易引起村民关注,加深村民对农村基层自治的认知,农民权利意识和民主法治意识得到培育和发展,从而提高了村民政治参与积极性。广大村民参与村政务、财务监督和民主决策过程,农村公共事务管理得到有效监督,并且决策进一步科学化和民主化。在此基础上,这种积极作为能够缓和村"两委"与村民的矛盾,提升村自治组织的政治公信力,改善村干部和村民的互动关系,并实现良性循环,整体推进村民自治。

2.加快农村经济结构调整,带动经济发展。回流村治精英具有一定的致富能力和较强的市场意识,他们在外工作多年,头脑灵活、人脉资源丰富,相对了解外部市场规则,擅于利用其社会资源与市场建立多种网络渠道,逐渐形成能人特质,这对普通村民具有较强的吸引力,因而他们能够将村民团结在一起,进而激发村民集体意识,动员村民参与家乡经济建设。而在地村治精英了解当地实际状况,两者形成有效的协商合作,能够推进各项工作有序有效展开。随着农村土地确权工作的深入,在有大量土地资源和特色生态资源的村庄,新旧村治精英通过土地流转,提高农村土地利用率,使更多资本进入农村,发展现代农业,推进农业供给侧结构性改革。同时,部分回流村治精英经济实力相对较好,他们或选择返乡投资创业,或与其他在地村治精英协商,以村集体名义号召并拉动外出务工人员回村投资创业,进行农业之外的经济活动以振兴农村实体经济,促进农村经济结构的调整。这些举措都能够有效缓解农村剩余劳动力就业问题,改善村民物质生活,带动农村经济发展。

3.培育公共精神,加快农村文化建设。目前,对于大部分农村而言,留守群体是农村公共文化生活的主体,聊天、看电视、打牌则是农村公共文化生活的主要内容。留守群体无论是从意识、能力还是需求上,都难以担当农村公共文化创新和提升的主导者。重塑农村文化生活关键在于引领和激发民众活力,这需要村干部的创新作为。回流村治精英具有城市生活经历,这为促进农村公共文化生活的变革提供了机遇。回流村治精英对城市文明耳濡目染,其回流加快了农村生活的城市化。随着新思想的涌入,村民对城市文化生活的理解进一步深化,在回流村治精英的引领下,丰富多彩的城市文化进入农村,促进了乡风文明的改善。需要注意的是,以城市为本位推动农村文化生活的变革存在许多负面问题,乡土文化逐渐被湮没,并且,短时间内现代城市文化生活形态也无法成为农村文化生活的常态。[1] 这要求要处理好城市文化生活形态和农村文化生活形态的关系,进而塑造符合农村实际的文化形态。在地村治精英一般年龄偏大,长期扎根农村,对传统文化资源有着独到见解。因此,村治精英内部的深度协商合作,能够取长补短。在文化建设方面,深入发掘农村传统文化,同时参照和借鉴城市文化,探索农村文化的新形式,形成城市文化生活形态和农村文化生活形态彼此渗透、交融互动的新格局,从而推进农村文化建设进程。

(二)村治精英博弈失范阻碍乡村发展

回流村治精英的加入,意味着既有的平衡结构被打破。如在地村治精英和回流村治精英无法形成有效磨合、合作,并引发冲突时,则容易变成两股博弈势力,相互排斥抵制,这种博弈失范最终将阻碍乡村发展。

---

① 夏国锋:《乡村社会公共生活的变迁——基于鲁西南夏村的考察》,硕士学位论文,华中师范大学,2007 年。

1.换届选举时的博弈失范。农村自治赋予了村民选举村干部的投票权利,通过差额选举的方式,选民对村治精英进行全方位考量,选出理想的候选人。在这个过程中,每个村民都是"理性经济人",其投票意愿基于利己的角度,在最大限度满足个体利益的基础上,同候选者进行利益的互换,①选出代表自己利益的村治精英。在地村治精英一般担任村干部时间较长,具有明显的影响力,而且"面子"始终发挥效应,除非甘愿放弃竞选;回流村治精英大多在经济上获得成功,因而也具有较强的影响力和号召力,并且为了进一步提升社会地位和威望,参选村干部被视为一种有效的途径。因此,在换届选举时两者的博弈便开始产生,这种情况时有发生。当双方博弈不可调和时,为维护各自利益,很可能出现由于采取不理性行为导致博弈失范的现象发生,最终不利于农村和谐发展和社会治理。

2.村务决策中的博弈失范。当村集体事务需要集中讨论并决策时,因村治精英个人利益的不同会分化出不同的利益集团,代表不同利益集团的村治精英联合各自圈层的行为主体参与村务决策。此时,边缘圈层的利益集团在民主决策过程中处于弱势地位,成为民主决策结果的被动接受者。当其与核心圈层的利益集团产生利益纠纷,并且得不到有效解决时,不合作甚至抵制决策的情况就会出现,不同利益集团之间的矛盾和冲突就会被激化。回流村治精英和在地村治精英在参与和引导村务决策时,由于不同村庄乡村治理结构不同,两种类型的村治精英在"两委"所处的地位以及掌握的权力有强弱之分;同时由于经历、立场、目的不同等,决策的价值取向会存在一定差异,所采用的方式方法就有可能与另一方产生矛盾。当回流村治精英或在地村治精英阻碍另一方活动、抵制决策运行时,非良性博弈便会发生,村庄公共事务的管理会因博弈失范而变得无序和失效,进而损害村集体利益,对乡村治理产生不良后果。

---

① [美]詹姆斯·M.布坎南:《自由、市场和国家》,吴良健、柔伍、曾获译,北京经济学院出版社1988年版。

三、村治精英互动优化的制度考量

回流村治精英作用的发挥,应将其置于与在地村治精英互动的具体情境下分析研究,消解新旧村治精英博弈失范的现象,构建回流村治精英与在地村治精英协同治理机制,推动二者之间展开良性互动,进而促进乡村治理。

(一)建立村治精英掌握公共权力的公平竞争机制

建立村治精英掌握公共权力的公平竞争机制,是构建在地和回流村治精英协同治理机制的前提。村治精英掌握权力是通过村民自治选举产生的,为了赢得或维持各自在村庄中的地位,很可能利用民主选举的局限影响选举结果,如到各家奔走相告以求拉票,而不是以统一的形式在公众场合进行演讲拉票等,这些都会引起村治精英在选举中的恶性竞争,甚至引发违法行为。因此,应该构建村治精英公平竞争机制,严格规范民主选举的各项制度和程序要求,严格监督选举中的登记、投票、唱票以及罢免等各个环节的工作,明令禁止候选人在私下进行拉票的行为。同时,实行公开提名、投票、唱票、监票、计票以及当场公开结果的方法,保证选举工作的透明性。以细化的制度、程序、方式方法给予村治精英公平竞争的机会,对不按照规则竞选的村治精英给予警告和惩罚。通过构建公平竞争机制,减少村治精英之间的猜忌,以此促进村治精英日后良性互动、沟通协作。

(二)加强对村治精英的常态化、法理化引导

引入规范制度,加强对村治精英的引导,并将其纳入法理轨道实现常态化,是构建村治精英协同治理机制的关键。通过定期有组织的引导学习,不但要让村治精英加强文化知识学习、提升基本素质、完善人格,更重要的是促使在地村治精英与回流村治精英团结在一起、认识各自的不足、相互促进:在地村治精英能够正视回流村治精英出现的合理性,重视其在农村发展方面的主

张,理解他们参与乡村治理的诉求,秉持开放的心态吸收合适人员加入"两委"干部队伍和党组织,为他们参与乡村治理创造良好的条件,并扬其长避其短,在特定方面对其进行建议、指导,保护其参与积极性;回流村治精英要正视在地村治精英具有的优点、经验,认识到他们对乡村治理的作用和影响力,虚心讨教,改进工作方法;在相互理解的基础上,双方在面对村庄公共事务产生分歧时,应该召开会议进行充分的讨论协商,将村务决策程序落到实处,如严格遵循"三会三审"村级事务管理制度,避免"一言堂"现象发生,从而缓解甚至消除村治精英之间的矛盾。通过引入规范的制度,让二者相互尊重甚至产生依赖,充分整合和利用这两股力量,促进新旧村治精英协同治理机制的建立。

(三)建立乡镇调解、仲裁机制

建立乡镇调解、仲裁机制,是构建村治精英协同治理机制的保障。村委会作为群众自治组织,与国家政权体系是相互分离的,其自治性质决定了乡镇政权与村委会的关系。乡镇政权的权力发挥方式应该是"裁判员",而不是"运动员",不能过多干预村庄具体公共事务。因此,要明确划分乡镇政权对于农村公共事务管理的权力边界,为农村发展创造良好社会环境。乡镇政权应该以第三人的身份出现,其职能是对于阻碍乡村治理的行为予以引导和规范,而不是直接干预和命令。村治精英是村庄公共权力领域的核心,直接影响着农村发展的各个方面。因此,乡镇政权应合规履行职责,加强警惕性,对村治精英参与乡村治理进行监督和指导。当回流村治精英和在地村治精英产生分歧以致出现博弈失范现象时,做好中间人,在制度允许的范围内因势利导予以调解、仲裁。通过建立乡镇调解、仲裁机制,消弭回流村治精英和在地村治精英存在的或潜在的矛盾和冲突,促进良性互动,提高乡村治理的成效和水平。

第五节　小　结

农村施行的是村民自治制度,这项制度经历了实践、发展和完善的过程,这为回流农民工回乡参与乡村政治提供了基础制度保障和实践载体。随着新时期的迈进,国家对农村社会治理和农村政治参与提出了新要求、新标准和新方向。因此,探讨回流农民工的政治参与问题,有利于进一步扩大基层民主,保障人民权益和健全乡村治理体系。

目前,回流农民工政治参与主要呈现以下特征:政治意识低,乡村治理现状满意度不高;党员群体自我政治身份认知度高;能力和品德是他们选取村干部的主要关键参考标准;自身素质和能力的欠缺是影响其政治参与最重要的因素;回流农民工总体表现出竞选村干部意愿低的特征;个人发展型回流农民工因能力和经济条件等优势,更倾向于担任村干部;村干部一般具有多重身份,如种植养殖大户、个体户、工厂老板等,这为村干部带领村民共同致富提供了条件,但也难免遭遇分身乏术而难以兼顾的困境。与在地村民相比,回流农民工在乡村政治参与上并未呈现显著特征,但也存在一些差别。如回流农民工对乡村治理现状满意度更低,对党员带头作用发挥的认可度更低,行使选举权的意识和行动更弱,外部性因素制约政治参与的效应更明显,竞选村干部的意愿总体强于在地村民。改善回流农民工政治参与状况,既要注重提高回流农民工政治参与意识、整体素质和能力,也要注重顶层设计,完善和落实各项保障制度,使回流农民工依法行使政治权利,有序参与乡村政治。

此外,本章还对比分析了在地村治精英与回流村治精英的结构特征和互动结果。回流村治精英在年龄、文化水平和实践阅历等方面具有较明显优势,两类群体的良性互动合作能够有效推进乡村发展,但是,村治精英群体内部的博弈失范则会阻碍乡村发展。为了提升乡村社会治理水平,推动乡村社会发展,有必要进一步优化村治精英互动的制度实践机制,建立村治精英协同治理机制,从而化解内耗实现合作共力。

第八章　回流农民工的经济参与

经济参与是指参与有报酬的商品生产及服务供给的活动①,回流农民工在经济生活中处于相对弱势,他们的经济参与主要是指就业状况。就业是民生之本,回流农民工的就业不仅关系到自身价值的实现和家庭生计的维持,且对农村城镇化、现代化和乡村振兴具有重要意义。

第一节　经济参与概况

按职业划分,回流农民工的职业或就业身份包括家务、务农、打零工、个体业主、种养大户、私营业主、村干部、高技能工人和低技能工人九类。需要说明的是,家务是多指赋闲在家,较少参与营利性经济活动;高技能工人和低技能工人因未实现稳定性就业,故在下文分析中将这部分群体纳入打零工群体;部分村干部存在多重身份,如同时是个体业主、私营业主或种养大户等,但其主业仍是村干部,故仍将其视为村干部;同时,村干部的职业特性也需要加以注意,兼具政治参与和经济参与的特性。但上一章已经讨论过村干部群体,故此,在本章中不再详细讨论。

---

① M-H. Nancy, J. Hinterlong, M. Sherraden: *Productive Aging: Concepts and Challenges*, Baltimore: The Johns Hopkins University Press, 2001.

表8-1　回流农民工的职业分布

类型	频数	占比
家务	180	16.25%
务农	374	33.75%
打零工	297	26.81%
个体业主	127	11.46%
种养大户	46	4.15%
私营业主	25	2.26%
村干部	59	5.32%
总计	1108	100.00%

　　表8-1显示,在1108名回流农民工中,务农、打零工和家务是回流农民工就业选择的前三项,占比分别是33.75%、26.81%和16.25%;其他职业身份依次为个体业主、村干部、种养大户和私营业主,占比分别是11.46%、5.32%、4.15%和2.26%。除村干部外,家务、务农和打零工可视为传统型就业,总体占比76.81%;个体业主、种养大户、私营业主可视为创业型就业,总体占比17.87%。由此可知,回流农民工的经济参与主要表现为传统型就业,创业型就业明显占少数。

　　纳入回流农民工类型这个变量,可以进一步发现回流农民工经济参与的特点。表8-2显示,个人发展型回流农民工中打零工占比最大,其他依次为务农、个体业主、村干部、种养大户、家务和私营业主;其中,传统型就业占比56%,创业型就业占比32.8%。家庭召唤型回流农民工和生存无奈型回流农民工就业分布总体结构基本一致,务农占比最大,其他依次为打零工、家务、个体业主、村干部、种养大户和私营业主。但是,相较而言,家庭召唤型回流农民工创业型更显著些,其中家庭召唤型回流农民工传统型就业占比82.60%,创业型就业占比13.85%;生存无奈型回流农民工传统型就业占比86.18%,创业型就业占比11.06%。家乡眷恋型回流农民工中占比最大的是打零工,其他依次为务农、家务、个体业主、种养大户、村干部;其中,传统型就业占比

71.42%,创业型就业占比 20.40%。

表 8-2　各类型回流农民工的职业分布

职业类型	总样本		个人发展型		家庭召唤型		生存无奈型		家乡眷恋型	
	频数	占比	频数	占比	频数	占比	频数	占比	频数	占比
家务	180	16.25%	15	6.00%	126	21.28%	34	15.67%	5	10.20%
务农	374	33.75%	61	24.40%	183	30.91%	116	53.46%	14	28.57%
打零工	297	26.81%	64	25.60%	180	30.41%	37	17.05%	16	32.65%
个体业主	127	11.46%	48	19.20%	55	9.29%	19	8.76%	5	10.20%
村干部	59	5.32%	28	11.20%	21	3.55%	6	2.76%	4	8.16%
种养大户	46	4.15%	23	9.20%	15	2.53%	3	1.38%	5	10.20%
私营业主	25	2.26%	11	4.40%	12	2.03%	2	0.92%	0	0.00%
总计	1108	100.00%	250	100.00%	592	100.00%	217	100.00%	49	100.00%

四类回流农民工中,个人发展型回流农民工创业型表现最明显,其次为家乡眷恋型回流农民工;与之相对应的是,家庭召唤型和生存无奈型回流农民工创业表现较弱,传统型就业十分明显,均超过80%。这说明主动型回流农民工(个人发展型和家乡眷恋型)更倾向于通过创业来实现主动性就业,而被动型回流农民工创业意识普遍较弱,更容易选择传统型就业方式——被动就业或重操旧业。

此外,依据表8-2可梳理出各类型回流农民工职业分布排序状况。表8-3显示,个人发展型回流农民工与其他类型回流农民工或总体样本相比,就业结构区别明显,个体业主排在第三,家务排在第六。相较而言,个人发展型回流农民工的就业结构更优。

表 8-3　各类型回流农民工职业分布排序(从高到低)

排序	总样本	个人发展型	家庭召唤型	生存无奈型	家乡眷恋型
1	务农	打零工	务农	务农	打零工

续表

排序	总样本	个人发展型	家庭召唤型	生存无奈型	家乡眷恋型
2	打零工	务农	打零工	打零工	务农
3	家务	个体业主	家务	家务	家务
4	个体业主	村干部	个体业主	个体业主	个体业主
5	村干部	种养大户	村干部	村干部	种养大户
6	种养大户	家务	种养大户	种养大户	村干部
7	私营业主	私营业主	私营业主	私营业主	私营业主

在代际差异上，沿用东中西部三省（浙江、安徽和贵州）的数据分析，新生代回流农民工前三名的职业类型（身份）分别是家务（24.70%）、务农（19.30%）和低技能工人（14.30%），老一代回流农民工前三名依次为务农（41.90%）、家务（14.80%）、低技能工人（10.50%）。相较于新生代回流农民工，老一代回流农民工务农、打零工占比明显，分别高出 22.60% 和 1.90%。与老一代回流农民工相比，新生代回流农民工在家务、个体业主、村干部、种养大户、私营业主、低技能工人和高技能工人方面更显著，分别高出 9.90%、4.20%、2.60%、1.90%、0.20%、3.80% 和 2.00%。因此，总体来看，新生代回流农民工创业型经济参与更具潜力。

第二节 赋闲：个人与家庭的双重抉择

无论是主观意愿还是无奈选择，在外部条件和个人因素的共同作用下，部分回流农民工返回农村后未获得新工作，且土地也以某种形式流转出去，为此，本书将这部分群体的职业纳入家务范畴。但家务本身并不属于职业类型，从就业视角来看，实际上是一种赋闲状态，因此，将这类群体定义为赋闲人群。

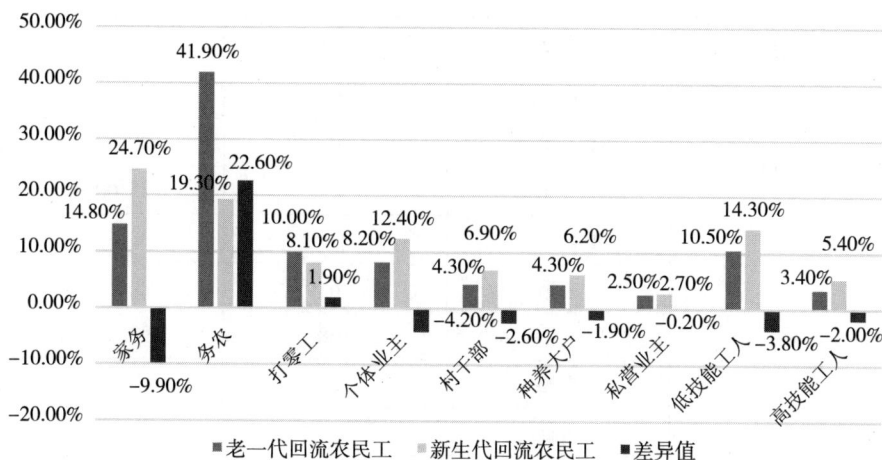

图 8-1 新老两代回流农民工就业选择比较

一、结构性特征

表 8-4 显示,回流农民工中赋闲人群男性占比 24.44%,女性占比 75.56%,女性超过总体的四分之三;年龄分布差异不明显,50 岁以上群体约占三分之一;绝大多数已婚,占比 93.33%;受教育程度上,小学和初中占比较高,分别为 38.33% 和 37.78%;在习得技能上,60% 的人认为外出务工并未学到新技能,仅有 37.78% 的人认为学到新技能。因此,赋闲待业的回流农民工以女性为主,技能获得或提升不明显,这种结构性特征为分析其原因提供了切入口。

表 8-4 赋闲型回流农民工基本情况

变量	定义	频数	占比
性别	男	44	24.44%
	女	136	75.56%

续表

变量	定义	频数	占比
年龄	30 岁及以下	39	21.67%
	31—40 岁	36	20.00%
	41—50 岁	45	25.00%
	50 岁以上	60	33.33%
婚姻状况	未婚	6	3.33%
	已婚	168	93.33%
	离婚	2	1.11%
	丧偶	4	2.22%
受教育程度	文盲	16	8.89%
	小学	69	38.33%
	初中	68	37.78%
	高中及以上	27	15.00%
习得技能	是	68	37.78%
	否	108	60.00%
	其他	1	0.56%
	不知道	3	1.67%
总计		180	100.00%

二、性别角色差异导致家庭分工不同

性别角色指，特定性别被社会赋予其在特定情境中表现出的特定心理行为模式。在农村，是否外出打工这一选择嵌入在家庭生活中。从生命历程角度看，人的一生在不同阶段扮演着不同角色，生命历程的重要任务之一是婚姻——完成社会所规定的角色任务，获得家庭和社会的认同。从女儿到妻子再到母亲，农村女性家庭依附性较明显，到了适婚年龄面临结婚，结婚之后面临生子，有了孩子后需要扮演好母亲角色。为此，她们回流后再就业需要权衡更多因素。

依据传统劳动分工,女性承担着照顾老人和孩子的主要责任,家庭因素成为影响农村女性就业选择的关键因素。比如,当一个家庭需要外出务工获取经济来源时,如果孩子、老人无人照料,而又因生活成本过高难以带他们一并外出务工时,在传统"男主外,女主内"家庭伦理观念下,不少女性不得不放弃外出打工,转而照顾家庭。同样,对于既要照顾孩子又要照顾老人的女性回流农民工来说,她们没有剩余的时间和精力在当地就业,只能把重心放在家庭上,呈现待业赋闲状态。此外,相对男性而言,女性体力有限,就业大多集中于餐饮、家政、环卫以及加工制造业等行业,但由于农村当地制造业、服务业发展水平低,甚至缺失,从而导致此类岗位较少,难以适应农村女性的就业需求,进一步加剧了女性赋闲在家的状况。

三、个人能力与就业环境的双重影响

个人能力和就业环境深刻影响回流农民工的再就业状况。表8-4显示,赋闲回流农民工受教育程度普遍较低,初中小学比例较大,文盲占比8.89%,且60%的受访者认为外出务工并未提升自身职业技能。返乡创业虽然为回流农民工提供了再就业方向,但由于自身能力受限,难以找到创业方向。回流农民工虽然有一定积蓄,但大部分用于储蓄以保障日常开支和子女成家立业,真正可以用于创业的资金有限。创业面临重重困境时,回流农民工会选择就业。有些年轻农民工返乡前在城市所从事的工作较体面、轻松,但回流后工作环境相对较差、收入偏低,与返乡前的工作有一定差距,以至于内心难以接受,冲击了就业积极性,甚至一些爱面子、自尊心强的回流农民工在没找到满意工作之前宁可在家待业。年纪大的回流农民工在身体状况和就业门槛的限制下,农村就业更难实现。

农民工无论是返乡前还是回流后,主要是通过亲戚朋友介绍工作或获取就业信息,相对缺乏统一的就业指导组织或机构开展针对性服务。返乡后,农

村经济发展相对缓慢,就业机会较城市有很大差距。近年来,随着国家政策的大力引导,农民工返乡规模有扩大趋势,但农村就业机会的不足加重了回流农民工就业压力。在就业渠道还不顺畅和就业机会受限的情况下,地方政府针对回流农民工再就业尚未有效建立综合信息发布平台,不能在第一时间获取就业和创业(政策)信息,这也会影响到农民工的回流再就业。此外,缺乏相应的技能培训服务机制,同样会制约回流农民工的再就业。因此,回流农民工就业问题不仅仅是个人问题,更离不开政府相关部门的有效组织和配合。

第三节　务农:多数人的选择

务农是指从事农业劳动并成为劳动者主要生活来源的就业行为,具体包括种植小麦、玉米、水稻等粮食作物和大豆、棉花等经济作物,以及养殖猪、牛、羊等家畜家禽和鱼、虾类水产品。本节中,务农是指采用一家一户、经营部分或全部自有土地的运营模式。从事务农的回流农民工比例是 33.75%,在现有职业分类中占比最高,因此将务农称之为"多数人的选择"。

一、结构性特征

表 8-5 显示,选择务农的回流农民工男性超过一半,占 59.63%,女性占40.37%;在后续比较分析中会发现,在赋闲、务农、打零工和创业四类就业类型中,从事务农的性别差异最小。年龄以 40 岁以上居多,其中 41—50 岁占比32.89%,50 岁以上占比 48.93%。由此可知,务农型回流农民工多为中老年,按代际区分,主要是老一代回流农民工。受教育程度上,文盲比例较高,达18.45%,高中及以上学历仅有 2.94%,整体文化知识水平偏低。普遍身体健康,仅有 7.22% 认为身体较差和 1.34% 是残疾。习得技能上,仅有 26.74% 的人认为在外务工学会了新技能,71.93% 的人认为没有掌握新技能。因此,务农型回流农民工具有年龄偏大、受教育程度低、健康状况较好和技能水平低等特点。

表 8-5　务农型回流农民工描述统计表

变量	定义	频率	占比
性别	男	223	59.63%
	女	151	40.37%
年龄	30 岁及以下	14	3.74%
	31—40 岁	54	14.44%
	41—50 岁	123	32.89%
	50 岁以上	183	48.93%
受教育程度	文盲	69	18.45%
	小学	165	44.12%
	初中	129	34.49%
	高中及以上	11	2.94%
健康状况	健康	269	71.93%
	一般	73	19.52%
	较差	27	7.22%
	残疾	5	1.34%
习得技能	是	100	26.74%
	否	269	71.93%
	其他	0	0.00%
	不知道	5	1.34%
总计		374	100.00%

二、传统农业：基本生活的保障

回流农民工选择务农主要有以下原因：一是因年纪人不能再负荷打工而回到家乡，他们在外务工时多以体力劳动为主，如从事建筑和基建行业，收入低，稳定性差；二是在生命历程中，40—60 岁的农民工是家庭负担最沉重的群体，处于上有老、下有小的阶段，为此，需要返乡履行家庭职责；三是自身能力有限,无法满足劳动力市场的需求,被市场淘汰,无经济来源,基本生存得不到保障而选择回流务农。

农民和土地有着天然的联系,回归土地选择务农是其生活的最后保障,也是许多回流农民工,尤其是大龄回流农民工,在缺乏安全感下的意识选择。CL是其中典型的代表,在城市务工难以为继、年龄偏大和家庭责任履行的作用下,他选择返乡务农,从而维持生活。CL属于老一代农民工,辗转各地,外出多年,但一直平平无奇,上了年纪后回乡,并不具备创业条件,为此依靠土地,沿袭传统方式经营维持生计。

个案:CL

基本情况:男,1954年出生,河南人,有两个女儿一个儿子,女儿已经出嫁,儿子在外务工,自己和老伴在家种地及照顾孙子孙女。1988—1993年在外务工,后返乡一直在家务农。

自述:原来家里情况很困难,70年代时我在乡里打零工,做了十几年。1988年开始去广东打工,挖下水道,搞维修,给人家拉车、拉沙子和水泥,都是一些杂活。有时候在玉石街搬玉石,装车,有玉石椅子、雕刻的石狮子之类。从南阳运过去的石头,我们给人家卸车。工资计件来算,一件几块到几十块钱不等。当时一个月挣的钱不确定,有的时候几天没活,有的时候一天能挣一百多。后来我又去了北京、长沙拾破烂,每月挣的钱也不确定。早上四五点起床,有的时候一天挣五六十块钱,有时二三十块钱,少的话十几块钱。年纪也大了没有合适的工作,家里又有小孩需要人照顾,现在就在家靠种地挣点钱维持生活。

我国法定退休年龄男性是60岁,女性55岁。城市社会保障制度相对完善,退休居民养老问题能够得到妥善解决;但农村社会保障体系有待健全,从而导致农村老年人往往需要依靠自身或者家庭赡养。因此,年龄偏大的农民在自身条件允许的情况下,依然需要自谋营生。务农对文化水平和技能要求不高,时间可以自由支配。再加上老一代农民工外出务工前长期从事农业生产活动,具有丰富的农业生产经验,从而更容易选择务农。

三、新型农业:农村发展的新方向

近年来,在国家农业扶持政策的激励下,以规模土地为基础,大户种植、养殖成为农业发展的新生力量。农业合作社是在农村家庭承包经营基础上,同类农产品的生产经营者或者农业生产经营服务的提供者、利用者,自愿联合、民主管理的互助性经济组织,以改变农户单打独斗的分散经营的状态。

回流农民工回到家乡后,发挥自身人力资本和社会资本,这种能力更容易转移到农业领域,成立农业合作社或成为种养大户。作为家庭农场初级形式,种养大户现阶段是较适合我国农业现代化的组织形式。种养大户是在企业大规模经营和小农户粗放经营之间的"中间路线",契合农业型村庄的先天优势,自身适应性较强,既有利于实现农业集约化、规模化经营,又可以避免企业规模租地带来的种种风险。回流农民工生于农村,成长于农村,农业是较为熟悉的领域,是他们优先考虑的创业行业。

个案:ZJB

基本情况:男,1984年出生,江西人,村民兵营长、村委会委员,同时经营其他经济作业。2004年至2012年在服装厂打工,2012年4月因照顾老人返乡,2013年9月份入党,后在部队锻炼5年。

自述:我家里现在有六口人,父母、妻子和两个孩子共同居住。外出打工之前家里生活条件一般,打工每月能挣几千块钱就已经很知足了。我一般在福建打工,也没有定居在那里的想法。在我们县城最多只能看到十层楼,在外面到处是高楼大厦,交通、物流等各方面都比较方便。在外面打工虽然学会了做衣服的技能，但是和我现在从事的行业不一样，打工经历对我现在的创业也没有什么影响。打过工的和没有打过工的差别还是挺大的，我的思想观念发生了改变，打过工的见识多。后来因为我父亲身体不好就回来了。回来后萌生创业的想法，就开始创业。回来后做挖机，还搞了养殖，养了三四千只鹅。养鹅主要是供到浙江，浙江那边会组织人来把鹅运走卖掉。因为环保问题，很多搞养殖的因为污染都关闭了，自己打算投资几十万购进一批环保设备。

培育新型农业经营主体，加大对联户经营、专业大户、家庭农场、农民合作社等扶持力度，发展新型农业经营方式是实现农业现代化的必然要求，也是促进农业生产稳步发展的有效举措。国家较早便已开展农业现代化经营模式的探索。2008年，党的十七届三中全会第一次提出将家庭农场作为农业规模经营主体之一。2013年中央一号文件，首次提出发展"家庭农场"这一新型农业经营主体。2014年，中央出台了《关于引导农村土地经营权有序流转发展农业适度规模经营的意见》，明确提出新型农业经营主体包括：家庭农场、专业大户、农民合作社、龙头企业、农业社会化服务组织等。2017年5月31日，中共中央办公厅、国务院办公厅印发了《关于加快构建政策体系培育新型农业经营主体的意见》，要求各地区各部门结合实际认真贯彻落实。党的十九大报告提出实施乡村振兴战略，构建现代农业产业体系、生产体系、经营体系，完善农业支持保护制度，发展多种形式适度规模经营，培育新型农业经营主体，健全农业社会化服务体系，实现小农户和现代农业发展有机衔接。

关于新型农业经营主体概念的认知，郭庆海认为中国新型农业经营主体主要分为家庭农场、农民合作社和农业企业三类。① 张照新、赵海将新型农

---

① 郭庆海：《新型农业经营主体功能定位及成长的制度供给》，《中国农村经济》2013年第4期，第4—11页。

业经营主体分为种养大户、家庭农场、农民合作社、农业产业化龙头企业和经营性农业服务组织。① 目前我国对家庭农场没有统一的、明确的土地规模衡量标准或其他具体标准，家庭农场的规模是一个相对概念。现普遍认为家庭农场是以农户家庭为基本单位，以家庭成员为主要劳动力，从事规模化、集约化、商品化生产经营，并以农业收入为家庭主要收入来源的新型农业经营主体，类似于种养大户的升级版。在我国现行土地制度下，农村基本每户均有自有土地，但数量有限，并且农村目前暂未形成成熟的产业链，农业合作社等缺乏产业支撑，家庭农场规模还有待发展。总体而言，这几类新型农业经营主体存在条件不完全具备，还需要较长时间才能成为农村（业）发展的中坚力量。

第四节　打零工：工商业元素的输入与乡村发展的融合

工商业的输入既丰富了乡村发展活力，也为农村灵活就业创造了机会，其中一个结果是打零工机会的增加。打零工是指在村庄或附近从事诸如木工、瓦工、小加工厂工人等非农工作，或者成为农业短工，如除草、修剪果树、采收农作物等，工作内容和工作地点不固定。涉及行业横跨工农商业，是工商业元素的输入和乡村发展融合的结果。

一、结构性特点

表 8-6 显示，从事打零工的回流农民工男性占 64.65%，女性占 35.35%，男性是主要从业对象。年龄普遍在 30 岁以上，且各年龄段分布相对均衡，30 岁以下仅占 11.45%。受教育程度上，初中文化水平居多，占 49.16%，相较于

---

① 张照新、赵海：《新型农业经营主体的困境摆脱及其体制机制创新》，《改革》2013 年第 2 期，第 78—87 页。

赋闲和务农群体,文化水平总体偏高。技能提升上,多数认为务工经历并未提升其技能,仅有 38.38% 的人认为外出打工习得了新技能。这相较于赋闲型群体,差异不大;但与务农型群体相比,差异较明显。

表 8-6 打零工型回流农民工的基本情况

变量	定义	频数	占比
性别	男	192	64.65%
	女	105	35.35%
年龄	30 岁以下	34	11.45%
	31—40 岁	79	26.60%
	41—50 岁	100	33.67%
	50 岁以上	84	28.28%
受教育程度	文盲	20	6.73%
	小学	81	27.27%
	初中	146	49.16%
	高中及以上	50	16.84%
习得技能	是	114	38.38%
	否	176	59.26%
	其他	2	0.67%
	不知道	5	1.68%
总计		297	100.00%

此外调查得知,目前农村零工市场还未形成,打零工多是自发行为,就业信息传递慢,用工方与就业需求方难以对接,且工作时间和农忙时间存在一定冲突,往往会造成用工时"一工难求"、农闲时大批劳动力无事可做的现象出现。

二、行业分布

(一)农业领域的打零工

农业耕作、养殖多为体力活动,大规模种养殖产生了雇佣劳动力的需要。为此,种养大户、合作社等往往会雇佣亲戚、邻居或村民,以零工、短工的形式阶段性地弥补劳动力不足状况。种养业雇工不同于工业雇工,以短工为主,用工灵活,雇佣对象主要是以血缘、亲缘和地缘建立起来的社会网络中的成员,不签订规范性合同,以口头约定为主。打零工使回流农民工闲散时间得到充分利用。零工工作时间灵活,弹性大。为此,回流农民工可以在不影响家庭生活的状况下,到周边种养大户、合作社等打零工以增加家庭收入。

(二)非农业领域的打零工

非农业领域的打零工,主要指到建筑队、加工厂等务工。农村多是自建房屋,有经验的村民会组建建筑队,人员不固定,工作时间和地点灵活,多是本村或周边村庄。于是,曾在外从事该项工作的回流农民工会进入到建筑队,做瓦工、水泥工等。此外,农村民营企业、乡镇企业的发展也为打零工创造了条件。尤其在浙江省,民营企业发达,部分回流农民工在袜子厂、小饰品厂、电子配件加工厂等制造业工厂就业,主要从事质检、包装、制造等简单易学的工作,这类岗位体力要求低,女性居多。在农村打零工和在城市务工有很大区别。相对农村,城市企业对劳动力素质有较高要求,例如要求年龄在18—45岁,初中及以上学历等。农村用工则更具灵活性,农忙或有事情时可以顺理向雇主或企业请假,并且雇佣方相对无严格纪律要求,有着浓重的人情管理韵味,更贴近农村文化环境。

打零工这种模式既渗透着工商业元素,又充盈着典型的农村社会气息,人情管理大于制度管理。对回流农民工来说,在农村打零工既能兼顾家庭,又可以额外获取收入，是平衡生活责任和经济压力的通常做法。

个案：CZ

基本情况：男，1956年出生，丧偶，河南人。两个儿子均已成家，大儿子定居在城里，二儿子在农村，与二儿子、儿媳、孙子孙女一起居住，2015—2016年在广州务工，因生病返乡。

自述：我在广州干的都是些杂活，砌房子、搬家和拉土……基本上什么都干，一个月能挣五千多块钱。后来生病了，不得不回来。回来后帮儿子的小卖部看店，看了一段时间，现在小卖部不开了，我就在村里打打零工挣点钱，有啥干啥，有时村里修路给人家帮忙，一天一百二十块钱，也不耽误给孙子做饭，孙子目前在上小学。

三、就业机会的改善

农村土地流转、新型经营方式的出现和产业向农村的转移，改善了农村打零工的就业行情。

（一）土地流转促进非农就业

长期在外务工的青壮年除非特定原因，大多春节前后才回到农村，传统的农业技能正逐渐从他们身上消逝。回流农民工经历城市生活后，传统农业的低收益让不少人不愿投身其中，尤其是新生代农民工，他们甚至从未种过田，缺乏农业技能，更不愿意从事农业。

土地与劳动力是农业生产的两个重要因素。科学技术的采用导致投入农业的劳动力与土地的配比关系发生调整。基于理性考量，当非农就业获得的收益高于农业收入时，农民会选择从事非农工作，进而导致农业生产的投入减少，甚至出现土地荒芜现象。为了防止土地撂荒，同时能获得部分收入，在国家政策的激励下,他们往往采用土地转包、租赁、转让、入股、代耕等形式将土地流转出去,这也解决非农就业的后顾之忧。此外,传统农业缺乏弹性,受自然环境和粮食市场价格波动影响较大。而土地流转后,农户与承包者之间签订了固定的价格合同,能够转移风险,确保稳定收益。图8-2显示,1108个回流农民工中,26.4%的人选择了土地流转。

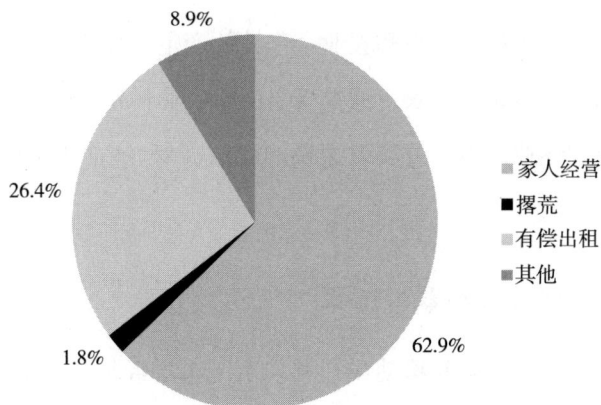

图8-2 回流农民工土地经营现状

关于为什么采用土地流转以及土地流转的效用,WLJ认为至少有三方面好处,一是提高了农业经营水平,二是提高了劳动力效率,三是解决了部分大龄回流农民工的就业。

个案:WLJ

基本情况:男,59岁,安徽人,村干部,在外累计务工16年,2002年返乡。

自述:我们村是十八个村民组,47个自然村庄,总人口超过4600人,可耕地七千多亩。现在我们土地流转给种粮大户的有六千多亩,一家一户生产,现在占的比重非常小了,因为有的在外打工,往返回来种地很不划算,承包给种粮大户拿个租金非常划算。村里有三个农业合作社。合作社成立后,一是提高了农业现代化发展水平,大户敢于投资,因为一家一户没有大型资金。二是提高了劳动力收益,自家地承包给种粮大户,签合同600块钱一亩,年轻人不想种地,可以安心外出务工。三是部分年龄大了的人,在外打工没人要,反过来给种粮大户打工,既能获得报酬,又能照应到家庭。

土地流转促进了种养大户和农业合作社的产生。种养大户经营和农业合作社的土地面积一般是个体农户的数倍。由于农业耕作、养殖为体力活动,大规模种养导致种养业产生了劳动力交换的现实需要,从而带动了打零工市场的发展。

(二)产业转移增加零工岗位

产业转移指产业的空间移动或迁移。由于市场经济环境的变化,某些产品生产所需的要素资源及需求市场发生了改变,为了寻求新的发展空间,失去竞争优势的产业会从一个地区转移到另一个地区,从而导致资本、技术和劳动力等生产要素的综合流动。产业转移不仅涵盖整个产业生产的转移,而且还包括同一产业内部各生产阶段的转移,通常是发达地区的部分产业转移到欠发达地区,或者发达地区已经失去优势的产业向欠发达地区转移。

国内产业转移主要是指长三角、珠三角以及闽三角等东部沿海地区失去比较优势的产业,向安徽、江西、河南、湖北、湖南、广西等中西部地区转移和扩散。改革开放以来,政府出台了诸多优惠政策,支持东部沿海地区优先发展,依据得天独厚的地理位置和政府政策的扶持,东南沿海地区工业快速发展,东中西经济发展水平梯度明显,地区的资源禀赋及产业结构存在显著差异性,也造就了资源互补的可能,容易形成产业转移。随着东部沿海地区经济与产业的长期快速发展,产业和生产要素向东部地区持续集聚,东南沿海经济发达地区产业趋同性增加,导致生产要素价格上升,资源、能源供给日趋紧张,出现了

"用工荒"、"电荒"和"油荒"等现象,劳动力、土地和制度等企业生产成本持续攀升,资本投资回报率呈下降趋势,传统劳动密集型企业生存压力不断加大,部分产业尤其是传统产业的竞争力逐渐减弱。

而地区间的产业转移带动了资本、设备等有形生产要素的流动,也促使知识、技术等无形生产要素重新配置,引起承接地产业和就业结构的变化。杨国才等认为我国欠发达地区承接的产业多属于劳动、资源密集型,通过承接这种类型的产业,能有效地解决当地大量剩余劳动力的就业问题。[①] 中西部承接东部的劳动密集型、资源密集型产业,如纺织服装业、食品加工业、造纸及纸制品业等,为当地农村劳动力打零工提供了机会。但遗憾的是,这种产业转移主要发生在城市之间,城乡之间的产业转移现象较少出现,从而制约了回流农民工就业。相较于中西部地区,浙江等发达地区民营企业发达,这为城乡间的产业转移和农村本土企业的培育、发展创造了条件,从而使得农村就业状况有所改观。

第五节　创业:少数人的成功

"回流人群内部存在明显的分层现象,一类是那些主动返回家乡,积极利用外出务工所获得的积蓄、经验与技术进行生产性活动的'成功者';另一类则是由于各种原因找不到工作或回家养老的'失败者'"。[②] 不仅如此,回流农民工的经济参与也存在明显分层,"成功者"仅仅是少数。创业是一项风险大、投资高、回报预期不稳定的经济参与活动,选择创业的人较少,能够取得可观收益的更少。表 8-1 显示,仅有 198 人付诸创业实践,占比 17.87%。其

---

① 杨国才、储平平:《区际产业转移对农民工利益的影响及其政策建议》,《江西财经大学学报》2011 年第 2 期,第 55—61 页。

② 齐小兵:《国外回流人口研究对我国回流农民工研究的启示》,《人口与经济》2013 年第 5 期,第 41—47 页。

中,个体业主人数最多,占 11.46%;种养大户占 4.15%,私营业主占 2.26%。这进一步表明,回流农民工创办企业的难度更多,创业规模总体偏小。因此,本书将回流农民工的创业视为"少数人的成功"。

一、创业选择与结构性特点

近年来,中央一号文件多次提出支持农民工返乡创业,带动现代农业和农村新产业新业态发展。积累了资金、技术和经验的"精英"回流农民工群体,回乡后不再局限于务农、打零工,创业成为他们实现自我价值、提高社会地位的一种选择。创业是一种积极主动型的就业方式。回流农民工自主创业,不仅能解决自身就业问题,还能推进农村剩余劳动力的二次转移,促进农村就业问题的解决,对农村经济和社会发展具有重要影响,而且随着时间推移,其影响会越来越明显。回流农民工创业主要有两种形式。一是继续从事农业,利用积累的经验、技术等相关农业生产要素,以一种全新的规模或组织形式探索"农业创业"。不同于传统农业活动,这种农业生产活动具备了创业的各类要素。通常以联合体的形式进行生产,如农业合作社和规模化种养殖。二是创业活动脱离了农业,转向第二、三产业,以个体户经营、开办私人企业等形式开展。

表 8-7 显示,在 198 名创业者中男性占 73.74%,女性占 26.26%,男性居多;年龄以 41—50 岁为主,占比 39.39%;受教育程度多为初中文化水平,占 50.00%,同时高中及以上学历占 23.74%,相较于被动就业的回流农民工,受教育程度明显偏高;在技能提升上,54.04% 认为在外务工学会了新技能,这一情况明显优于赋闲、务农和打零工群体;观念改变上,70.20% 的创业型回流农民工认为务工经历改变了思想观念,这为其选择回乡创业奠定了思想基础;此外,42.93% 的创业型回流农民工雇佣了劳动力,为打零工市场增加了就业机会。

表 8-7　打零工型回流农民工的基本情况

变量	定义	频数	占比
性别	男	146	73.74%
	女	52	26.26%
年龄	30 岁以下	34	17.17%
	31—40 岁	52	26.26%
	41—50 岁	78	39.39%
	50 岁以上	34	17.17%
受教育程度	文盲	8	4.04%
	小学	44	22.22%
	初中	99	50.00%
	高中及以上	47	23.74%
习得技能	是	107	54.04%
	否	88	44.44%
	其他	2	1.01%
	不知道	1	0.51%
观念改变	是	139	70.20%
	否	51	25.76%
	其他	3	1.52%
	不知道	5	2.53%
雇佣劳动力	是	85	42.93%
	否	113	57.07%
总计		198	100.00%

　　创业型回流农民工与被动就业的回流农民工相比,有较明显差别,这种差别也形成了优势,如男性居多、青壮年为主、文化水平较高。此外,务工经历的溢外效应明显,技能提升和观念改变均具有显著变化。

　　打工与创业之间有密切联系,回流农民工外出务工经历有助于资本、技术的积累和社会网络的拓展,还可能孕育创业精神。王西玉、崔传义等认为外出打工是回流农民工创业的前提,没有外出打工就不会有返乡创业;外出务工经历会影响创业行为,阅历和企业家精神等人力资本的积累是创业的决定因素。① 阳立高、廖进中等对湖南省农民工返乡创业调查发现,打工不仅使其获得了一般性的人力资本,如非农产业技术、市场消费需求、生产可能性的信息和经验,而且获得和孕育了特殊的人力资本和创业精神。② 马忠国指出农民工累积了社会资本,在其返乡创业过程中有重要作用,社会关系与网络资源是农民工掌握的关键性创业资源。③ 因此,回流农民工外出经历增加了创业的可能性。但是,回乡创业并非完全是回流农民工外出的初衷,也不是回流之际的成熟想法,而是在多重因素的刺激和作用下动态实践的结果。回乡后创业支持政策和农村创业机会的出现,部分回流农民工产生了创业行为。

二、创业选择的内生性基础

外出务工使(回流)农民工接触到城市新鲜事物,思想观念逐渐发生改变,人力资本和经济资本得到积累,叠加于社会网络的拓展和职业技能的提升,这为其创业选择奠定了内生性基础。

(一)资本的积累

资金是创业的基础。在 198 份样本量中,83.20%的创业型回流农民工外出打工的首要原因是挣钱养家,获取经济利益是外出的关键因素。这说明他们外出务工前经济并不富足,甚至难以维持良好的生活水平。缺乏盈余资金,

---

① 王西玉、崔传义、赵阳:《打工与回乡:就业转变和农村发展——关于部分进城民工回乡创业的研究》,《管理世界》2003 年第 7 期,第 99—109 页。

② 阳立高、廖进中、张文婧、李伟舵:《农民工返乡创业问题研究——基于对湖南省的实证分析》,《经济问题》2008 年第 4 期,第 85—88 页。

③ 马忠国:《社会流动视角下农民工返乡创业路径研究》,《特区经济》2009 年第 12 期,第 183—184 页。

创业无从谈起,而外出务工恰形成了资本积累的效果。正如 JZH 所言,"出去这么多年也挣了点钱"。此外,外出务工的经历还增强 JZH 的创业经验和管理思路。为此,2009 年 JZH 决定创业,成立纪家农业合作社种植蔬菜,带动村民共同富裕。如今,他的产品已走进了上海,纪家农业合作社也成为当地龙头企业。

(二)思想观念的改变

城市工业文明和乡村农业文明有较大差异。农民工在城市务工多年,经历了城市生产生活方式的洗礼,感受到现代都市文明与外来文化的冲击,其思想观念潜移默化的受到影响,从穿衣打扮到事件认知、判断等,思想观念和价值理念在不断深化,呈现出传统型向现代化转变的趋势。相对于长期生活在农村的在地村民而言,他们逐渐形成了经济意识、竞争意识等现代商业理念。这种现象较普遍,198 名受访者中有 70.20%的人认为思想观念发生了改变。个体只有思想发生改变,行为才能有所突破。为此,创业型回流农民工不再满足于传统农业生产和农村生活方式,转而有更高价值诉求,这为其创业奠定了思想基础。

(三)社会网络的拓展

布迪厄(Pierre Bourdieu)指出,社会网络是个体拥有的社会关系网络以及通过这种网络动员获取社会资源的能力,它的实质是一种社会资本。[1] 社会网络是创业型回流农民工识别创业机会、获取创业资源的渠道,是影响创业意向的重要因素。汤谨铭等研究了四川省达州市农民工返乡创业影响因素,发现社会网络和社会关系对农民工返乡创业有着积极影响。[2] 朱红根、解春艳

---

[1]　转引自刘玉侠、喻佳:《社会网络对回流农民工的影响分析》,《江淮论坛》2018 年第 2 期,第 18—22 页。

[2]　汤谨铭、傅新红、朱俊峰:《金融危机下农民工返乡创业的影响因素分析——基于达州市 149 名返乡农民工的调查》,《湖南农业大学学报(社会科学版)》2011 年第 4 期,第 27—32 页。

基于江西省农民工返乡创业的调查数据分析,发现社会资本直接影响农民工返乡创业企业绩效。[①] 蒋剑勇等认为,创业者的社会网络特征和社会技能影响着创业资源的获取。[②] 因此,社会网络对创业行为的发生具有显在效应。农民工原生社会网络是以血缘、地缘、亲缘为基础形成的,具有较强同质性和封闭性。外出务工结识了新的同事和朋友等,从而发展出次生社会网络。与在地村民相比,回流农民工联系互动的主体更具多样性,社会网络的异质性显著。社会网络是获取信息和资源的重要途径,农村是典型的熟人社会,创业环境广泛存在"强关系、弱组织"的社会文化,对于创业者而言,可以从社会网络中获取社会资本,使其转化为创业资源,比如资金支持、信息支持等。资金有限是回流农民工创业的真实情形。此外,发达的社会网络能够增强创业者信心,增加创业成功概率,强化创业意愿,从而更容易做出创业决定。

(四)综合技能的提升

选择创业的回流农民工中,有 54.04% 的人认为在务工期间提升了其专业技能,这些技能包括人际交往能力、管理技能、专业技术等。一方面,他们长期从事某项工作,熟能生巧地提升了其专业技能;另一方面,组织培训、自费培训、师傅带徒弟、自主学习等方式又进一步深化了其职业技能。对回流农民工而言,拥有一技之长,就业范围会更宽广,这无形中为创业奠定了技术支撑。此外,回流农民工技能提升不仅表现在技术上,还往往表现在该技能所运用的行业市场、供销出路等价值发挥上,从而增强了其创业成功概率,YZM(见第五章)创业成功便是受益于此。

[①] 朱红根、解春艳:《农民工返乡创业企业绩效的影响因素分析》,《中国农村经济》2012 年第 4 期,第 36—46 页。

[②] 蒋剑勇、郭红东:《创业氛围、社会网络和农民创业意向》,《中国农村观察》2012 年第 2 期,第 20—27 页。

三、创业选择的外在激励：政策支持

支持农民工等返乡人员创业是党中央、国务院培育经济增长新动力、打造区域均衡发展新引擎的战略部署。发挥农民工等返乡人员在创业创新中的主力军作用，能为农村提供更多就业岗位，促进农业提质增效、农民增收致富、农村繁荣稳定和稳增长，同时也有效缓解农民工长期背井离乡带来的留守儿童、空巢老人等社会问题。创业活动是一个复杂过程，受多种因素影响，具有较高的情境依赖特点。创业环境与创业活动紧密相关，创业环境好的地方一般会呈现较高的创业活动水平[①]。创业政策作为创业环境的重要内容，直接影响一个国家或地区创业活动水平。为鼓励农民返乡创业，让农村留住人才，中央和各地政府均出台了一系列针对农民工等人员返乡创业的政策，包括金融、产业、培训、管理和公共服务等方面，增加返乡创业支持力度，对回流农民工返乡创业起到助推作用。

回顾我国农民工创业政策的发展历程，大致可以分为三个阶段。一是萌芽发展阶段，20 世纪 90 年代至 2007 年。2007 年中央一号文件首次提出，"采取各类支持政策，鼓励外出务工农民带技术、带资金回乡创业，成为建设现代农业的带头人"。但地方各级政府并未出台具有针对性和可操作性强的配套扶持政策。二是 2008—2012 年，农民工创业政策逐渐成为农民工政策的重要组成部分。2008 年全球金融危机爆发，经济不景气，许多企业破产、倒闭，大量农民工失去工作，中央农办表示全国约有 2 千万农民工失业，形成了"返乡潮"。金融危机带来的就业压力促使国家和地方政府从创业入手，把创业作为带动就业的重要政策手段，缓解社会就业压力。2008 年 9 月，国务院办公厅转发了人力资源和社会保障部等 11 部委联合出台的《关于促进以创业带动就业工作的指导意见》，明确指出要"重点指导和促进高校毕业生、失业人

---

① 王飞绒、池仁勇：《发达国家与发展中国家创业环境比较研究》，《外国经济与管理》2005年第 11 期，第 43—50 页。

员和返乡农民工创业"。同年12月，国务院办公厅又专门下发了《关于切实做好当前农民工工作的通知》，"大力支持农民工返乡创业"被列为六大措施之一，在降低农民工创业门槛、开辟创业"绿色通道"以及提供创业融资服务等方面提出了具体指导措施。此后几年，中央一号文件均将促进农民工创业列为重要内容。各级地方政府对农民工创业的重视程度有所提升，结合地方实际制定出台了相关政策扶持农民工返乡创业或就地就近创业。三是2013年至今。党的十八大后，国家强调城乡发展一体化，加强农民工创业政策的制定与落实是重要内容之一。2015年6月21日，国务院办公厅印发《关于支持农民工等人员返乡创业的意见》，提出了支持返乡创业的五方面政策措施：一是降低返乡创业门槛，二是落实定向减税和普遍性降费政策，三是加大财政支持力度，四是强化返乡创业金融服务，五是完善返乡创业园支持政策。2016年11月29日，国务院办公厅印发《关于支持返乡下乡人员创业创新促进农村一二三产业融合发展的意见》，从重点领域和发展方向、政策措施、组织领导三个方面设计出台了共计14项具体政策措施。2018年4月25日，农业农村部印发《关于大力实施乡村就业创业促进行动的通知》，强调乡村就业创业促进行动要坚持自主就业创业，坚持人才优先培养，坚持特色产业带动，坚持产业融合发展；要求各级农业农村部门强化组织领导，把实施乡村就业创业促进行动作为乡村振兴战略的重要举措，作为经常性、长期性和战略性重要任务来抓；强化政策落实，研究制定本地乡村就业创业促进行动工作方案，明确任务分工和进度安排，建立保障机制、督查机制和激励约束机制，推动政策细化实化、落地见效；激励更多返乡下乡本乡人员开展创业创新，力争到2020年，培训农村创业创新人才40万人，建设300个国家农村创业创新园区（基地），建立促进就业创业的政策体系、工作体系和服务体系，促进乡村就业创业规模水平明显提升。

总体而言，国家主要从激励、引导和保护三方面对返乡农民工创业进行扶持。创业活动是一种资源消耗型实践，需要大量的资源支撑。企业资源基础理论认为资源的丰富程度对企业的成长有重要影响。对回流农民工而言,初始资源有限,本身又缺乏创造资源的能力,更难以获得外部企业和机构的资源支持。因此,获取政策资源是满足农民工资源需求、促使其创业成长的主要途径,有助于降低返乡农民工创业成本、提高创业绩效。杨其静、王宇锋研究发现,政策的质量对返乡者的创业倾向有很大影响。[①] 朱红根、解春艳研究发现,政策支持力度的大小影响农民工返乡创业意愿,农民工是否获取政策资源和获取政策资源的多少对返乡创业绩效都有显著影响。[②] 本书的调查数据显示,在创业行为发生前,带着明确创业意愿回流的群体较少,仅有91人,占样本总量(1108)的8.21%。然而,回流后付诸创业实践的人数达198人,是前者的两倍之多,这说明较多回流农民工在某些因素的激励和引导下选择了自主创业,其中政策激励不可或缺。

表8-8　回流农民工创业行为

类型	频数	占比
创业意愿	91	8.21%
创业行动	198	17.87%
意愿且行动	44	3.97%

但调查过程中发现,创业政策的信息互动和制度运转等方面仍存在一些问题,从而制约了回流农民工创业活动的开展,这在LXF的经历可见一斑。

个案:LXF

基本情况:男,1968年出生,浙江人,2013年返乡创业,开办养

---

① 杨其静、王宇锋:《个人禀赋、制度环境与创业决策:一个实证研究》,《经济理论与经济管理》2010年第1期,第68—73页。

② 朱红根、解春艳:《农民工返乡创业企业绩效的影响因素分析》,《中国农村经济》2012年第4期,第36—46页。

殖场。

　　自述：唉，走了很多弯路。当初我带着资金回来盖羊场，我一个农民工回来啥也不知道，也不知道从哪里去了解政策。看别的地方养羊都用毛竹搭圈，我就在我家荒田上面盖羊场。第一次盖好了，有关部门说不能盖，拆掉了。我投进去的几十万就没了。第二次又投资盖了羊场，拉回来75万种羊，养了6个月，政府人员视察说会污染水源，又拆了，几十万又没了，有两次甚至不想活下去了。后来只有去贷款，政府方面也没有一个人来和我对接，我跑到各大部门去，没人理我。第三次盖好羊场的第二年，才听说我回来盖这个农场是有国家补贴的。我现在去申请补贴，工作人员说今年（2018年）批下来1个项目，给我66万的额度，这个66万里面有50%是国家补贴，但是需要我把现在的羊场全部拆掉再重新盖起来。这是农业局的政策，不拆掉就没有补贴。要求羊场必须是新的才能补贴，但是让我把几百万的羊场拆掉补贴66万，太不符合实际，要是早点知道补贴政策也不会这样，唉。我现在还遇到个（贷款）问题，如果我现在能够贷到50到100万，我的企业马上就起来了。我现在的总负债是200万，这些不是银行借贷，都是私人高利贷。我现在每年能收益100万利润，全部用来还利息了。我去贷款，银行说要担保人，亲戚朋友没有人敢给担保，个人信誉担保只认公务员。

　　创业是一件极具风险的事情，没有足够的资金支持，回流农民工不敢轻易尝试创业。LXF在谈到两次盖羊场被拆后表示"有两次甚至不想活了"，生动地说明了创业艰辛的事实。即使有一定积蓄启动创业项目，后续为扩大生产融资也难免遭遇瓶颈。银行虽然可以贷款，但是需要必要的担保抵押，但对于如LXF一般的回流农民工，因为缺乏担保而无法获得金融支持，这制约了回流农民工创业活动的顺利推进。贷款门槛高、资金借贷困难，使创业者持续性经营面临挑战。

四、创业行为的解释：自我实现需求与乡村文化的催化

马斯洛将人类需求从低到高分为生理需求、安全需求、社交需求、尊重需求和自我实现需求五个层次，他认为动机是由多种不同层次与性质的需求所组成的，而各种需求间有高低层次与顺序之分，每个层次的需求与满足的程度，将决定个体的人格发展境界。[1] 一般而言，低层次需求满足后便会向高一层次需求发展，追求更高层次的需求就成为驱使行为的动力。农民工外出的重要原因是为了获得更高经济利益，提高家庭经济生活水平。当农民工在外打拼赚取的经济收入满足低层次需求后，不再为基本衣食住行操劳时，会衍生尊重需求、自我实现需求，进而萌生干一番事业的念头——追求成功，以赢得更高的社会地位，或带领乡亲共同致富以获得群体认可。

现代社会理论认为社会流动(social mobility)作为社会固有的特征，是指社会成员在一定的分层体系中社会位置的变动过程，社会成员或群体从一种社会阶级或阶层转到另一种社会阶级或阶层，从一种社会地位向另一种社会地位，从一种职业向另一种职业的转变的现象。[2] 根据社会流动的方向性，社会流动可相应地划分为两种最基本形式，垂直流动和水平流动。

回流创业是农民工实践能力发展到一定阶段的产物，在城市务工期间，他们充分发挥能动性，提升社会资本和人力资本，为争取向更高层次社会流动努力。从社会流动角度来看回流农民工的发展轨迹，多数回流农民工属于以下两种情况：第一种情况是水平流动，这种情况是农民工回到农村继续从事一般性农业生产活动，这种流动并未带来社会身份、自身价值的改善和提升；第二种情况是向上垂直流动，即回流农民工以雇佣他人或自我雇佣的形式创业，实现由农民工向创业者、打工者向老板的身份转变。因此，结合以上两种观点可

---

[1]　[美]亚伯拉罕·马斯洛：《动机和人格》，许金声译，中国人民大学出版社2007年版。

[2]　郑杭生：《社会学概论新修》(第三版)，中国人民大学出版社2004年版。

以发现,创业成为回流农民工实现自我价值、改善自我身份地位最重要的途径和选择。

此外,个体选择创业不仅是为了实现自我价值,还有出于带领村民一同致富的目的。在访谈中,创业型回流农民工普遍表示,创业是为了回馈家乡,带领其他村民共同发展。这种理念呈现了乡村文化的特性。乡村文化是以农耕经济为基础,围绕着土地制度在长期农业生产和乡村生活中形成并发展起来的一套思想观念、心理意识和行为方式。乡村文化具有极强的地域性和同质性,村民在熟悉的村庄内生活,传承相同的历史文化,他们的生产生活、经济结构也趋向一致,逐渐形成共同的思想道德观念、风俗习惯、价值观念等,从而增强了群体成员的内聚力、亲切感和责任感。乡村文化根深蒂固,这种文化促使许多回流农民工带着"带领父老乡亲共同致富"的伟大抱负回乡创业。创业于 LXF 而言是"一辈子的梦想",他"想带着松阳人(一同)致富","认为养羊这个行业在松阳县这个穷乡僻壤的地方,能够开辟一条新的致富之路"。如 LXF 一般的创业者,创业实践更容易得到村民的认可,声望和地位逐渐发生改变,从而又作用于个体自我价值的实现。

因此,对回流农民工创业行为的理解,不仅需要看到经济效益的一面,还应该看到社会效益的一面;不仅需要关注个体自我价值实现和阶层流动愿望等内在动力,同时,需要赋予特定的社会文化语境来分析,从而才能更全面理解回流农民工的创业行为。

第六节　回流农民工的创业绩效[①]

在四个调查省份中,浙江省的回流农民工创业效应最为明显,为此,本节内容主要选取浙江省的调查资料加以分析。

---

① 本章部分内容发表于《浙江学刊》,具体参见:戚迪明、刘玉侠:《人力资本、政策获取与返乡农民工创业绩效》,《浙江学刊》2018 年第 2 期,第 169—174 页。

改革开放以来,浙江的发展就是一部创业史。同时,浙江以绿色发展为引领,美丽乡村建设、农家乐民宿经济和农村电商的快速发展,也为回流农民工创业提供了相应机会。2015 年,国家发展改革委等十部委发布的《关于结合新型城镇化开展支持农民工等人员返乡创业试点工作的通知》,浙江共有庆元县、龙泉市、松阳县等 5 县市获批为该项工作的首批试点县市。试点以来,浙江省围绕促进返乡农民工创业,通过政策、平台联动,营造良好的双创生态环境,以期通过创业支持政策来促进回流农民工创业,提升创业绩效。因此,考察政策支持对回流农民工创业绩效的影响具有重要的现实意义与政策涵义。

国外研究发现,政府政策对创业者的意愿和实际创业行为均有积极影响[1],优惠的税收政策[2][3]、完善的信贷市场及其支持[4]、创业培训课程及咨询服务都有助于促进创业以及提升创业绩效。对以农民为主体的创业理论及实践研究较少,主要集中于城市化进程中农民迁移、教育与创业关系的考察。国内考察政策支持对创业影响的研究,早期主要集中于农民创业领域[5][6][7][8]。近几年来,也有部分学者对回流农民工创业进行考察,朱红根、解春艳通过对

---

① Fonseca R.E., "Entrepreneurship: Start-up and Employment", *European Economic Review*, Vol. 45, No. 4-6(2001), pp. 692-705.

② Blanchflower D.G., "Self-employment in OECD Countries", *Labour Economics*, Vol. 7, No. 5 (2000), pp. 471-505.

③ Cullen J.B., Gordon R.H., "Taxes and Entrepreneurial Activity: Theory and Evidence for the U.S.", *NBER Working Paper* (2002).

④ Black S.E., Strahan P.E., "Entrepreneurship and Bank Credit Availability", *Journal of Finance*, Vol. 57, No. 6 (2002), pp. 2807-2833.

⑤ 郑风田、孙谨:《从生存到发展——论我国失地农民创业支持体系的构建》,《经济学家》2006 年第 1 期,第 54—61 页。

⑥ 郭军盈:《我国农民创业的区域差异研究》,《经济问题探索》2006 年第 6 期,第 70—74 页。

⑦ 赵西华、周曙东:《农民创业现状、影响因素及对策分析》,《江海学刊》2006 年第 1 期,第 217—222 页。

⑧ 戚迪明、张广胜、杨肖丽、程瑶:《农民创业意愿的影响因素分析——基于沈阳市 119 户农民的微观数据》,《农业经济》2012 年第 1 期,第 72—74 页。

438 个江西省回流农民工的调查,发现政策资源对农民工返乡创业绩效有重要影响,同时,回流农民工的年龄、文化程度和创业年数等对创业绩效也具有显著正向影响①。宁光杰和段乐乐通过广东和浙江两省数据,发现户籍和户籍隐含的公共服务政策都显著地促进了流动人口创业的概率,并显著提高了流动人口创业者的收入②。赵德昭对 693 个回流农民工调查数据的实证研究发现,获得政府资助和银行贷款的回流农民工更易获得较高的创业绩效③。

综上所述,现有成果围绕政府政策与创业之间关系进行了大量研究,也取得了一定的成果,但仍存在以下的研究空间与缝隙:多数研究表明人力资本水平对创业者绩效有显著影响,但与一般创业者相比,回流农民工具有一定特殊性,即其外出务工经历作为人力资本积累对创业绩效产生怎样的影响? 二是当前讨论政策支持对创业的影响更多聚焦于创业意愿,探讨政策支持对回流农民工创业实际绩效影响的定量分析相对较少。三是已有研究关注人力资本、政策支持对创业绩效的影响,但鲜有研究三者之间的内在影响机制。为此,下文将运用浙江省的回流农民工创业者调查数据,定量分析人力资本、政策获取对回流农民工创业绩效的影响,同时探讨人力资本、政策获取与创业绩效之间的影响机制,进而提出提升回流农民工创业绩效的政策思考。

一、数据、变量与模型

(一)样本特征

浙江省共有 245 个有效的回流农民工创业者样本。创业者以男性为主,

---

① 朱红根、解春艳:《农民工返乡创业企业绩效的影响因素分析》,《中国农村经济》2012 年第 4 期,第 36—46 页。

② 宁光杰、段乐乐:《流动人口的创业选择与收入——户籍的作用及改革启示》,《经济学季刊》2017 年第 2 期,第 771—792 页。

③ 赵德昭:《农民工返乡创业绩效的影响因素研究》,《经济学家》2016 年第 7 期,第 84—91 页。

占样本总数的 62%,相较于女性而言,男性农民工返乡创业概率更大。从年龄分布来看,主要集中于 18—36 岁之间,样本的年龄均值为 32.11 岁,创业者以新生代农民工为主。创业者的受教育程度明显较高,大专及以上的占样本总数的 36%,高中与中专的比例达到 35%。66%的回流创业者为已婚。创业者中党员的比例较高,达到 12%,这表明一部分回流创业者正逐步成为乡村治理中的精英,并获得体系内的认可。

(二)变量选择

1.因变量选择。该研究中被解释变量为回流农民工创业绩效,从现有研究来看,对创业绩效的量化处理主要分为两种途径:一是以创业者年收入或者创业年限为替代变量,来代表创业者的绩效[①];另一种是从财务指标、成长指标等构建指标体系,综合测度出一个指标值来表示创业者的绩效水平[②]。借鉴相关研究以及回流农民工创业者的实际情况,本研究也采用替代变量的方式,并分别从主观视角和客观视角两个层面来测度创业绩效:创业者主观视角的创业绩效,以回流农民工创业者对其当前创业现状的满意程度来表示,分别是 1 代表不满意,2 代表不太满意,3 代表一般,4 代表比较满意,5 代表非常满意;客观视角的创业绩效,以 2016 年经营收入与上一年相比的情况来表示,1 为降低 15%,2 为降低 0—15%,3 为持平,4 为增加 0—15%,5 为增加 15% 以上。

2.自变量选择。研究所关注的核心变量是人力资本和政策获取,对于回流农民工创业者而言,其人力资本主要包括初始人力资本和务工积累人力资本两部分。初始人力资本主要指其进入城市务工前的人力资本水平,以其受

---

① 朱红根:《政策资源获取对农民工返乡创业绩效的影响——基于江西调查数据》,《财贸研究》2012 年第 1 期,第 18—26 页。

② 黄洁、蔡根女、买忆媛:《农村微型企业:创业者社会资本和初创企业绩效》,《中国农村经济》2010 年第 5 期,第 65—73 页。

教育年限来表示;务工积累人力资本主要指外出务工者进入城市后所积累的
人力资本,以务工期间换过几份工作①来表示。对于政策获取的考察也从两
个层面进行,一是是否获得政策支持,1代表获得过政策支持,0代表未获得政
策支持;二是获得政策支持的项数,取值在0—7之间。控制变量主要为回流
创业者个体特征(性别、年龄、政治面貌、婚姻状况等)、创业特征(创业时间、
创业形式等)等。变量的设置和定义如表8-9所示。

表8-9　变量设置与定义

变量名称	变量定义	均值	标准差
性别	男=1,女=0	0.62	0.49
年龄	周岁	32.11	7.84
受教育程度	1小学及以上,2初中,3高中,4中专,5大专及以上	3.52	1.30
政治面貌	1党员,0非党员	0.12	0.33
婚姻状况	1已婚,0未婚(离异、丧偶)	0.66	0.47
累计更换工作	份数	2.31	2.02
创业时间	年	3.28	2.19
创业形式	1团队,0个体	0.59	0.49
政策支持	1获得支持,0未获得支持	0.79	0.41
政策资源	获得政策支持的项数	3.22	2.29

(三)模型设定

1.不同人力资本对回流农民工创业绩效的影响。研究首先要分析不同人
力资本对回流农民工创业绩效的影响,由于创业绩效的量化采用创业者创业
现状主观满意度和创业者2016年经营绩效较上一年的比较,上述两变量取值

---

① 务工期间换过几份工作既可以在一定程度上衡量农民工外出务工的时间,也可以说明
其工作经验的积累,因此,本研究以务工期间换过几份工作来代表农民工外出期间人力资本的
积累。

分别为 1、2、3、4、5,属于有序分类变量,因此采用有序 Logistic 模型。

模型的基本形式如下:

$$y_i^* = X_i\beta + \varepsilon_i$$

上式中 y_i^* 为一个不可观测的潜在变量,可观测的变量为 y_i,其取值有 1,2,3,4,5;y_i^* 线性依赖于解释变量 X_i,β 为相应的待估参数,ε_i 为独立分布的随机变量,则

$$y_i \begin{cases} = 1,如果 y_i^* \leqslant u_1 \\ = 2,如果 u_1 < y_i^* \leqslant u_2 \\ = 3,如果 u_2 < y_i^* \leqslant u_3 \\ = 4,如果 u_3 < y_i^* \leqslant u_4 \\ = 5,如果 u_4 < y_i^* \leqslant u_5 \end{cases}$$

设 ε_i 的分布函数为累积标准正态分布函数 $\Phi(\cdot)$,则可以得到如下的有序 Logit 模型:

$$p(y_i = 1) = \Phi(u_1 - X_i\beta)$$

$$p(y_i = 2) = \Phi(u_2 - X_i\beta) - \Phi(u_1 - X_i\beta)$$

$$p(y_i = 3) = \Phi(u_3 - X_i\beta) - \Phi(u_2 - X_i\beta)$$

$$p(y_i = 4) = \Phi(u_4 - X_i\beta) - \Phi(u_3 - X_i\beta)$$

$$p(y_i = 5) = 1 - \Phi(u_5 - X_i\beta)$$

2. 政策获取中介效应检验。在相应的社会科学研究中,对于中介效应的检验,以往研究较多采用 Baron 和 Kenny 提出的因果逐步回归的检验方法[1],温忠麟等将该方法进行总结,并提炼了中介效应的检验程序与步骤[2]。除了

---

[1]　Baron R.M.,Kenny D.A.,"The Moderator-mediator Variable Distinction in Social Psychological Research:Conceptual,Strategic,and Statistical Considerations",*Journal of Personality & Social Psychology*,Vol. 51（1986）,pp. 1173-1182.

[2]　温忠麟、张雷、侯杰泰、刘红云:《中介效应检验程序及其应用》,《心理学报》2004 年第 5 期,第 614—620 页。

该方法以外，运用较多的是 Zhao 等提出的中介效应检验程序即 Bootstrap 方法[1]，但由于该方法要求中介变量必须为连续变量，且因变量为多分类变量时，也无法实现操作，在本研究中中介变量政策获取为分类变量，同时因变量创业绩效也为多分类变量，无法采用 Bootstrap 方法。

因此，本研究对中介效应检验的方法主要借鉴温忠麟等的方法，具体操作步骤及说明如下：

$$Y = c_1 X + \varepsilon_1 \tag{1}$$

$$M = aX + \varepsilon_2 \tag{2}$$

$$Y = c_2 X + bM + \varepsilon_3 \tag{3}$$

上述检验方法的基本思想是：第一步，系数 c_1 是否显著，如果显著则继续进行检验，不显著则结束检验；第二步，若系数 a、b 都显著，则继续进行下一步检验，若有一个不显著，则根据第二步结果进行 Sobel 检验；第三步，检测系数 c_2 是否显著。

二、政策支持与创业绩效的描述分析

1.创业特征与绩效描述。多数回流农民工创业年限并不长，主要集中于 1—3 年和 3—6 年，创业形式以个体创业为主，比例占到样本总数的 58.86%。从创业绩效的主观满意度来看，对自身当前创业现状表示非常满意和比较满意的比例达到 53.14%，远高于不太满意和不满意的 13.15%。同样，从创业的客观绩效来看，2016 年经营收入相较上一年增长 0—15% 和 15% 以上的分别占 32% 和 25.14%，较上一年出现营收下降的比例为 14.86%。上述数据表明，无论是主观绩效还是客观绩效，多数回流农民工的创业绩效良好。

---

① Zhao X, Lynch J.G., Chen Q, "Reconsidering Baron and Kenny: Myths and Truths about Mediation Analysis", *Journal of Consumer Research*, Vol. 37 (2010), pp. 197-206.

表 8-10　回流农民工创业特征与创业绩效

创业特征	分类情况	占比	创业绩效	分类情况	占比
创业时间	1—3 年	45.86%	主观满意度	非常满意	8.57%
	3—6 年	41.12%		比较满意	44.57%
	6—9 年	6.46%		一般	33.71%
	9 年以上	6.56%		不太满意	13.15%
创业形式	个体创业	58.86%	客观绩效	不满意	0.00%
	团队创业	41.14%		降低 15%	1.15%
创业领域	电子商务	56.00%		降低 0—15%	13.71%
	旅游民宿	17.71%		持平	28.00%
	零售行业	20.00%		增加 0—15%	32.00%
	其他	6.29%		增加 15%	25.14%

2. 回流农民工创业政策获取分析。回流创业者中,有 20.57%的受访者自创业以来没有获得过相应政策支持,获得创业支持政策主要是创业培训、创业园区和税收优惠,分别占比为 61.5%、50.6%和 58.9%,获得 3 项和 4 项政策支持的创业者比例最高,分别占样本总数的 16.57%和 16%。对创业政策支持力度表示非常大和比较大的比例为 32.57%。从创业者个体特征与创业政策利用的交互分析来看,年龄相对较轻、受教育程度较高、政治面貌是党员的创业者获得政策支持的项数较多;从创业特征与创业政策利用的交互分析来看,创业年限越长和团队创业者,获得政策支持项数较多。上述结果表明,多数回流农民工在创业过程中获得了政策支持,但在不同群体间创业政策的获得程度存在一定差异。

3. 政策支持与创业绩效的交互分析。对政策支持与回流农民工创业绩效进行交互分析,如表 8-11 所示:与未获得过政策支持的创业者相比,获得政策支持的创业者对创业现状表示不太满意和一般的比例明显下降,而对创业现状表示比较满意和非常满意的比例明显上升;同样,与获得 0—3 项政策支持的创业者相比，获得4—7项政策支持的创业者表示不太满意和一般的比例较低，而对创业现状表示比较满意与非常满意的比例明显上升。通过卡方检验同样表明，政策支持与创业者主观满意度、客观创业绩效均存在显著差异。上述结果表明，获得过政策支持或政策支持项数越多，创业者的创业绩效越好，但两者之间是否存在因果关系，尚需通过构建计量模型来验证。

表 8-11 政策与主观创业绩效交互分析

		主观满意程度				
		不满意	不太满意	一般	比较满意	非常满意
政策支持	是	0.0%	10.9%	31.9%	48.6%	8.7%
	否	0.0%	19.4%	41.7%	30.6%	8.3%
支持项数	0—3 项	0.0%	16.1%	34.4%	44.1%	5.4%
	4—7 项	0.0%	9.8%	32.9%	45.1%	12.2%

三、政策支持与创业绩效的计量分析

1. 不同人力资本对回流农民工的创业绩效影响。根据前述分析，采用有序 Logit 模型进行回归，由于创业绩效从主观满意度和客观经营绩效两个维度界定，分别作为因变量纳入回归模型，估计结果如表 8-12 所示。

表 8-12 人力资本对创业绩效影响的估计结果

变量	主观满意度绩效		客观经营绩效	
	模型一	模型二	模型一	模型二
初始人力资本	0.2072 **	0.1257 **	0.1196 *	0.0286 **
积累人力资本	0.0263	0.0443	0.0008	0.0214
性别	−0.1694	−0.0999	−0.0038	−0.0239
年龄	0.0346	0.0305	0.0350	0.0315
政治面貌	0.9254 **	1.0393 **	0.8941 *	1.0325 **

续表

变量	主观满意度绩效		客观经营绩效	
	模型一	模型二	模型一	模型二
婚姻状况	0.0994	0.1244	0.4707	0.4686
创业时间	0.0237*	0.0456**	0.0278*	0.0084*
创业形式	−0.5049	−0.5380**	−0.1079	−0.0822
政策支持	0.7007**	/	0.7915**	/
支持项数	/	0.2477***	/	0.2201***

从人力资本变量的影响来看，以受教育程度为代表的初始人力资本，无论是主观满意度还是客观经营绩效，均在5%左右的水平下通过显著性检验，且其系数符号为正。这表明受教育程度越高的回流农民工，创业绩效越好。务工期间积累的人力资本虽然系数符号为正，表明对回流农民工的创业绩效具有正向影响；但未通过显著性检验，表明该因素对回流农民工创业绩效不具有很好的解释作用。其原因可能是农民工外出务工期间，所从事的专业与回流后创业的领域较不一致，以至于其在务工过程中所积累的工作技能和经验，未能很好地转移到回流后的创业实践中。

从政策支持变量来看，无论是主观绩效还是客观经营绩效，是否获得政策支持均在5%的水平下通过显著性检验。这表明相较于未获得政策支持的回流农民工，获得过政策支持的创业者创业绩效更高。同样，政策获得的项数在1%的水平下通过显著性检验，且其系数符号为正，表明获得政策支持项数越多，回流农民工的创业绩效越好。

从其他变量来看，政治面貌是否党员在5%的水平下通过显著性检验，且其系数符号为正，说明相较于非党员而言，党员创业者创业绩效更好。其原因一是回流农民工是党员，表明其综合素质较高，且创业已经取得一定成绩；二是党员较非党员更易获得创业支持政策信息，创业政策的获得能力更强。累计创业时间也在5%或10%的水平下通过显著性检验，系数符号同样为正，说明回流农民工创业时间越长,其创业绩效越好。

2. 政策获取中介效应检验。政策获取在人力资本、回流农民工创业绩效中的中介作用检验结果如表 8-13 所示。首先,以创业绩效为因变量的回归结果显示,人力资本对创业绩效的回归系数是显著的,农民工人力资本水平与创业绩效之间存在正相关关系。这表明可以开展第二步检验。以政策获取为因变量的回归结果显示,人力资本水平对回流农民工创业政策的获取有显著正向影响;以创业绩效为因变量的回归结果显示系数 b 和系数 c',分别在 10% 和 5% 的水平下通过显著性检验。这说明创业政策获取在"人力资本水平—创业绩效"的正向关系中发挥了部分中介效应,人力资本水平通过创业政策获取对回流农民工创业绩效的中介效应,占人力资本对回流农民工创业绩效总效应的比例为 $e = ab/c_1 = (0.0925 \times 0.6899)/0.2463 = 0.2591$。

表 8-13 政策支持在回流农民工创业绩效中的中介效应

	第一步因变量 (创业绩效)		第二步因变量 (政策获取)		第三步因变量 (创业绩效)	
	coef	Std.Err	coef	Std.Err	coef	Std.Err
性别	−0.2233	0.2978	−0.4109	0.4111	−0.1868	0.2998
年龄	0.0305	0.0262	−0.0086	0.0326	0.0327	0.0265
政治面貌	0.9164**	0.4831	0.2773*	0.5990	0.9399**	0.4860
婚姻状况	0.0413	0.3795	0.6804	0.5697	0.0985	0.3827
创业时间	0.0446*	0.0782	0.0878*	0.0981	0.0293*	0.0787
创业形式	−0.4663	0.3089	0.0885	0.0527	−0.4887	0.3096
受教育程度	0.2463*	0.1517	0.0925**	0.0853	0.2067*	0.1545
政策获取	/	/	/	/	0.6899**	0.3663

四、回流农民工创业绩效的基本结论

以上内容表明,人力资本、创业政策支持对农民工返乡创业绩效有重要影

响,同时回流农民工是否为党员、创业年限等因素对创业绩效有不同程度的影响。具体如下:

第一,外出务工期间积累的人力资本对回流农民工创业绩效未产生显著影响。一般认为,与未外出创业者相比,回流农民工创业具有技能、经验等优势,有助于其创业发展。但从研究结果来看,外出务工期间所积累的技能、经验等人力资本并未产生显著影响,其主要原因在于外出务工的就业领域与其返乡创业领域的匹配程度较低,外出所积累的技能经验未能很好地转化为创业的现实能力,进而提升创业绩效。因此,政府在引导回流农民工创业的产业支持中,要合理结合其外出时就业领域,以便更好发挥回流者外出务工所积累的技能与经验。另外,回流农民工的初始人力资本,即受教育程度,对创业绩效存在显著正向影响。因此,发展农村教育,提升劳动力受教育水平,对于促进返乡创业绩效具有重要作用。

第二,是否获得过政策支持与获得政策支持的项数对农民工返乡创业绩效均有显著正向影响。这说明创业政策支持对农民工返乡创业的成功至关重要,为了扶持和服务回流农民工创业,政府仍需基于创业者主体需求提供差别化的创业支持政策,并加大政策宣传力度,解决好创业政策"最后一公里"问题,使回流农民工能够尽可能多地获得相应创业政策支持。

第三,政策获取能力影响回流创业者支持政策获得的结果。回归结果显示,受教育程度、是否是党员以及创业时间,对创业政策的获得具有显著影响;受教育程度越高、是党员以及创业时间越长的创业者,获得政策支持的概率越高。为此,政府一方面要提升回流创业者的支持政策获取能力,帮助更多创业者了解创业政策信息,进而获得创业政策的支持;另一方面对于不是党员、受教育程度不高的初创者要进行重点扶持,以便使其能够获得政策支持,对这部分人而言,创业政策的影响效应更大。

第四,回流创业者是否为党员、创业时间对回流创业者的创业绩效有显著影响。创业者是党员、创业时间越长,其创业绩效越好。此外,回流农民工的男女性别、婚姻状况、创业形式等对返乡创业绩效的影响不显著。

第七节　小　结

本章从就业选择的角度分析了回流农民工的经济参与状况,传统型的就业如赋闲(家务)、务农和打零工是回流农民工的主要就业选择,占样本总量的76.81%;而创业型就业成为个体业主、私营业主和种养大户,则是少数人的选择,这一群体占比近17.87%;此外,有5.32%的农民工担任村干部,这一群体部分同时具有个体业主、私营业主和种养大户等身份,但由于人数少、主业取向明显,故此,仍将这部分群体视为村干部。在四种类型回流农民工中,个人发展型回流农民工创业表现最明显,其次为家乡眷恋型回流农民工;家庭召唤型和生存无奈型回流农民工创业较少,选择传统型就业的占比均超过80%。这说明主动型回流农民工更倾向于选择创业。

赋闲型回流农民工以女性为主,占比75.56%;绝大多数已婚,占比高达93.33%;文盲率相对较高,占比8.89%;外出务工对其技能影响有限,60%认为技能没有得到提升。之所以选择赋闲,主要是受家庭分工和就业环境的影响。务农型回流农民工男性超过一半,占比59.63%,性别差异最小;年龄整体偏大,50岁以上者占48.93%;文盲率最凸显,占比18.45%;外出务工对其技能影响更弱,71.93%认为技能没有得到提升。对这部分群体而言,选择务农主要是由其自身条件所决定的,农业成为他们基本的生活保障。打零工群体同样是以男性为主,占比64.65%;相较于赋闲型和务农型回流农民工,年龄结构和受教育程度分布相对均衡;但务工经历对技能提升的效应仍然不明显,有59.26%的人认为没有提升。打零工就业分布于农业领域和非农领域,主要得益于土地流转政策、新型经营主体的带动和产业转移带来的效应,但是,目前中西部农村产业转移的作用并不明显。

选择创业的回流农民工以男性居多,占比73.74%;青壮年占比39.39%,

年龄结构优于赋闲、务农和打零工群体;受教育程度较高,高中学历占
23.74%;外出务工经历对其技能提升和观念改变影响显著,分别有54.04%和
70.2%的人认为技能得到提升和观念发生改变。选择创业是内生性基础和政
策外部性激励共同作用成就的结果。内生性基础包括资本得到积累、观念发
生改变、社会网络得到拓展和技能获得提升等,政策激励对回流农民工创业决
定具有显著影响。回流农民工创业既是为了实现自我价值,同时也出于带领
村民共同致富的目的,这呈现了乡村文化的特性。因此,理解回流农民工的创
业行为,需要结合乡村文化的特殊语境。

　　然而,并非所有回流农民工都能够参与创业实践,个体所具有的人力资本
和创业政策深刻影响着创业行为的发生和创业效果的呈现。通过浙江省的聚
焦分析发现,外出务工期间所积累的技能、经验等人力资本并未产生显著影
响,主要在于外出务工的就业领域与返乡创业领域匹配度低,未转化成实际效
能;创业政策支持与获得政策支持的项数对农民工返乡创业均有显著的正向
影响;回流创业者是否为党员、创业时间对回流创业者的创业绩效有显著影
响,而回流农民工的男女性别、婚姻状况、创业形式等对返乡创业绩效的影响
不显著。

第九章　回流农民工的身份重构

　　农民工基于不同动因回流,而不同类型回流农民工所赋有的社会资本、实践能力和角色认知存在差异,这种差异导致回流农民工社会、政治和经济参与等方面的取向和程度各有不同,这种实践又作用于回流农民工的身份重构。回流农民工角色转变和身份重构,既依赖于个体特性,又深受乡村舆论场影响。因此,分析回流农民工身份重构问题,有助于总体认知回流农民工在当代乡村社会的角色扮演,有助于清晰理解乡村社会身份重构的形成机制、呈现流动机制的效应及其回流农民工的实践价值。同时,赋有城市文化经历的农民工的回流,冲击了既有的乡村文化结构,加速了乡村文化的变迁,也容易导致因文化差异而产生的矛盾和不适应。为此,在现代化背景下如何推进乡村文化建设以适应乡村社会转型成为亟须面对的现实议题。

第一节　复杂的乡村舆论场

一、乡村舆论的基本概况

　　农村是农民安身立命的生活场所,还是一个同质性强的社区,其频繁的人际互动、"日出而作,日落而息"的生活模式,营造了"鸡犬相闻"、"守望相助"

的生活氛围,而这一相对封闭的实践场域造就了人际间紧密的社会关系,使场域中的人生活习惯接近、价值观念相似,加之生活的简单化、常规性,一旦出现异常事件或观念便会在短时间内传播,并引起"骚动",其直接表现形式便是"舆论"。

对于舆论,法国近代启蒙思想家卢梭有一段经典表述,"它可以不知不觉地以习惯的力量代替权威的力量,我说的就是风俗、习惯,而尤其是舆论"①。舆论的定义众多,王春光认为"社会舆论,即对人们的行为具有很强约束力的社会意见"②,刘建明认为"舆论是显示社会整体知觉和集体意识、具有权威性的多数人的共同意见"③,项德生认为"舆论就是社会公众或集团对人们普遍关心的事态所做的公开评价"④。舆论的研究经历了从"舆论"到"公共舆论"的过程。其中,程世寿将公共舆论定义为"社会公众对于公共事务的议论通过公共论坛的扩散而形成的公共意见,它是民意与公意的反应"⑤。中国的乡村舆论因生产方式、地理环境的影响与城市舆论存在显著差异,更为私密、影响深远。综合以上,本研究将乡村舆论定义为乡村居民对特定事件在公开或私密场所中发布的,且在一定范围内对居民行为构成约束力的社会意见。

在生活环境相对封闭的农村,乡村舆论作为一种软控制,其作用和效力显著。为此,在这个场域中的群体,理性化的选择是顺应舆论行事,具体表现为成员的行为符合整体价值观念。这种"顺应"在错综复杂的乡村场域中能够"如鱼得水",得到多数人支持,事半功倍。反之,逆舆论而为,则表现为行为与整体价值观相左,即使该行为在局外人看来更符合社会发展趋势,但在实践过程中难以避免遭受阻碍、挫折,加之乡村舆论影响深远的特点,从而使得群

① [法]卢梭:《社会契约论》,李平沤译,商务印书馆1980年版。
② 王春光、孙兆霞、罗布龙等:《村民自治的社会基础和文化网络——对贵州省安顺市J村农村公共空间的社会学研究》,《浙江学刊》2004年第1期,第137—146页。
③ 刘建明:《基础舆论学》,中国人民大学出版社1988年版。
④ 项德生:《舆论与信息》,河南人民出版社1992年版。
⑤ 程世寿:《公共舆论学》,华中科技大学出版社2003年版。

体成员不敢轻易跨越界限,站在舆论的对立面。

由此,如何顺流借助软控制实现发展,以及在逆流时如何借助他力实现舆论转化,这成为农村实践发展的关键。相较于在地村民,回流农民工具有较好的社会资源和新式的思想理念,但是这种特质却容易导致与原乡村价值观产生冲突;当其行为与乡村舆论不符时,个体的社会实践和行动效力容易受到制约。

二、传统乡村社会的舆论

伴随着工业化、城市化和现代化的推进,社会分工逐渐细化,城市既有劳动力难以满足工业发展需要,农民开始向城市流动,乡村原有的封闭结构进而被打破,各类新思想、新方式的加入逐渐解构着传统乡村舆论。由此,本研究将传统乡村舆论定义为工业化影响前的中国传统农村舆论。尽管这种区分相对模糊,但为了区别于现代乡村社会的舆论场、清晰勾勒乡村舆论的演化过程,这种努力和尝试仍显得必要。

(一)舆论的发生:传统公共空间

农村社会(主要指传统农村社会)也称为民俗社会,具有小型、封闭、群体同聚意识强等特点,群体成员关系紧密,互动频率高,在生活中易产生舆论,且能快速扩散、影响深远。舆论的发生依赖于特定的空间场所。在传统乡村社会,因生产生活和信仰而构建了各式公共空间,这成为舆论产生的主要发源地。

田间、山地、家庭作坊等是农业生产的主要场所,而村口磨盘、溪头、井边则是主要的生活公共空间。农业劳作的辛苦和单一,进一步催化了舆论的产生。农民一方面通过舆论实现意识和情绪的转移,为枯燥的劳作增添趣味;另一方面借力舆论互通信息,了解村庄动态。磨盘在传统农业生产中具有重要地位,是村庄的重要地标,村民闲暇时习惯聚集于此,进而围绕磨盘构建了一个公共空间,成为舆论发生的重要地之一。溪头、井边是农村妇女的主要舆论场,她们每天定时浣洗,相互传递信息形成舆论。此外,乡村各处都可成为舆论场,各式生活化的舆论零星传递,家长里短、闲言碎语是其中的主色调。相较而言,田间、磨盘、溪头和井边等传统农村社会的主要公共空间更是舆论发生的集中地。

信仰和威信是构建传统乡村社会公共空间的另一重要因素,如庙宇、古树以及族长、乡绅居住地等。庙宇在农村广泛存在,这与传统农业生产特性相关——依靠气候,气候适宜便可获得好收成,气候不佳甚至会导致颗粒无收。落后的生产力与科学文化水平的限制,使农民不得不以信仰的方式求助于神力,从而造成庙宇广泛分布。人们定期进香叩拜,聚集互动,庙宇舆论场由此产生。古树在传统村落普遍存在,树龄的长久使人们对古树产生敬畏,加之古代传说中存在众多"神化、精化"角色,使古树在乡村的地位变得十分重要。因此,围绕古树构建了另一个信仰和生活的公共空间。宗族是中国乡村社会的一大特征,族长是宗族的代表,话语权强,但凡族群中乃至乡村中大事都会向其请示询问意见,其意见一旦形成便会得到充分肯定并执行。乡绅因学问、见识、财富、人脉等成为乡村中具有一定影响力且被人尊重的群体,其意见权威能够形成较强的舆论号召力,左右人们的行为。因此,族长和乡绅的居所是公共性问题讨论的重要地域,进而使之成为舆论产生的另一个发生地。

公共空间为舆论的创造和发生提供了空间场所,而舆论的走向和评判依托于特定的价值标准。价值标准的设定和维护需要特定权威做支撑,换言之,乡村社会的权威主导着舆论的走向。

(二)舆论的走向和效用:熟人社会和长老权威

传统乡村社会,权威其实是舆论的审判者、引导者。费孝通指出,长老统治是乡土社会重要的权力结构形式。因此,宗族长老和乡绅是乡村社会权威的代表,而乡规民约则是权威的制度呈现。若舆论符合权威所支撑的价值观念,便能够在乡村中得到广泛肯定和传播;而舆论与其相左,则被视为异端,会直接受到打压,在乡村场域中消散。例如,某事件在乡村中发生并在多个舆论场被谈论,引起成员普遍关注,权威代表便会做出判断,当事件的价值意识符合乡规民约,权威代表便不会多加干涉,甚至会大加鼓励;当事件与乡规民约相违背,权威代表便会在舆论场中发言,约束成员行为,避免类似事件再发生,以维护乡村的固有意识和形态。因此,权威代表的表态几乎直接决定了事件和舆论的价值走向。

自给自足的生产方式制约了传统农村的对外交流,道路交通的不便进一步降低了社会流动,从而形成了稳定而封闭的熟人社会。群体成员日出而作日落而息、抬头不见低头见,舆论成为个体身份与角色构建的重要机制。为此,个体非常在乎舆论,在乎别人眼中、大众口中的自己。尔文·戈夫曼(Erving Goffman)的戏剧理论指出,社会成员作为这个大舞台上的表演者都十分关心自己如何在众多观众面前塑造能被他人接受的形象。[①] 在熟人社会里,村庄就像一个大舞台,每个成员为了能够得到他人的认可,会努力在他人面前"表演",将自己的行为无限接近道德标准。而一旦行为不规范,如不赡养老人、抚养幼子等,经过舆论广泛传播被大众知晓,不仅会受到大众指责,更会受到权威代表依据乡规民约所实施的惩罚,从而难以在熟人社会中继续生活。

三、现代乡村社会的舆论

随着现代化的推进,乡村社会发生明显改变,相对静止的状态被打破,取而代之的是常态化的社会流动,与之相伴的还有权力结构的转变。因此,相较于传统乡村社会,现代乡村社会的舆论发生机制和实践环境大不相同。

---

① 胡荣:《社会学概论》,高等教育出版社 2009 年版。

（一）舆论发生环境与内容的变化

现代化的推进改变了农村原有的经济结构，传统的农业生产向现代化迈进，农民逐渐从农业生产中解放出来，大量青壮年劳动力流入城市从事工业或第三产业，进而成为农民工。大量劳动力的外流导致农村人口结构发生深刻变化，妇女、儿童和老人成为主体。农村舆论一度陷入失语状态，参与主体从原先的老、中、少兼具改变为老少为主，从男多女少转为女多男少。近年来，乡村振兴战略、扶贫政策不断推进与实施，有效增强了农村吸引力，同时囿于城市融入的困境，促进了部分农民工回流。回流群体为农村舆论环境注入了新鲜的血液。

随着农村生产生活方式的变化，农村舆论场发生了明显改变。田地基本丧失舆论功能，古树、庙宇成为年迈者的聚集地，井边、溪头的功能被自来水所取代，而小卖部、超市、麻将场等具有娱乐性质的场所逐渐成为舆论的主场。与此同时，舆论话题也从原先的家长里短、柴米油盐、农作生长等逐渐转变为现代性话题，如商品房价格、政府帮扶救助政策、网购等，显得更为丰富。

（二）舆论作用机制的变化

传统乡村社会私域与公域界限清晰，民众更多地在私域中发言而无公域发言权。[①] 传统农民公共意识不强，人们不愿管"闲事"，认为公家的事与己无关。而现代化的推进和回流农民工的回归，在一定程度上改变了"私"的状态，人们更多地将自身利益加入考量，利益逐渐成为影响舆论走向的关键因素。伴随农村社会治理结构的转变，左右乡村社会舆论走向的权威也在发生变化，宗族观念逐渐在现代农村中弱化，与政治相挂钩的权力开始出现在农村舆论场并发挥作用。村干部成为农村公共事务的管理者，在政府和民众之间扮演着承上

---

① 费孝通：《乡土中国》，上海人民出版社 2007 年版。

启下和下情上达的角色。在这一背景下,村干部事实上成为农村社会权威的代表。但是,村民自治体系下的村干部并不同于传统社会的族长、乡绅等,民众与村干部之间的关系在法理上是选举者和被选举者的关系,民众地位更高且话语权更大,这一权力关系的变化进一步释放了乡村社会的舆论内容。

四、乡村舆论的作用与影响

相对于城市社会,乡村社会是一个熟人社会。在熟人社会中,信息通过舆论快速传播,从而使得乡村舆论成为一种约束机制,以至于民众不敢轻易做出越轨行为。舆论在约束个体行为的同时,也在不断建构个体的形象和身份。尤其是对于回流农民工而言,这种效应更加明显。部分回流农民工回乡创业,通过乡村舆论场被建构成"成功者";反之,一事无成或仅谋私利,则容易被贴上"失败者"标签。

顺应舆论能够有效降低行为产生的心理成本及交易成本,助力事物的发展。部分回流农民工试图用城市经验在农村中谋求创新,如承包土地开展集约化生产。而在取消农业税、允许农民进城务工的背景下,农村土地撂荒、劳动力有限,集约化生产显然符合实际。这种模式不仅可以为农民增加一定的土地流转租金,还可以以简单劳动力输出的方式为部分留守农民提供就业机会,对农村资源利用及改善村民生活具有促进作用。为此,从内部实践而言,部分地区采用该方法既符合群众需求、顺应农村发展,又能够在舆论场中得到较好支持。舆论的支持反过来又能够进一步扩大参与人数,增加集约经济开展的机会,进而促成行动的实现。

顺应舆论能够事半而功倍,忤逆舆论则可能直接将事物摧毁。例如,部分农民工经历城市生活后,回到家乡则全盘否定农村生活,对于农村中的传统文化、习俗十分抵触,甚至背弃固有文化,极力推崇城市生活,妄图将农村在短时间内建设为城市。这种过激行为会引起不认同此理念群体的抵触,尤其是在地村民。这种抵触起先表现在私领域窃窃私语,后逐渐形成团体力量,进而将崇媚城市者边缘化，最终在公共领域形成一致意见反驳崇媚城市者，甚至剥夺他们在农村公共事务中的发言权。忤逆舆论，后果是严重的，小则行为受阻，想法难以得到推行；大则损害个人名誉，导致"忤逆者"无法立足。但是，舆论并非不可调整与逆转，在合理、合法和契合公共利益的前提下，做好沟通与劝导，能够扭转舆论导向。新事件的出现，总是能在群体中形成两个阵营，不同的是在具体事项中支持者与反对者人数的差异。事件越新颖，支持者越少，要想赢得支持，博弈也就越激烈，而舆论便是其表现形式。农村在享受现代化成果的同时，也遭遇着现代化的负效应，表现在群体成员普遍关注个体利益。因此，在乡村社会做出涉及公共利益的行动决策时需要意识到这一点，即考虑利益的共享和普惠，从而在乡村舆论场中占据有利地位，以舆论的催化作用促成行动，实现事半功倍。

第二节　回流农民工的行动实践与角色构建

进城务工对农民工而言，其实是一个再社会化和再发展的过程。在这个过程中，有人提升了实践能力，有人积累了社会资本，也有人收效甚微。他们出于不同的原因，以不同的身份和角色返回乡村，形成了差异化的回流群体——个人发展型、家乡眷恋型、家庭召唤型和生存无奈型。这种差异化的存在导致其行动实践取向不同，而行动实践又作用于回流农民工的角色构建。

一、积极的行动者

相对于在地村民，回流农民工具有一定优势，这种优势既体现在思想意识上，又表现在行业技术和实践能力上，同时更反映在社会资本积累上。因此，返回乡村后，具有显著优势的回流农民工脱颖而出，成为社会实践的积极行动者。这部分群体主要是个人发展型和家乡眷恋型回流农民工，即主动型回流农民工。当然，少数为履行家庭责任而回流的农民工因具有相应的优势，也会成为积极行动者。

WJY 认为外出务工经历使他的管理能力得到提升,因此,WJY 返乡后选择了创业,投资做起了果园项目,种植、管理和销售由他自己负责。此外,他还参选村干部,"想带动村里其他人一起致富"。

个案:WJY

基本情况:男,1980 年出生,安徽人,90 年代因家中孩子多、经济压力大开始外出务工,曾做过工人、保安和汽车修理人员,后因想过稳定生活开始当学徒学技术,2013 年回乡创业。

自述:管理更有眼光。那时候在城里看着别人干,现在自己做,学的就是他们的管理、销售。我现在在创业,因为家乡荒山比较多,我整合一下,种我们这边比较适合的桃子。和农户签了 30 年合同,投资了一个果园。现在销售主要靠我自己,我接下来就要开始做网络销售,这方面我在城里接触过,有信心,到时候销售不会有大问题。我现在不光自己在创业,还担任村干部。我们回来了就要有魄力有头脑,在家乡修修路,干干实事……我当时回来刚好赶上村里选干部,我想我毕竟在外面待过,看的东西多,还是党员,应该担任(村干部),也想带动村里其他人一起致富……

JZH 与 WJY 类似,也是积极行动实践者的代表。外出务工经历让他学到了很多知识,包括管理经验和种植技术,他返乡时受到村里人的欢迎。不仅如此,村里人相信他、支持他,愿意跟他一起做项目,即使项目收益现在(2018年)还未兑现。

个案:JZH

基本情况:男,1963 年出生,安徽人,90 年代因家庭经济负担大外出务工,2009 年回村创办纪家农业合作社。

　　自述:出去打工的那几年虽然比较幸运没有吃不上饭,但是当地人看不起外地人,那时候想要干出点成绩,你就要比别人多付出很多……不过我算是很幸运的,遇到了一个好老板,跟着他学到了很多,包括管理还有技术。我现在在村里经济还算略好的,也能够给村里做点事了。在外的时候主要也是做农业种植,回来了就想带着村里的老百姓一起做。村里人很好的,我回来都很受欢迎,也有人来找我想跟着我一块做,我很欢迎的,今年(2018 年)刚开始,有十几户,主要是做蔬菜大棚……他们看我做这个赚到钱了,总是信任我的。他们能理解你现在做的东西,知道这个现在能赚钱的就来找你,想一块做。现在开始做的有几个人,这个项目 2016 年 3 月 18 日正式投产,总投资 500 万左右。收益还没出来,但是他们还是愿意跟着你做,眼光还是远的。像在我们这,五六十岁的老人,做一天我们给他们 60 块钱,他们很开心。我跟他们说,你们做一天就给子女减轻一点负担,但是你们要灵活一点,累了就休息,干不动还要来,那对子女也是负担……所以,村民对我们现在的合作社其实很满意,相信你,也支持你。

　　如 JZH 和 WJY 一般的主动型回流农民工,他们或创业或参选村干部,是农村社会实践的积极行动者。他们具有更显著的人力资本和经济积累,对市场敏感性更强,能够更好理解政策,最终成为农村经济社会发展的带头人和首批致富者。在这个实践过程中,"成功者"的形象和身份逐渐被建构起来,尽管积极实践者并不都认为自己是"成功者"。但是,通过带领村民一同致富的行动付诸后,并让村民感受和获得实际效益时,乡村社会的舆论场自然而然会将他们建构成"成功者"、"能人"的典范。

二、艰难的前行者

相对于积极行动者,部分回流农民工因为文化水平不高、行业技能不显著、资金缺乏、再就业信息闭塞等因素而难以积极参与社会实践,成为艰难的前行者。这部分群体主要是生存无奈型和家庭召唤型回流农民工,即被动型回流农民工。相应的,少数个人发展型回流农民工因为条件的限制,也会成为艰难的前行者。

ML因为缺乏资金、技术,叠加于创业环境的不成熟,因此在返乡创业的实践中艰难前行。

个案:ML

基本情况:男,1989年出生,安徽人,2005年为谋求个人发展外出务工,2009年因结婚回乡,现开始创业。

自述:在外面打工的时候,大家都会建QQ群、微信群,我们会在里面说家里面应该怎么做,但是这种想法很难实现。我们村是贫困村,经济本来就不好,像我们回来了,想要干点什么村里支持不了你,根本什么都做不了。明年(2019年)村里的目标是整村脱贫,这样的话就会有很多项目支持我们,就会有一些资金,我们就有机会了。现在我们报了项目,实施之后收益还是很好的。我和我的同学办的这个合作社,是做农业种植这一块,那时候我们几个就在一起商量,把村民的田给承包过来,让他们空出来劳动力,能出去务工或者在我们这边务工都可以。这个对村里其实很好,但是我们没有太多的技术,完全听老天爷的,主要就是靠天气。就像今年(2018年)的水稻,8月15日的时候刮了大风,把我们的稻子全部刮倒了,那时候看着心疼,辛辛苦苦种出来的稻子全部倒掉了,但是有什么办法,你不懂就只能看着,干着急。

在调查中,启动资金缺乏是当下回流农民工创业最大的阻碍。村委会虽大力鼓励农民工回乡创业,并给予较多便利,但是在资金方面支持力度依旧有限。随着扶贫政策的推广,部分村委会与银行之间实现了贷款对接,对相关农业创业项目给予支持,包括针对贫困村居民农业创业每户5万元的免息贷款。但是,这一成效甚微。其次,技术的缺乏也影响了创业的成功,这正如ML所阐述的一般。积极行动者JZH与WJY之所以能够创业有效,掌握技术是他们敢于尝试的基础。

除创业外,回流农民工再就业也面临着困境。欠发达地区农村产业结构单一,经济发展水平低,从根本上制约了回流农民工再就业。于是,选择务农和打零工成为艰难前行者的主要选择。回流农民工在思想观念和行为习惯上也存在与在地村民不一致的状况。比如,农民工习惯了用普通话沟通,每天洗澡,在穿衣打扮上讲究等;但重新回到农村时,这些城市生活方式成为他们与在地村民之间隐形的区隔界限。以至于如CLQ一般的在地村民认为,回流农民工与他们不一样,"我不太和她们聊天,她们回来的不像我们在家里,和她们在一起谈不来。她们在外面习惯了,我们在家里的,老风俗和她们不一样,思想观念都不一样了。我们不出门的,一般和那些与我们一样在家不出门带小孩的一起打个小牌,关系熟一点"。

当然,这并不意味着要求回流农民工按照在地村民的生活方式来改变已经习惯的城市生活方式,之所以指出这种现象,目的在于说明回流农民工还需面对重新适应和熟悉乡村社会的问题。在乡村舆论场中,与主流价值观相左的行为和理念会被视为不合群,正如CLQ所做出的行为一般,在地村民会出现主动疏远回流农民工的现象,转而寻找自己的同伴。

正如第一节所阐述的,新事件的出现总是能在群体中形成两个阵营。回流农民工带着差异化的特质重新进入乡村舆论场,这意味着乡村舆论场的博弈已经开始,任何一方想要在这场博弈中获胜,需要获得更多人的支持,反之,则面临失败的风险。因此,对于回流农民工而言,无论是其社会实践还是观念适应(或引领),都面临着艰难的挑战,要想在这场博弈中获胜,需要增强博弈资本和行动艺术,成为社会实践的积极行动者,否则,容易成为艰难的前行者。

第三节　回流农民工的他人评价

回流农民工的身份构建是自我角色认知和他人评价的综合过程,第二节分析了回流农民工不同的实践取向,进而展现出积极行动者和艰难前行者的角色区分,此外,在乡村社会的舆论场中,他人对回流农民工的角色认识和评价是怎样的呢? 为此,本节主要围绕这个问题展开。为了便于理解,下文将从回流者的意识和行动两方面,来呈现在地村民对回流农民工的积极和消极角色评价。

一、积极角色评价

随着回流群体的日益增多,他们对于农村发展的作用日益显著,其前卫的思维力、果断的执行力、积极的践行力在乡村舆论场中逐渐得到公众的肯定,并在乡村社会不断获得话语权。

(一)意识:新思想带入者

回流农民工经历城市现代化生活后,其价值观念、行为能力、思想意识逐渐改变,回乡后各大舆论场成为他们介绍外部世界的主场地,这也让他们成为在地村民了解城市的中介人,担任起"新思想带入者"的角色。

科技的发展与电视、手机、互联网等的普及,为在地村民了解外部信息提供了多元渠道,但在地村民因文化水平较低、实践经验单一和传统意识的束缚等因素,一定程度上制约了其获得和理解信息的深度、广度。"回流"群体作为城市的直接接触者,长期城市生活经历帮助他们直观接触和了解现代化知识,对社会的发展和认识较一般在地村民深刻。其中拖欠工资处理方式的变化可以直观反映。早期当农民工自身权益受损时,他们一般会沿用传统解决问题的方式——找关系来应对,借助能说上话的人为自己发声,或通过寻找同病相怜者借鉴经验。但现在,他们会采用现代化、法制化的途径来解决拖欠工资的问题。此外,在外务工期间接触到的男女平等、行业平等、政治平等等意识,如"女强人"、"劳动楷模"和"民主"等,拓展了他们的眼界和观念。因此,农村固有的处理问题靠关系、重男轻女和传统政治意识等观念,随着回流农民工的加入而渐渐地受到冲击。

此外,回流群体在城市生活经历习得的新式生活方式也在逐渐影响在地村民。每天洗澡、说普通话、不爆粗口、标准用语、注重穿衣搭配、注重运动及文化活动等生活习惯,在他们回流之后并没有消失,而是带动和影响着在地村民。广场舞在农村的流行便是一个佐证。在地村民由于家庭、个人等因素无法外出,而城市的经济、时尚、先进等都成为他们的向往。回流者带来的新式生活方式,让他们开始学习与效仿,在逐渐尝试中潜移默化地改变着乡村社会的风貌。

因此,在乡村舆论场中,回流群体积极主动地讲述在外见闻,与人分享着在外遇到并解决的各件事情。在地村民未曾直接接触城市,但"回流"群体的故事、行为方式和透露出的现代气质,逐渐改变着他们的既有认知,思想观念、行为方式也随之发生变化。为此,他们愿意支持和相信回流的积极行动者创业致富。

（二）行动：勇敢的实践家和成功的代言人

相对于在地村民的保守,回流群体更具开拓精神。随着扶贫政策的不断推进,国家大力支持贫困村的发展,鼓励因地制宜实施项目,但是部分村民由于对市场前景预知不足、技术欠缺和经验缺乏等因素,很难做出判断来选择合适的项目开展实践。部分回流群体基于个人发展、家庭责任选择了返乡,外出经历增强了他们的人力资本和社会资本,而扶贫政策的推行,鼓励并强化了他们的行动意愿。为此,他们或选择自主创业,或参选村干部,引领和服务在地村民共同发展。由此,他们在回乡发展中更愿意担当领头人,积极投身农村发展事业,不断尝试,发现好项目后主动向村民推荐,或在自身项目获得收益后,鼓励村民加入。

少数成功者的故事在乡村舆论场中快速传播,在短期内被大众所知。他们事业的成功和与大众共享发展成果的行为,赢得了在地村民的积极评价,在提升个体社会地位的同时扩大了他们在农村的影响力。一旦村民试图尝试新行业、新技术时,都会向其咨询意见。换言之,他们成为了乡村社会成功的代言人。

二、消极角色评价

回流农民工在乡村社会受到肯定评价的同时,因其生活、习惯、思想以及行为上的差异,致使他们与在地村民之间形成了隐形的文化界限。这种界限一旦形成,并难以适应和消磨时,回流者便会被视为异类。

(一)意识:观念上的异类

在地村民与回流农民工观念上的差异,小则体现在穿衣习惯上,大则表现在思维模式、价值判断上。穿着上的差异本是小事,但在舆论场中却容易被催化,进而划分成两类对立的群体,这主要表现在女性群体中。在地女性村民,尤其是中年以上者,穿着讲究保暖、实惠,色调朴素单一,款式偏老旧;回流女性因偏年轻,更追求时尚、美观,如低腰裤、皮衣、色彩鲜艳的服装。乡村社会频繁的互动深化和凸显了这种差异,甚至对立。为此,在在地女性村民的舆论场中,回流女性的穿着与乡村社会的不协调会被放大。例如,以嘲笑方式讨论穿着低腰裤在溪边走光的尴尬,以不屑的语气诉说着身着皮衣的显摆,和以讽刺的口吻讲述着身着色彩鲜艳服装的幼稚。这些不断发酵的舆论未必针对穿衣者个人,但涉及者不正视则容易造成个人名誉受损。一旦穿衣前卫的女性未针对舆论导向做出改变,小范围的舆论便会逐渐扩大,甚至形成舆论压力。如从穿衣的暴露特点讨论回流者在外从事的职业,以打趣的方式诋毁个人名誉等。名誉的受损或者被污名,这种伤害在农村是巨大的,却又是极易发生。因此,衣着成为在地村民和回流群体身份区分的显性符号,他们之间的融合逐渐产生困境,小团体开始出现。在地村民以打趣、讥笑的方式将"回流"者化为"他群",逐渐回避。

简单、朴实、安逸的生活环境使在地村民更满足于现状,不愿过于追求改变。回流群体所带回的财富、经验会令他们羡慕与向往。最初相遇时,城市见闻并不是在地村民对回流者最大的好奇,财富积累的多少才是他们最好奇的事情。部分在地村民旁敲侧击地了解回流者的财富状况后,会在小团体舆论场中讨论。比如自己有了这些钱后会怎样,盖房子、买汽车等等。但回流者的实际行为却让他们意外,回流者在与在地村民日常交往中更愿意诉说城市见闻——城市的先进与繁华是他们向往的生活,分享他们打算在乡村如何寻找发展机会、利用各类资源创新创业等,而这在在地村民的眼中却容易被视为好高骛远、不知满足。回流农民工在城市习得的不同于乡村社会的生活方式和发展理念,使之价值观不同于在地村民。在地村民对回流者不了解、不认同,使之将回流者视为异类,在生活中敬而远之,乡村社会中的文化差异和文化适应问题因回流者的加入而逐渐呈现。

(二)行动:新道路的试错者和项目的争夺者

随着乡村振兴战略的推进,乡村发展机遇增加,但意识相对保守的在地村民很难预先发觉项目的价值,面对村镇工作人员的解释和动员,部分村民不敢轻易尝试,先干先赔的观念在村庄中盛行。而回流农民工不仅创新创业意识强,而且务工期间积累的经验、技术和资本激励着他们实践。因此,回流农民工往往成为农村创新发展的先行者,而在地村民更多地扮演观察者角色。但新事物的践行必然存在风险,而农业创业所具有的收效缓慢特点,更是助力了在地村民在舆论场中的发言。为此，在在地村民眼中，回流群体不论实践结果成功与否，往往在最开始时容易被视为新道路的试错者。试错者一旦成功，在地村民便会紧跟着他们的步伐参与其中，在乡村舆论场中，试错者的回流农民工便会转化为勇敢的实践者。

面对收益前景并不清晰的项目，在地村民会主动将机会"让"于回流农民工，甚至鼓励回流者试错，以帮助他们衡量项目的经济收益。但是对于经济效益显而易见或者保障性更强的项目，在地村民的观点便不同，更倾向主动出击。此时，实力更强、积极参与项目的回流群体，便会被视为项目的争夺者。面对回流者的优势竞争，在地村民往往会采取策略应对，在舆论场中贬斥和污名回流者便是其中之一，试图通过舆论制造压力逼迫回流者退出竞争。有时还会借力老一辈，以"人言可畏"、"乡里乡亲"等话语规劝回流者停止竞争。如果回流者撤退，则依旧被视为"乡里人"；如果依旧一意孤行，则容易被舆论所排斥，贴上"去了城市，就满脑子都是钱"的势利人标签。

回流农民工经历城市务工后，其思想意识和行动能力发生了变化。尤其是思想意识，这种影响普遍且潜移默化。行动能力的变化更多表现在少数主动型回流农民工身上。因此，思想意识和行动能力的变化无形中对在地村民形成一种挑战。当回流农民工城市化的思想意识被大众所接受时，乡村舆论场会将其建构成新思想的带入者角色；反之，当其思想意识不被大众所接受，甚至形成冲突时，则被视为观念上的异类。当回流农民工以积极行动带领村民共同致富、分享发展成果时，乡村舆论便会将其塑造成勇敢的实践者，从而成为成功的代言人；但是，在实践的过程中，并非是一帆风顺的，在成效不明显或者难以预期时，积极行动的回流者容易被视为试错的先行者；而当项目或实践预期可见、成效明显时，源于竞争的优势和后来者的缘故，他们则容易被视为项目和利益的争夺者。因此，在乡村舆论场中，同样的意识和行为会产生截然不同的评价，而其中的关键在于乡村社会的这片土壤，对回流者的意识和行为是接受还是排斥，是褒扬还是否定，抑或观望。

第四节　现代化背景下乡村舆论场的再造

改革开放后,城乡社会流动成为常态,乡村社会相对封闭的状态被打破,农民逐渐离开农村进入城市成为农民工。他们在城市经历着与农村不一样的生活方式和生活场景,在这个过程中,个体思想意识不同程度发生变化,进而影响具体实践行动。近年来,在多种因素的共同作用下,农民工回流规模逐渐扩大,受城市文化影响的回流农民工加速了乡村文化的变迁,但这并不是说农民工的回流是乡村文化变迁的主要影响因素。乡村文化变迁是一个渐进式过程,与乡村社会的现代转型相伴发生。并且,乡村振兴战略的大力实践加快了乡村社会的现代转型,这进一步加速了乡村文化的变迁进程。而回流农民工的加入,则将乡村文化的多元性具象呈现出来,这可从前文阐述的回流农民工与在地村民在舆论场的互动过程中发现,这种互动揭示了现代乡村舆论场的变化和再造事实,但也呈现了现代乡村社会中因文化差异而造就的不适应和冲突现象。众所周知,在缺乏尊重和理解的前提下,罔顾文化差异、以自我为中心肆意行动容易造成社会矛盾,甚至引发社会冲突;而形塑和构建共识文化,则有助于社会融入和整合。因此,建设现代乡村文化以化解和弥合乡村社会转型过程中出现的种种矛盾冲突与裂痕,对乡村社会的现代化建设具有显在价值。为此,如何缓解和弥合乡村社会的文化冲突,构建新型现代乡村文化成为一个现实问题。

一、乡村舆论场的再造

同流农民工在城市习得的特质使得他们与在地村民产生差异,这种差异在成为乡村舆论焦点的同时也在重构着乡村舆论场。换言之,农民工的回流推动了乡村舆论场的再造。相较于传统乡村舆论场,现代乡村舆论场在实践空间和实践内容上均发生了变化。这一变化,既是乡村社会变迁的结果,又是农民工回流的加深促成。

（一）乡村舆论场的分流

随着乡村社会生产方式和生活方式的变化,田间、溪头不再是乡村舆论发声的主要场所,取而代之的是超市、麻将场、广场舞练习地等。在这个新型乡村舆论实践场中,赋闲在家的农民,尤其是回流农民工成为主角。他们或打趣闲聊,或诉说着城市经历的故事,或交换信息讨论和寻找发展的机会。相较于回流农民工,在地村民除非具有相同的兴趣爱好,如打麻将、跳广场舞等,否则较少加入该舆论场。因此,可将这一舆论场简单理解为回流者的舆论场。

在地村民也有自己的舆论场。或依然在田间、溪头,或三五成群不约而同地在某位在地村民的家中,或在不经意间数人偶遇的某个乡村地点。在这个舆论场中,他们讨论着但不限于回流农民工异样的穿着、出乎预料的积极行为,又或者回流农民工其他异样的言行举止、实践故事等等,围绕在回流农民工身上发生的种种异样故事成为他们舆论的焦点。相较于回流农民工所涉及的舆论场,由在地村民所构成的舆论场显得较为传统,闲聊和侃谈是常态,发展机会的讨论和交流较少成为舆论焦点。相对于回流者的舆论场,可将该舆论场理解为在地村民的舆论场。

因此,相较于传统乡村社会的舆论场,现代乡村社会舆论场的实践空间不仅发生了变化,而且产生了分流。兴趣爱好和文化差异成为分流的主要要素。回流农民工因经历城市生活,从而呈现出较在地村民不一样的思想观念、价值取向等文化特性,从而打破了传统乡村社会高度同质的状态。这种状态被打破的同时,也意味着乡村社会群体内部发生分化,其中最明显的便是在地村民和回流农民工这两类群体。因文化差异而区分的这两类群体,不仅促进了乡村舆论实践空间的变化,而且导致了乡村舆论内容的变化。

（二）乡村舆论实践效应的彰显

在以回流群体为主的舆论场中，他们彼此交换信息，讨论和发现发展机遇，并借助公共空间召集成员践行新项目，彼此协作形成农村发展的新力量。在该舆论场中，回流群体更多以相互支持与肯定的态度互动，一些被在地村民视为异端的想法和事物，在这一场域得到共鸣。它成为回流群体的集中地，更是他们自我肯定的舆论场。

回流群体的优势在回乡后不久便逐渐被人所知，他们勇于参与各项新兴事物，并拥有资金、技术、人脉等资源，能够增加成功概率。正因如此，乡村干部在发掘潜在项目尝试者时，往往首先找到的便是回流农民工。他们被寄予厚望，并积极开展创业项目。种植经济作物和发展养殖业是他们创业的首要选择，成立合作社和现代化公司是他们主要的经营模式，网络销售、现代化种植是他们重要的实践措施。回流农民工基于个体发展需求和服务家乡的愿望采取积极行动，或直接参与经济项目，或竞选村干部，带领村民共同致富，从而成为乡村舆论场中新思想的带入者、勇敢的实践家和成功的代言人。

在乡村舆论场中，回流群体的意识和行动并非总是正向的，他们还可能被视为观念上的异类、新道路的试错者和项目的争夺者。当在地村民不认可甚至抵触回流农民工的思想观念时，则将其视为观念上的异类，并通过乡村舆论场构建舆论压力影响回流者的行为。这种现象表现在生育观念、衣着装扮、饮食习惯、金钱观念、娱乐方式等各个层面。当然，这种观念上的冲突并非仅存在于在地村民和回流群体之间，在回流农民工代际之间也依然存在。例如，在生育问题上老一代回流农民工普遍热衷于生育男孩，男孩的降临会在第一时间得到扩散，而女孩的降临则会在舆论的潜层面扩散，并附带一句"都好"，这种信息舆论传播的层次和意识反应的差异能直观反映出男女不平等的观念认知。相较于老一代回流农民工，新生代群体在生育问题上则开放得多，生育男孩不再成为大多数人的必然选择。当积极行动者行动失败时，在地村民容易将其视为新道路的试错者。在项目收益可预见时,回流群体的积极实践则易被视为项目和利益的争夺者,贬斥回流群体的舆论便会随之而来,逼迫回流者放弃行动。但是,随着乡村舆论场的分化,回流者在面对在地村民的舆论压力或者污名时,他们也会采用策略应对,这便是上文所提及的,回流群体会在回流者的舆论场中为自己正名,从而实现自我保护。并且,回流群体与在地村民间的文化差异增加了彼此发生矛盾的可能性。为此,他们需要借助回流者的舆论场实现自我保护。因此,可以说现代舆论场也是一种群体自我保护的机制,于在地村民如是,于回流者亦如是。

随着乡村社会结构的变迁和回流者的加入,乡村舆论场发生了明显变化。首先,乡村舆论实践空间发生变化,从传统的公共空间,如田边、溪头、古树下和宗族长、乡绅的生活居所等转变为超市、麻将场、广场舞练习地等现代公共空间。其次,乡村舆论实践群体和内容发生变化。异文化背景的回流农民工的加入,在丰富乡村文化的同时也冲击着传统的乡村文化,进而形成了赋有城市特性的回流群体和传统在地村民。他们围绕各自的偏好、经历和话题,演绎着不同的舆论内容,从而形成了各自的舆论场。同时,基于对回流群体的不同态度,在地村民的舆论实践取向也产生了差异,他们或认可回流群体,或排斥回流群体。此外,乡村舆论场随着回流者的加入,其实践效应被进一步彰显。这些结构性的变化和分化,表明乡村舆论场正在经历现代化的再造。

二、转向现代化的乡村文化建设

乡村舆论场的现代化重构显现了当前乡村既有文化结构遭遇冲击的现实状况,城乡互动的加深和农民工的不断回流,加速了乡村既有文化体系的分裂和解构。因此,如何建构有效的文化支撑体系以满足乡村社会多元化需求,适应和服务乡村社会现代化转型,成为重要议题。国家高度重视乡村文化建设,尤其在党的十八大后,旨在通过现代乡村文化建设推进和服务乡村社会现代化建设。关于乡村文化建设的路径探索,学界已经展开了充分讨论和研究。

（一）乡村文化建设的研究回顾

国外关于乡村文化建设的理论研究和实践较多。实践方面，大多表现为运用政府和市场力量发展乡村文化。如韩国、日本等城市化程度较高的国家开展了"新农村运动"，这些国家已经建成较为完整的乡村文化建设体系。韩国从 1971 年开始"新农村运动"，非常重视文化启蒙，大力提倡协同奉献、勤勉自助、自立自强等意识激发农民参与，将政府主导和农民为主体作为基本动力，通过开展一系列行动基本实现了农村的现代化。日本"新农村运动"始于 20 世纪 70 年代末，将振兴产业作为主要手段，其中政府引导下的"一村一品"影响最广，这项运动的基本内容是发掘乡村特色与优势产品，因地制宜发挥各地在资源、生产技术上的比较优势，发展特色文化产业项目，实现文化传承与产业发展相结合。

国外对乡村传统文化的相关理论研究多是在全球化背景下展开的，研究详细地阐述了乡村文化发展的现状和问题，以及建设乡村文化的必要性和策略。众多学者指出全球化、网络以及现代通信等都会对本土文化造成巨大影响。罗吉斯和伯德格认为随着美国乡村社会从传统型向现代型转变，乡村传统文化及其主导的价值观念都在缓慢地变化，"乡村与城市价值观的差别越来越小"[1]，但是他们并未否认乡村传统规范的存在价值，当社会系统变化太快时，"传统可以帮助这个社会恢复稳定"[2]。法国社会学家孟德拉斯在《农民的终结》一书中分析了二战后欧洲乡村社会的转型历程，认为传统意义上的小农正走向终结，取而代之的是目前在农村以营利和市场交换为目的的从事农业生产活动的农民，与之相对应的是乡村"恬静美满、安全永恒的田园牧歌

---

[1]　[美]埃弗里特·M.罗吉斯、拉伯尔·J.伯德格：《乡村社会变迁》，王晓毅、王地宁译，浙江人民出版社 1988 年版。

[2]　[美]埃弗里特·M.罗吉斯、拉伯尔·J.伯德格：《乡村社会变迁》，王晓毅、王地宁译，浙江人民出版社 1988 年版。

式梦幻"逐渐衰败,"古老的稳定被动摇","永恒的'农民精神'在我们眼前死去了"①,他指出乡村文化的衰落、乡村文明内核缺失反过来给乡村带来发展障碍。小约翰·柯布指出无论是对农业发展还是乡村文化建设,必须要加强农民教育,他还提到"为了中国的乡村居民,我希望中国不断发展真正的人文教育和生态教育,并使其与城市教育相适应"②,这样的教育体系为中国提供了一个"带领全世界进入生态文明"的机会。

我国对乡村文化建设的研究可以追溯到 20 世纪二三十年代,以晏阳初、梁漱溟、陶行知等人为代表的"农村建设派",在四川、山东和江苏等地开展乡村建设运动,丰富了我国乡村文化建设的理论和实践。在新民主主义革命时期,中国乡村文化建设体现为新民主主义革命文化的传播。新中国成立初期,乡村文化建设以弘扬和培育社会主义文化为主导;随后,受"大跃进"和"文化大革命"的影响,乡村文化建设遭受停滞、中断和倒退;改革开放后,乡村文化建设被提到新高度,乡村文化开始向现代转型,关于乡村文化建设的研究逐渐增多。

当前国内对乡村文化建设的研究多聚焦在传统文化价值、乡村文化危机表现和乡村文化建设对策等方面。一是关于传统文化价值的研究。研究指出乡村传统文化资源逐渐衰败,生态文化价值式微③,特色文化资源流失④,为此,应当挖掘农耕文化和村落家族文化的价值推动乡村文化建设,促进社会平稳发展⑤。二是关于乡村文化危机表现的研究。乡村文化在发展变迁过程中

---

① [法]孟德拉斯:《农民的终结》,李培林译,社会科学文献出版社 2010 年版。

② [美]小约翰·柯布、刘敏:《和中国农民朋友说点心里话》,《学术评论》2015 年第 6 期,第 4—8 页。

③ 周轶云:《加强社会主义新农村乡村文化建设研究》,硕士学位论文,新疆师范大学,2009 年,第 22 页。

④ 韦顺国:《广西桂西资源富集区乡村文化建设研究》,博士学位论文,陕西师范大学,2014 年,第 154 页。

⑤ 王沪宁:《中国的村落家族文化:状况与前景》,《上海社会科学院学术季刊》1991 年第 1 期,第 106 页。

面临着诸多危机和矛盾,首先是乡村公共文化空间狭窄。农民社会流动性增强导致乡村公共文化空间不复存在[①],限制了乡村文化秩序的规范和农民精神家园的打造[②],乡村公共空间弱化还导致农民凝聚力减弱[③]。其次是乡村文化"内卷化"。伴随着现代化,乡村进入"进化"与"内卷化"二元对立的生态文明发展阶段,乡村文化边际效益递减并且逐渐精细化[④],乡村文化是一种内卷化文化[⑤],乡村文化与现代化是异质的[⑥]。再次是乡村道德建设的困境。受历史、自身和现代性的冲击,乡风文明退步凋敝[⑦],价值认知失衡,其本体性价值和社会性价值认知日益脆弱和崩塌[⑧]。另外,农村大量人口外流减弱了乡村文化发展的后劲[⑨],缺乏农民参与是乡村文化建设停滞的主要因素[⑩]。三是关于乡村文化建设对策的研究。针对以上问题,学者们认为应修复乡村公共空间重塑乡村文化魅力,树立进化与内卷化统一的发展观[⑪],培育和构建乡村文化建设专业人才队伍[⑫],推动乡村文化事业和文化产业的发展[⑬],增强

---

① 李佳:《乡土社会变局与乡村文化再生产》,《中国农村观察》2012 年第 4 期,第 72 页。

② 丁峰、李勇华:《论文化礼堂与农村社区治理功能》,《长白学刊》2018 年第 4 期,第 37—38 页。

③ 贺雪峰:《乡村建设的重点是文化建设》,《广西大学学报(哲学社会科学版)》2017 年第 4 期,第 92 页。

④ 高小康:《非物质文化遗产与乡土文化复兴》,《人文杂志》2010 年第 5 期,第 98 页。

⑤ 季中扬:《乡村文化与现代性》,《江苏社会科学》2012 年第 3 期,第 202 页。

⑥ 丁成际:《当代乡村文化生活现状及建设》,《毛泽东邓小平理论研究》2014 年第 8 期,第 41 页。

⑦ 唐兴军、李定国:《文化嵌入:新时代乡风文明建设的价值取向与现实路径》,《求实》2019 年第 2 期,第 89 页。

⑧ 贺雪峰:《中国农民价值观的变迁及对乡村治理的影响——以辽宁大古村调查为例》,《学习与探索》2007 年第 5 期,第 12 页。

⑨ 周军:《中国现代化进程中乡村文化的变迁及其建构问题研究》,博士学位论文,吉林大学,2010 年,第 81 页。

⑩ 韦顺国:《广西桂西资源富集区乡村文化建设研究》,博士学位论文,陕西师范大学,2014 年,第 150 页。

⑪ 高小康:《非物质文化遗产与乡土文化复兴》,《人文杂志》2010 年第 5 期,第 96 页。

⑫ 乌丙安、孙庆忠:《农业文化研究与农业文化遗产保护——乌丙安教授访谈录》,《中国农业大学学报(社会科学版)》2012 年第 1 期,第 44 页。

⑬ 王佳靖:《为乡村振兴注入文化动能》,《人民论坛》2018 年第 15 期,第 140 页。

乡村社区对文化建设的合作和治理能力①，发挥乡村四大体系（公共文化服务体系、农耕文化传承体系、现代文化产业体系和现代文化治理体系）的支撑作用，实现乡村文化振兴②。

综上所述，中外学者对乡村文化发展现状、问题和治理措施进行了深入研究，值得注意的是，国外关于乡村文化自身的潜力挖掘以及发挥村民在其中的主体积极性研究较少，另外，国情的差异也意味着其建设模式和经验结论只能作为借鉴。国内学者对乡村文化建设的研究从民国时期至今一直在不断发展中，研究趋势和成果多受历史因素影响。当前，在乡村振兴的大力实践和农民工回流趋势增强的背景下，传统乡村文化逐渐式微，城市现代文化强势冲击效应越发明显，乡村文化建设失序现象依然存在。因此，构建现代乡村文化需要充分认识到当前乡村文化建设的短板和不足，同时又要认识到乡村社会区别于城市社会的特殊性，在此基础上，才能有效实现乡村文化的现代化建设。

（二）乡村文化现代化建设的短板和困境

在乡村社会从传统向现代转型过程中，乡村文化发生变迁。但由于缺乏相应资源基础和行动设计，以至于乡村文化现代化建设陷入种种困境。

1. 乡村经济落后，文化发展缺乏物质基础。经济与文化在发展过程中相互影响、相互交融。乡村文化为乡村经济发展提供价值引领和精神导向，缺乏内在文化支撑的经济往往难以实现长足发展。乡村经济则是乡村社会发展的物质基础，也是乡村文化建设的物质保障，发达的乡村经济能为乡村基础文化设施提供经济支撑，提高村民的文化消费水平。当前，一些乡村经济发展状况不佳，村集体收入少，村民不富裕，严重影响了乡村文化的建设发展。在浙江、

---

① 温铁军、杨帅：《中国农村社会结构变化背景下的乡村治理与农村发展》，《理论探讨》2012年第6期，第79页。

② 吴理财、解胜利：《文化治理视角下的乡村文化振兴：价值耦合与体系建构》，《华中农业大学学报（社会科学版）》2019年第1期，第20页。

安徽、江西和贵州 36 个村的调查发现,村集体收入超过 5 万元的仅占 23.53%,大部分村庄集体收入较低,部分村庄甚至没有集体收入。

　　乡村经济发展落后于城市存在诸多原因。现代化建设初期的以农促工政策导致乡村经济发展相对缓慢,城乡发展由此拉开差距;大量乡村劳动力流入城市使得乡村经济建设主体缺失,乡村集体产业发展滞后;乡村自身的自然环境和农业的弱质性也是造成乡村经济发展水平较低的重要原因。国家统计局《2018 年国民经济和社会发展统计公报》显示,2018 年城镇居民人均可支配收入 39251 元,农村居民人均可支配收入 14617 元[1],城乡之间收入比为 2.69。城乡经济发展的二元结构导致了文化的二元结构,大多数的文化资源、文化人才和文化服务都集中于城市,政府对于城市文化建设的投资也远高于乡村,乡村文化发展条件和机遇难以和城市相比。在此背景下,现有经济基础难以支撑乡村文化发展。

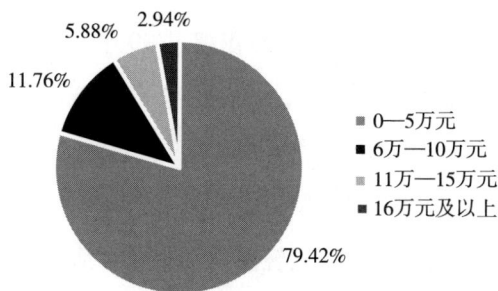

图 9-1　村庄集体收入状况

　　2.地方政府重视有限,乡村文化基础设施不健全。政府主导、协调和管理的职责对乡村文化建设至关重要,决定着乡村文化建设顺利开展与否,影响着乡村文化振兴实现进程和建设效果。然而在当前市场经济环境下,部分基层政府过于注重绩效,乡村经济建设能快速出政绩,因此他们往往把建设重心向

---

　　[1]　国家统计局:《2018 年国民经济和社会发展统计公报》,2019 年 2 月 28 日,见 http://www.stats.gov.cn/tjsj/zxfb/201902/t20190228_1651265.html。

乡村经济倾斜,缺乏主动加强文化建设的意识,忽视了乡村文化的建设、管理以及文化服务体系的完善。另外,基层政府对乡村文化建设重视有余、投资不足也是乡村基础文化设施建设不完备的重要原因。

基础文化设施是乡村文化建设和发展的重要载体,是乡村开展各类文化活动不可或缺的场所。政府虽然重视乡村文化建设,但是给乡村基础文化建设的投资相对较少,这对于广大农村而言是杯水车薪。第三次全国农业普查对全国 31925 个乡镇和 596450 个村的基础设施建设和基本社会服务进行了调查,调查报告显示:96.8%的乡镇有图书馆、文化站,11.9%的乡镇有剧场、影剧院,16.6%的乡镇有体育场馆,70.6%的乡镇有公园及休闲健身广场,41.3%的村有农民业余文化组织,59.2%的村有体育健身场所①。相比于2006 年第二次全国农业普查,建有图书馆、文化站、公园和休闲健身广场的乡镇比例有所上升,但是增幅较小;有农民业余文化组织的村增长幅度较大,但是覆盖面依然较窄;有剧场和影剧院的乡镇比例下降了 5%。在本研究的调查中发现 97.06%的村有图书室,但面积超过 90 平方米的仅占 9%。大多图书室不仅面积小,而且藏书数量少,书籍内容陈旧,缺少实用技术性藏书,形式单一等,难以满足村民日常阅读需要。

可见,部分乡村基层政府还存在着把文化基础设施的修建视为"应对检查"或"面子工程"的问题,重建设、轻使用,图书室、活动室被挪作他用甚至废弃。总体来说,乡村文化基础设施功能发挥有限,与乡村文化建设的基本要求和目标相距甚远,也与村民日益增长的文化需求相悖。

3.公共文化空间狭窄,乡村生活秩序有待重建。现代化对乡村的冲击使得村民生活和交往方式日渐呈现私人性特征,乡村文化公共空间日益缩小。同时,现代科技进步带来了现代电子设备的普及,村民的文化活动方式日益丰富多样,通过看电视或者使用智能手机上网来消磨闲暇时间的村民日益增多,

---

① 国家统计局:《第三次全国农业普查主要数据公报(第三号)》,2017 年 12 月 15 日,见 http://www.stats.gov.cn/tjsj/tjgb/nypcgb/qgnypcgb/201712/t20171215_1563589.html。

而主动走到公共文化空间参加积极健康文化娱乐活动的村民极少。

图9-2显示,在1258名受访者(1108名回流农民工,150名未回流农民工)中,看电视、闲聊、上网、打麻将或打牌是主要的娱乐休闲方式,仅有5.95%的村民参加村中组织的文化娱乐活动。由此可以看出,村民在闲暇时更愿意看电视、上网和闲聊,参与集体活动的人是极少数。村民参加文化活动的意识不强,长期固化的娱乐方式也难以在短时间内得到改善。部分基层政府没有在丰富乡村文化生活和构建乡村公共文化空间等方面下更多力气,缺乏引导、宣传和组织。

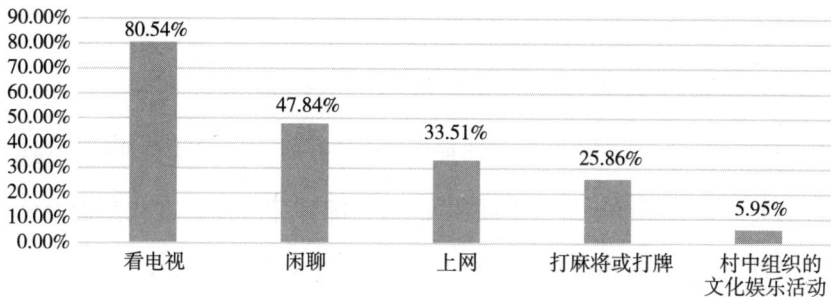

图9-2　农民工休闲娱乐方式(多选)

在传统文化与现代文明的碰撞中,传统习俗并未完全消失,仍在潜移默化影响着村民的生活方式和交往行为。而一些习俗或意识习惯,如重男轻女、互相攀比、大办婚丧嫁娶和封建迷信等仍大行其道,这制约了乡村社会现代化建设进程。叫喜的是,随着国家构建乡风文明的大力引导和各地政府的积极行动,这一状况已经发生了明显的改观。

4.乡村文化建设制度不完善,实施不到位。乡村文化建设顺利展开不仅需要群众积极参与,还需要政府进行宏观层面的规划和引导,制定合理完善的乡村文化建设制度和乡村公共文化服务机制等。当前中央和地方政府已经出台了较多文件用以指导乡村文化建设,在规划上做了较多建设性工作,但是这些规划在具体实施过程中往往面临诸多问题,比如实施力度不强、缺乏监管以及实施效果不佳等。一是部分地方基层政府对乡村文化重视程度不够，在乡村建设中重经济、轻文化，对文化建设状况的监管不到位。二是部分乡村文化建设规划未能与乡村具体情况相结合，脱离了乡村发展实际，缺乏系统性和整体性。文化设施的建设上存在同质化严重的问题，对地方特色资源的结合与利用被忽视，对乡村文化遗产挖掘不深，特色文化资源流失，各地文化建设模式千篇一律，自然地域特色被掩盖。三是乡村文化机构的管理人员和工作人员存在专业素质偏低和人员配置不齐全状况，导致乡村基础文化设施利用率低且难以正常运转。四是部分乡村干群关系紧张，村民不信任、不理解村干部，这也导致了乡村文化建设工作难以开展。

（三）推进乡村文化现代化建设的实践探索

结合目前乡村文化建设面临的现实困境，推进乡村文化现代化建设需要系统规划，统筹利用城乡融合发展的优势，保障和完善乡村文化基础设施，积极发挥村民的主动性和活力，不断丰富现代乡村文化建设机制。

1.加强顶层设计，构建乡村文化建设目标体系。乡村文化保护与建设是乡村振兴战略的重要组成部分，应加强乡村文化发展的统筹规划，做好文化建设的顶层设计，保证乡村文化发展沿着正确的轨道前行，实现乡村文化健康发展。首先，需要政府加强对文化建设的宏观指导，建立和完善科学的文化管理机制。政府是乡村文化建设的引导者和管理者，政府对文化建设的统一领导和有效规划是乡村文化建设的关键点。地方政府在此过程中要积极扮演文化建设的引领者角色，积极将乡村文化建设置于中国特色社会主义文化事业发展中，保障乡村文化沿着正确的方向发展。我国乡村文化建设实践表明，政府统筹规划乡村文化建设至关重要。因此，地方政府要从宏观层面对乡村文化建设进行管理和调控，改变传统的包办乡村文化建设的模式，将具体运作权利下放至基层组织，增强群众参与文化建设的积极性。其次，加强乡村文化建设的社会保障，发挥法律在文化建设中的保障作用，维系乡村文化建设的正常运行。同时,要加大对乡村文化服务体系的资金投入力度,将乡村文化基础设施建设纳入政府财政预算,建立健全乡村文化投融资机制,吸引和鼓励社会力量为乡村文化建设投资和出力。加强对专门用于乡村文化建设资金的审查和管理,切实将资金使用到位,保证乡村各项文化事业建设资金正常运转。最后,要完善文化建设长效机制,"制定合理的长远目标和阶段性目标"①。乡村文化建设是一个长远而艰辛的系统工程,需要政府、社会和村民共同持续努力。基层政府需对乡村文化建设常抓不懈,建成乡村文化建设常态化运行机制。同时还要增强广大村民参与本村文化活动的积极性,使乡村文化建设渗透到村民的生产生活中,并与村民的日常文化需求相结合,充分发挥村民在乡村文化建设中的主体作用,实现乡村文化建设日常化和常态化。

2. 发展乡村经济,为文化建设提供稳固基础。经济基础决定上层建筑,文化作为上层建筑的重要组成部分,其发展方向和发展现状等均受制于其所处的经济环境。在乡村文化建设过程中,乡村经济状况对于乡村文化的繁荣发展起着至关重要的作用。在建设乡村文化的议题中,坚实的乡村经济基础是关键,协调乡村经济与文化发展是重点。乡村经济的发展是一项系统性工程,不仅需要政府部门的宏观统筹,也需要村民、产业部门和社会各界的共同努力。具体而言,发展乡村经济,一是要转变传统农业发展模式,加快推进农业现代化步伐,提高农业机械化和科技化水平,进而发展农村生产力。同时将"互联网+"的现代商业模式运用到农产品的生产和销售过程中,提升农产品的附加价值,增加村民收入;二是要逐步建立并完善现代农业生产经营体系,发展新型乡村集体经济,打造乡村特色的农业产业集群,发掘和壮大乡村特色产业,积极融入市场环境并根据市场需求进行生产经营;三是要吸引在外农民工和各类人才回到乡村,参与乡村经济的发展;四是政府要在协调乡村文化与经济发展中发挥主导作用,增强对乡村文化建设重要性的认识,推动乡村文

---

① 徐学庆:《社会主义新农村文化建设研究》,博士学位论文,华中师范大学,2017年。

产业的形成,加快一二三产业融合发展,增加乡村收入。同时要增强对乡村的资金扶助力度,鼓励社会向乡村投资,为乡村经济文化建设提供支持,努力缩小城乡经济发展差距。

3. 完善公共文化基础设施,搭建文化活动平台。乡村文化设施是乡村开展文化活动必不可少的场所,在很大程度上反映了乡村文化的发展状况和文化特征,也反映了村民的精神面貌,是乡村文化事业建设和发展的显著性标志。文化的培育需要物质来承载,乡村文化建设需要公共文化设施和活动平台。因此,完善公共文化基础设施,搭建文化活动平台对于乡村文化建设至关重要。建设乡村文化基础设施,一是要提高基层政府对加强建设文化事业必要性的认识,将乡村文化建设成果纳入相关部门和人员的绩效考核,开展乡村文化建设的座谈会、交流会和学习会等,逐步提升相关部门和人员对乡村文化建设的认识;二是要加大对乡村文化建设的资金投入力度,鼓励和引导社会资金流向乡村,保障乡村文化建设的资金支撑和基础设施补给;三是加强乡村文化站的互联网和多媒体等科技产品建设,逐步提高乡村基础文化设施的科技含量和文化建设的现代化水平;四是建立专人管理和监督文化设施使用的制度,提高基础文化设施使用效率,既要重建设,更要重使用,避免文化设施资源浪费。

4. 调动村民积极性,建立健全乡村文化建设群众参与机制。村民是乡村文化的建设主体,是乡村文化的参与者,还是乡村文化的主要受益者。因此在振兴乡村文化过程中,强调农民群众的主体地位,增强其对乡村文化的认同感和传承的责任感具有十分重要的意义。乡村基层政府要引导和激励村民主动参与到乡村文化建设中。一是要培育村民的文化自觉和自信,加强文化素养和文化情怀教育,增强其对乡村文化的认同感,从而增强村民参与文化建设的主动性和积极性;二是鉴于群众参与乡村文化建设是一个关系到各部门协调运转的系统工程,基层政府还应当在各部门之间牵线搭桥,为群众参与文化建设打好基础。同时建立以村民为核心的监督机制,充分发挥村民在乡村文化建设中的监督和制约作用。不仅监督各级基层干部的思想道德和行为作风，还要监督乡村文化建设资金流向和建设进展。在此过程中，也要注重村民内部的相互监督，为乡村文化建设提供有力保障。村民能充分意识到自己的责任，从而更加积极主动地将乡村文化建设视为己任，在参与乡村文化建设中充分实现自我价值，为乡村文化振兴做出贡献。

5.建构乡村公共文化空间，培育乡村良好社会风气。乡村公共文化空间建设离不开健全的文化机构和高素质的文化建设队伍。乡村文化机构是专门从事乡村文化工作的部门和团体，是乡村文化建设的重要场所和组织保证。我国乡村文化机构主要包括县（市）文化局、乡（镇）文化站、乡（镇）文化管理委员会等，这些机构在乡村文化建设中各司其职，对于引导乡村坚持社会主义方向、发展社会主义乡村文化事业、加强村民思想政治教育、增强村民精神文明建设等方面起着无可替代的作用。因此，党和政府以及社会各界应当充分认识到乡村文化机构在乡村文化建设中不可或缺的地位，把建立和完善乡村文化机构的工作放在关键位置。党和政府要保证在乡村文化机构建设中的资金投入，确保乡村文化机构经费来源充足。除此之外，社会各界的文化机构应当与地方乡村建立积极稳定的联系，发挥本机构所掌握的文化资源优势，积极参与完善乡村文化机构的工作，为村民参与公共文化提供设施和条件。乡村公共文化空间的构建还需加快乡村移风易俗。基层政府和基层党组织要加大管理力度，为乡村移风易俗提供保障。须以基层政府为主导，加强乡村公共教育，以村民为主体，开展主题教育活动，弘扬主导文化，宣传社会主义核心价值观，为村民提供坚实的精神支柱，在乡村推广文明、健康的生活方式。

6.发展城乡互助，推动乡村文化"引进来"和"走出去"相结合。促进乡村文化与城市文化的互动，能够充分利用城市文化建设的经验和丰富的文化资源，为乡村文化建设提供对口帮助，使两者在文化建设的统一体中相互促进。政府应当联合各部门和社会各界继续深入开展文化科技卫生"三下乡"活动和送戏、送图书、送电影为服务内容的"三送工程"，使送文化下乡活动常态化、灵活化。同时要鼓励社会力量参与到乡村文化事业建设中去,在乡村举办文化活动,为乡村基础文化设施建设提供援助,组织大学生以及相关的文化工作者向广大乡村输送和传播先进文化与现代化思想。乡村文化与城市文化是相互作用的,在此基础上推动乡村文化走出乡村。大力挖掘和弘扬乡村特有的传统民俗文化,不仅能推动乡村文化的传承和发展,丰富村民的精神世界,增强村民对本土文化的认同感,还能"反哺"城市社会经济文化等各方面的建设。加快乡村特色文化资源优势向产业优势转变,大力发展乡村文化产业。乡村基层领导和村民要强化产业意识,学习和探索适合当地特点的文化产业发展道路,加强乡村文化的对外交流和联系,因地制宜发展文化产业,运用当地的特色农业、文物古迹等各类文化资源发展特色农业文化品牌和民间文化品牌,并将其与旅游业相结合,构建完整的乡村文化产业链。同时,做好对乡村文化的宣传工作也尤为重要。各地政府要利用主流媒体对乡村文化的发展现状加以宣传,并结合网络平台,以多种渠道推广和传承乡村文化。

第五节　小　结

回流农民工的角色认知,既来源于回流群体的自我评价,又受制于在地村民的评价。回流农民工的自我评价因城市务工经历不同而产生差异,在地村民的评价主要通过乡村舆论场发酵形塑。回流农民工出于不同原因选择了回流,从而形成了个人发展型、家乡眷恋型、家庭召唤型和生存无奈型等类型,不同类型的回流农民工在思想意识、专业技能和社会资本等方面各有差异。因此,当他们返回乡村社会时,这种差异造就了不同的角色认知,从而演化出了积极行动者和艰难前行者的角色区别。经历城市生活后的回流农民工,一般较在地村民在思想意识和行动能力方面存在不同程度的差异。为此,当回流者的思想意识和行动能力得到在地村民认可时,回流者在乡村舆论场中便被建构成新思想的带入者、勇敢的实践家和成功的代言人;但当回流者的思想意识和行动能力不被在地村民认可时,回流者则被建构成观念上的异类、新道路的试错者和项目的争夺者。需要指出的是,在地村民对于回流群体的角色认知并非固定不变。在思想观念和行为实践上,在地村民对于回流群体的表现并不都是否定的,他们会选择性地认可回流者的思想观念,或者以观察者的角色审视回流者的行为实践,从而导致在地村民对回流群体的角色认知产生阶段性变化。这种角色认知受到回流者的实践成效和在地村民利益获得的双重影响,在在地村民的舆论场中适时发生转换,从而出现积极的角色评价和消极的角色评价。因此,结合外出和回流的效应可以发现,流动事实上成为农民角色认知和身份构建的形塑机制。农民外出离开土地和农村,进入城市成为产业工人,从而变成了农民工;而当农民工返回家乡,回流也在塑造着不同角色的农民。但不同的是,回流在形塑农民工角色认知方面显得更为复杂。乡村社会中舆论在个体角色形塑过程中一直扮演着重要作用。通过乡村舆论聚焦分析发现,随着农民工的回流和乡村社会的变迁,乡村舆论场发生了变化,并正在经历现代化再造,从而不断形塑着现代乡村舆论场。此外,回流农民工的加入加速了乡村文化的变迁,因文化差异而产生的矛盾、冲突不断显现。因此,当前乡村文化正面临解构和重构的现实,而文化秩序衰落、乡村文化主体缺失、文化价值发挥有限等种种困境制约了乡村文化的现代化建设。凝聚共识、认同的乡村文化具有缓解和化解社会矛盾、帮助乡村民众适应社会转型的功能。为此,正视和重视现代乡村文化建设议题需要加强顶层设计、系统规划,在夯实乡村文化建设资源的基础上,积极发挥村民的主动性和活力,以"共建共治共享"的理念不断丰富和创新现代乡村文化建设。

第十章　总结、讨论与思考

农民工是中国社会在工业化、城市化和现代化进程中产生的一个特殊群体,之所以特殊主要体现在两方面:一是身份构建问题,二是流动历程问题。农民暂时脱离土地离开农村,进入城市成为产业工人,站在农民或农村的视角而言,这是农村人口的外流;但是由于种种制度因素的限制,农民难以充分融入城市,规模化完成自身角色的转变,即从农民变成市民。对于这些未完成角色转变又继续以产业工人的身份在城市务工的农民而言,他们便成了农民工。农民工既是城市化不彻底的表现与结果,又隐含了农民工再次流动的可能,即从城市返回农村,这便形成了本书所探讨的现象和对象——农民工的回流和回流的农民工。

一、回顾与总结

农民工的回流之所以在近年来得到广泛关注,主要有几个方面的原因:一是从生命历程角度而言,农民工回流是一个必然的趋势。20世纪60年代,我国出现过农民向城市流动的现象,但学界普遍认为,农民工的流动是随着改革开放而发生的,并在20世纪90年代逐渐规模化呈现。四十来年过去后,最先进入到城市的老一代农民工不得不做出回流到农村的选择,而且,在城市化融入遭遇困境而难以彻底城市化背景下,后续农民工也必然面临着相同的抉择。二是经济结构的调整、产业的转移加速了农民工回流。近年来,东部地区经济结构的调整和产业政策的变化,导致大量传统、低端的产业面临或升级、或转移的难题,而这一类产业又是农民工就业的核心地带,因此,加速了农民工的回流。三是农村发展的需要。农村大量劳动力的外流,导致农村出现空心化,留守(儿童、妇女和老人)现象与日俱增,越发严重,制约甚至桎梏了农村的发展。面对农村发展的遭遇和城乡协调发展的需要,国家先后实施了各项行动,如新农村建设、城乡一体化发展等等,但这些行动仍未彻底改变农村发展动力不足的现实难题。进入新时期,国家提出乡村振兴战略,要求按照产业兴旺、生态宜居、乡风文明、治理有效、生活富裕的目标全面振兴乡村。为此,在乡村振兴过程中如何发挥乡村社会的主体性和内生性效应,便成为关键。而农民工的回流恰为这个问题的回应提供了一种可能。

　　基于以上原因,学者们广泛讨论和思考农民工回流问题,由此形成了多样化的研究成果,这在第一部分已经进行了大量陈述,故此,不再赘言。但是,关于回流农民工的研究还存在一些可以且需要重点关注的领域,如系统化解释农民工流动问题,多维剖析回流农民工重新参与乡村的问题,以及回流农民工在乡村振兴中价值如何呈现等问题,而这些问题便是本研究关注的内容。为此,本研究对浙江省、安徽省、江西省和贵州省等地的回流农民工、在地村民和未回流农民工进行了广泛调研和深入访谈,以回流农民工为主体,通过群体的对比——回流农民工与在地村民、回流农民工与未回流农民工和回流农民工内部,从流动的全过程(农民工的进城、外出经历和回流参与)和参与的多维度(社会参与、政治参与、经济参与等)来呈现回流农民工的特性、价值作为和行动效应。通过翔实的分析,本研究得出了一些基本结论。

　　第一,市场经济环境下,城乡二元体制带来的结构性差异依然发挥效应,农民工在地城市化之路异常艰难。农民进城主要是基于三方面的原因,一是迫于生计,二是向往城市生活,三是为理想信念实现梦想。这三个原因其实具体呈现了城乡二元的结构性差异,对于城市而言,农村有效就业机会缺失、现代化不足和个人发展机会有限,从而引发农民进城。但是,城乡二元结构的差异不仅造成了表象的结果,还深刻印烙在农民身上。农民工整体受教育程度低、职业技能弱和市场意识弱等,这种城乡二元体制带来的结构性差异造成农民工进城后往往只能从事低技术工种或在边缘行业就业,而这种现实遭遇往往伴随着职业发展机会受限、职业流动性弱、社会网络同质性强且难以拓展、社会保障难以到位和自身合法权益难以维护等,进而综合造成了农民工城市化能力不及的现实瓶颈。即使相较于老一代农民工,新生代农民工也仍然难以摆脱这个现实问题。为此,王春光将农民工的城市化状态理解为"半城市化"①,并呼吁"建构出一个基于公平机会之上的城乡一体化的社会管理制度",从而解决农民工城市融入的公平性问题②。但是,这种结果既是(城乡二元)体制带来的,更是市场经济下的必然选择。可以预见的结果是,在市场经济环境下,这种效应会愈发明显。因此,单纯从末端解决农民工城市融入或城市化的体制障碍问题,在市场经济环境下是难以发挥长效的。对这种结构性困境,农民工其实已经意识到,为此,超过90%的农民工非常重视子女的教育,期望通过教育改变身份成为一种基本认知。确实,由受教育水平等带来的差异成为农民工城市融入程度代际差异的重要表现③。

第二,农民工回流是个体发展、家庭责任和社会适应等因素综合造成的

---

① 王春光:《农村流动人口的"半城市化"问题研究》,《社会学研究》2006年第5期,第107—122页。

② 王春光:《中国社会政策调整与农民工城市融入》,《探索与争鸣》2011年第5期,第10—16页。

③ 何军:《江苏省农民工城市融入程度的代际差异研究》,《农业经济问题》2012年第1期,第54—61页。

结果,这既是一种被动行为,也是一种主动的理性选择。按照回流动因不同,回流农民工可分为四种类型,一是基于个人发展需要而选择回流的个人发展型,二是出于家庭责任需要而选择回流的家庭召唤型,三是迫于城市发展受限或排斥而出现的生存无奈型,四是怀揣乡土情怀出于特定的文化价值取向而选择回流的家乡眷恋型。其中家庭召唤型回流农民工占比超过调查样本的一半,这表明家庭责任履行在农民工回流问题上扮演着极为重要的角色。相较于已有研究,本研究从个体发展、家庭责任履行和社会适应等方面进一步细化和清晰化了回流农民工的特性认知。个人发展型和家乡眷恋型更多地表现为主动回流,家庭召唤型、生存无奈型主要表现为被动回流。被动型回流农民工近3倍于主动型回流农民工,这意味着当前农民工回流仍是被动式的。被动型回流农民工之所以成为主体,主要是两方面原因:一是主要表现在老一代农民工身上,个体由于身体健康状况不佳、年龄偏大和技能受限等因素影响,他们不得不回流;二是在不同生命历程阶段,个体所扮演的角色也在发生变化,这种角色的变化意味着需要承担该角色所赋予的职责与义务,如相亲结婚、教养子女和赡养老人等等。因此,被动回流在农民工回流决策中更为普遍。对于主动型回流群体,利益诉求多元化是其回流的根本原因。农民工进城务工是为了寻求发展,挣钱养家。随着社会的变迁和个人发展的逐步实现,主动型回流农民工就业取向逐渐由"生存型"向"发展型"转变。因此,主动回流的农民工会成为乡村振兴不可或缺的力量,但目前比重较小。在城镇化程度和服务农村发展方面,主动型回流农民工和被动型回流农民工是存在明显差异的。主动型回流农民工更容易实现城镇化,对农村发展的效应更为明显。当然,其中还有区域差异和村落差异的影响。

第三,务工经历对回流农民工在乡村的社会参与具有积极效应,回流农民工社会参与明显优于在地村民,但与未回流农民工相比,社会参与意识和行为存在"退化"现象。与外出务工前相比,回流农民工社会参与意识和行为有了很大程度的改善和提升,农民工回流后,摆脱了黄斌欢所阐述的脱嵌于乡村社会和城市社会的"双重脱嵌"状态①。其中,相较于生存无奈型回流农民工,个人发展型、家乡眷恋型和家庭召唤型回流农民工的社会参与状况更为明显。与在地村民相比,回流农民工外出务工经历开拓了其经验视野,生活方式、社交行为和休闲方式等社会参与状况明显更优。与未回流农民工相比可知,农民工回流后社会参与意识和行为存在"退化"的现象。例如,未回流农民工更加注重个人形象,技能提升、互联网使用率、使用取向和外出旅游等状况优于回流农民工,而回流农民工社交局限性更强。总体而言,相较于城市居民,回流农民工或者农村居民的社会参与度是有限的,其中存在深刻的结构性诱因,包括制度因素和非制度因素,制度因素如户籍制度、财政制度、教育制度和社会保障制度等,非制度因素如收入水平、生活环境差异、知识文化水平和自我认知与他人眼光等,在正式制度和非正式制度的共同作用下,回流农民工社会参与呈现出这样的差异。

第四,受到主观和客观双重因素的限制,回流农民工政治参与总体还需提高,但个人发展型回流农民工政治参与度较高,回流农民工与在地村民相比虽无显著区别,但仍存在一些值得改进的空间。回流农民工政治参与意识还需提升、对乡村治理现状有较高期待等特征。个人发展型回流农民工因能力和经济条件等优势,更倾向于担任村干部,而村干部一般又具有多重身份,如种植养殖大户、个体户、工厂老板等,这既为村干部带领村民共同致富提供了条件,也难免遭遇分身乏术而难以兼顾的困境。与在地村治精英相比,回流村治精英在年龄、文化水平和实践阅历等方面具有较明显优势,两类群体的良性互动合作能够有效推进乡村发展,但是,村治精英群体的内部博弈失范则阻碍了乡村发展。为此,进一步改善回流农民工政治参与状况,既要注重提高回流农民工政治参与意识、整体素质和能力,也要注重顶层设计,完善和落实各项保

---

① 黄斌欢:《双重脱嵌与新生代农民工的阶级形成》,《社会学研究》2014 年第 2 期,第 170—188 页。

障制度,使回流农民工依法行使政治权利,有序参与乡村政治,提升政治参与水平。

第五,传统型就业是回流农民工的主要选择,而创业型就业则是少数人的选择,创业是由回流农民工的内生性基础和政策外部性激励共同作用的,个体所具有的人力资本和创业政策深刻影响着创业行为的发生和创业效果的呈现。传统型的就业如赋闲(家务)、务农和打零工是回流农民工的主要选择,占调查样本总量的76.81%;而创业型就业如成为个体业主、私营业主和种养大户,则是少数人的选择,占比近17.87%;此外,有5.32%的回流农民工在担任村干部的同时还兼具个体业主、私营业主和种养大户等身份。在四类回流农民工中,个人发展型回流农民工创业表现最明显,其次为家乡眷恋型回流农民工;家庭召唤型和生存无奈型回流农民工创业较少,选择传统型就业的占比均超过80%,表明主动型回流农民工更倾向于创业。创业行为是由回流农民工的内生性基础和政策外部性激励共同作用造成的,内生性基础包括资本得到积累、观念发生改变、社会网络得到拓展和技能获得提升等,政策激励对回流农民工创业决定具有显著作用。浙江省的案例聚焦分析发现,外出务工期间所积累的技能、经验等人力资本并未产生显著影响,主要在于外出务工的就业领域与返乡创业领域的匹配度低,未转化成实际效能;创业政策支持与获得政策支持的项数对农民工返乡创业均有显著的正向影响;回流创业者是否党员、创业时间对回流创业者的创业绩效有显著影响,而回流农民工的男女性别、婚姻状况、创业形式等对返乡创业绩效的影响不显著。回流农民工选择创业既是为了实现自我价值,同时也为了带领村民共同致富,这呈现了乡村文化的特征。因此,对于回流农民工的创业行为的理解,需要与乡村文化的特殊语境结合起来。

第六,回流农民工代际差异显著,新生代回流农民工个人发展型回流特征更明显,其乡村社会参与、政治参与和经济参与更积极。与老一代回流农民工相比,新生代回流农民工具有受教育程度和技能水平较高的特点。新老两代回流农民工家庭召唤型占比均超过一半，但差异明显的是新生代回流农民工第二大类型是个人发展型，而老一代回流农民工生存无奈型更明显。在社会参与上，新生代回流农民工思想意识更具现代性，互联网接受程度和运用能力更高，拓展型社会网络更广。在政治参与上，新生代回流农民工政治参与意识高于老一代回流农民工，同时政治参与取向优于老一代回流农民工，总体表现出政治参与程度高于老一代回流农民工的特点。在经济参与上，新生代回流农民工返乡就业和创业更具优势，而老一代回流农民工选择务农是最突出的，换言之，新生代回流农民工经济参与效应更为明显。这种优势的呈现与两者群体特征是密切相连的，新生代回流农民工在年龄、受教育程度、技能水平等方面优于老一代回流农民工。因此，在乡村振兴实践过程中，发挥新生代回流农民工的价值作用显得更为有效。

第七，流动和乡村舆论是现代乡村社会个体角色和身份构建的重要机制，回流农民工的角色认知，既来源于回流群体的自我评价，又受制于在地村民的评价，从而演化出各种正向和负向的角色。回流农民工出于不同原因选择了回流，从而形成了个人发展型、家乡眷恋型、家庭召唤型和生存无奈型等类型，不同类型的回流农民工在思想意识、专业技能和社会资本等方面各有差异。因此，当他们返回乡村社会时，其行动能力和实践选择存在差异，这种差异造就了不同的角色认知，从而演化出了积极行动者和艰难前行者的角色区别。相较于在地村民，回流农民工的思想意识和行动能力是存在差异的。为此，当回流者的思想意识和行动能力得到在地村民认可时，回流者在乡村舆论场中便被建构成新思想的带入者、勇敢的实践家和成功的代言人；但当回流者的思想意识和行动能力不被在地村民认可时，回流者则被建构成观念上的异类、新道路的试错者和项目的争夺者。乡村社会中，舆论在个体角色形塑过程中一直扮演着重要作用。随着农民工的回流和乡村社会的变迁，乡村舆论场发生了变化，并正在经历现代化再造，具体表现在乡村舆论空间的转变、乡村舆论群体的分化和乡村舆论内容的分流,从而不断形塑着现代乡村舆论场。在地村民对于回流群体的角色认知并非固定不变的。在思想观念和行为实践上,在地村民对于回流群体的表现并不都是否定的,他们会有选择性地认可回流者的思想观念,或者以观察者的角色审视回流者的行为实践,从而导致在地村民对回流群体的角色认知产生阶段性变化。这种角色认知受到回流者的实践成效和在地村民利益获得的双重影响,在在地村民的舆论场中适时发生转换,从而出现积极的角色评价和消极的角色评价。

第八,乡村社会正在经历现代化的冲击,在乡村社会现代化转型和乡村振兴战略实践推进的背景下,乡村文化建设面临着文化秩序衰落、乡村文化主体缺失等种种困境,从而制约了文化辅助社会发展、调节社会矛盾的功能发挥。随着农民工的回流和城乡互动的加速,乡村社会不得不面对现代化转型,为此,国家提出了系统化的实施战略——乡村振兴,乡村振兴是一个与政治、经济、社会、文化、生态等各个方面相关联的系统性工程,其中乡村文化建设是实现乡村振兴的有力抓手,是凝聚乡村振兴力量的精神支柱。乡村文化建设和发展状况是衡量乡村社会是否健康发展的重要指标之一,如果乡村文化建设状况不佳,乡村振兴也难以实现。但是,目前乡村经济落后,文化发展缺乏物质基础;地方政府重视不足,乡村文化基础设施不健全;乡土文化边缘化,村民缺乏文化自信;公共文化空间狭窄,乡村生活秩序有待重建;乡村文化建设制度不完善,实施不到位。在诸多困境下,现代乡村文化建设需要政府和社会的多元参与,健全乡村文化建设的群众参与机制,从顶层设计入手,夯实经济基础,完善基础设施,调动村民积极性,建构乡村公共文化空间,同时发挥城乡互助的效应,推动乡村文化"引进来"和"走出去"。

二、思考与讨论

农民工的回流效应在学术界早已讨论，简单理解可以概括为两种取向：一是消极作用，二是积极效应，而这种效应又通过个体、家庭和社会三个层面具体呈现。消极方面在社会层面的表现，如杨智勇、李玲认为农民工回流阻碍城市化建设、引发城市用工荒、加剧农村人地矛盾、影响农村社会治安、抑制农业生产、减缓农业产业化进程等；[①]个体层面和家庭层面是相互作用呈现的，如吴昊认为农民工回流初期将面临生计资本系统失衡的问题，[②]李放等人认为农民工回流收入的降低会降低家庭成员，尤其是严重依赖子女经济供给的老年人群的生活满意度；[③]此外，对回流农民工自身而言，还面临身份认同困境和农村再适应性障碍。[④]确实，本研究也发现了类似的问题，尤其是身份认同和再适应性障碍问题，回流农民工的城市经历改变了其思想观念、生活方式、价值取向、发展能力和治理要求，与在地村民互动时出现了观念的偏差和利益的博弈，因此，容易被视为"观念的异类"和"利益的争夺者"。沈君彬三重效应的概括显示了回流农民工在个体、家庭和社会三个层面的积极效应：职业声望提升效应、家庭幸福感增强效应和乡村振兴引领效应。[⑤]此外，陶琳还阐述回流农民工在参与地方治理、创业增加就业机会

---

① 杨智勇、李玲：《论农民工"回流"现象的原因及其消极影响》，《当代青年研究》2015 年第 1 期，第 94—100 页。
② 吴昊：《返乡农民工家庭的贫困风险与策略应对——基于"脆弱性—生计资本"框架的分析》，《湖北师范学院学报（哲学社会科学版）》2016 年第 1 期，第 116—120 页。
③ 李放、宗晓菲、沈苏燕：《老年回流农民工的生活变化及对生活满意度的影响研究》，《贵州省党校学报》2019 年第 1 期，第 88—96 页。
④ 陈菊娟、李振宇：《供给侧改革背景下农民工回流的社会治安困境与调和路径》，《河南警察学院学报》2017 年第 1 期，第 104—107 页。
⑤ 沈君彬：《乡村振兴背景下农民工回流的决策与效应研究——基于福建省三个山区市600 位农民工的调研》，《中共福建省委党校学报》2018 年第 9 期，第 93—99 页。

和传统文化的传承与发展等方面的积极效应。① 本研究的发现也呈现了相应的积极效应,如大部分农民工基于家庭责任履行而回流从而化解了乡村社会老人照料、孩子教育等难题,少数回流农民工创业带领村民共同致富,部分回流农民工投身村干部行业服务乡村治理,以及城市思想观念、生活方式的带入推动了农村社会现代化进程等等。这表明,农民工的回流效应是综合性的,并非是单一消极或积极的效应。但是,站在乡村发展的立场,更重要的是发现回流农民工的价值,进而发挥其助推乡村发展的积极效应。

(一)农民工的回流与乡村发展

1. 回流农民工的价值发现与优势群体

通过本研究发现,农民工经历城市务工体验后,其思想观念、生活方式、消费习惯等社会文化和意识层面发生了不同程度的变化,在给乡村社会既有社会理念、社会秩序带来冲击的同时,也加速了乡村社会的现代化。这并不意味着这套体系目前是对乡村社会最优的,因为这涉及乡村社会和农民的适应性问题。但是,随着国家推进乡村社会现代化的加速,毋庸置疑,农民工的回流在这方面是起到显在实际价值的。此外,基于家庭需要而回流的农民工是主体,在本研究中占比超过一半,这对化解农村社会中家庭失衡失序、缓解留守问题有明显积极效应。

在政治参与和社会治理方面,相较于在地村民,回流农民工对乡村社会的治理现状满意度较低,这也激发了其参与乡村政治、改变乡村政治生态的动力。尤其是对于个人发展型回流农民工而言,其经济实力和实践能力更突出,参与乡村政治、竞选村干部的意愿更强。相较于老一代回流农民工,新生代回

---

① 陶琳:《西双版纳曼飞龙村回流农民工就近就地就业及其影响》,《广西民族大学学报(哲学社会科学版)》2018 年第 2 期,第 75—81 页。

流农民工在文化水平、职业技能等方面优势更突出,其乡村政治参与度更强烈。因此,可以有效吸纳个人发展型的新生代回流农民工参与乡村政治,从而服务和推进乡村社会治理。此外,回流农民工参与乡村政治还将面临与在地精英磨合互动的问题,一旦两者出现利益博弈并超出一定界限时,有可能阻碍乡村治理的发展。① 目前,有较多研究关注乡贤参与和服务乡村治理,②③但是对吸纳优势回流农民工参与乡村治理的研究却有限。随着乡村振兴的实施和农民工回流的规模逐渐扩大,有必要对优势回流农民工参与乡村治理的效应展开进一步探讨。

经济发展是实现乡村振兴的基础,这从"产业兴旺"被置于乡村振兴二十字方针之首可见一斑。近年来,国家为了推动农村经济发展,一方面出台了大量关于鼓励回流农民工创业支持的政策,另一方面引导和支持发展村级集体经济,但是,经济发展和产业兴旺需要依托特定的治理精英和创业人士。本研究发现,个人发展型和家乡眷恋型回流农民工是创业的主要群体;此外,相较于老一代回流农民工,新生代回流农民工创业选择更明显。为此,可以充分发挥这部分群体的积极效应,创造和激发农村经济产业发展的内生动力。回流农民工对乡村社会经济发展的积极效应,在一些已有研究中已经得到关注,如李维波、姜艳虹认为,带着资金、技术返乡的农民工在市场经济的洗礼下,已经成为理性的经纪人,他们的回流已不完全带有盲目性,而更多的是以精英群体的形象影响着广大的农民,从而推进农村经济结构的优化和农民增收;④黄鑫

---

① 刘玉侠、石峰浩:《农民工回流背景下村治精英互动问题探析》,《浙江学刊》2019 年第 2 期,第 197—203 页。

② 陈秋强:《乡贤:乡村治理现代化的重要力量》,《社会治理》2016 年第 2 期,第 117—121 页。

③ 陈忠海:《乡贤与乡村治理》,《中国发展观察》2018 年第 8 期,第 64—65 页。

④ 李维波、姜艳虹:《农民工回流对我国农村经济结构及农民收入的影响》,《商业经济》2010 年第 2 期,第 113—114 页。

认为回流农民工的人力资本再开发促进农村旅游经济发展。① 但是,王晓东基于农村金融共享视角出发,认为农民工回流对农村经济的发展是一个复杂的问题,无法简单下结论②,因为回流农民工的经济参与效果是受多重因素的影响。从单纯创业来看,回流农民工创业所选择的行业是以农业为主,与其城市务工经验差异较大,从而难以将既有技术、经验等人力资本转化为实际效能,此外,回流农民工创业还深受政策和家庭禀赋③的影响。因此,对于如何精准服务回流农民工创业、最优化发挥回流农民工的经济参与效益等问题,仍有待于进一步研究。

2. 乡村社会的文化与共同致富

自中华人民共和国成立后,农村社会经历七十年的发展变化,吕方认为农村改革以来,随着国家从乡土社会的"退场"和农村社会"原子化"趋向出现,乡土团结和乡土社会的公共性正遭遇困境④,这为先富带后富,实现共同富裕带来障碍。但是,本研究呈现的结果是,回流农民工返乡创业,尤其是创业能力较强的回流农民工,除了个人发展动因外,还有一个重要因素是为了回馈家乡,带领村民共同致富,这表明传统的乡土文化依然发挥效应。

张江华以中国传统社会为背景,结合费孝通提出的"差序格局"⑤及其后来关于该概念的发展研究,指出"中国所谓的公共领域实际是由私人领域扩张与转化而来……中国社会的公共性供给在相当程度上依赖与取决于处于

---

① 黄鑫:《新农村建设旅游经济发展与回流农民工人力资本再开发关系探析》,《长沙铁道学院学报(社会科学版)》2014 年第 2 期,第 11—12 页。

② 王晓东:《农民工回流对农村经济发展的影响——基于金融共享视角下的分析研究》,《山东社会科学》2011 年第 5 期,第 83—84 页。

③ 石智雷、杨云彦:《家庭禀赋、农民工回流与创业参与——来自湖北恩施州的经验证据》,《经济管理》2012 年第 3 期,第 162—173 页。

④ 吕方:《再造乡土团结:农村社会组织发展与"新公共性"》,《南开学报(哲学社会科学版)》2013 年第 3 期,第 139—144 页。

⑤ 费孝通:《乡土中国》,上海人民出版社 2007 年版。

'差序格局'中心的某个个体或某一批个体的道德性"。① 这种公共性赋予的内在机理表明,在乡土社会中,个体带动集体发展的结果是有可能出现的。通过本研究的阐述,可以发现这种实践模式仍然在延续,并非完全崩溃。

因此,在当前乡村社会中,个体的创业行为或者创业成功在推进先富带后富走向共同富裕的过程中是能够发挥效应的,其中既有传统文化基因的内在动力,又有经济理性的现实基础。回流农民工的创业选择主要聚焦于农业,在核心技术可以保障的前提下,更侧重于人力资源。而农村既有劳动力恰能够满足其创业和扩大再生产的需要,从而创造了更多就业机会,这为其他村民的增收、再就业和共同致富创造了条件。但目前而言,限于创业规模和工作内容的差异,就业机会仅能满足部分村民,且部分工作岗位是以零工的方式呈现。此外,乡村社会的舆论机制在其中也发挥作用。在乡村社会中,一个成功者不仅需要个体在政治参与、经济参与或社会参与等方面的成功,还需要能够造福村民为整个村庄带来福利。个体取得了成功却不互惠均沾,在乡村舆论场中,也容易被建构为消极的角色。因此,乡村舆论在某种程度上激励着成功的个体带领村民共同致富。

3. 村干部身份的重叠与职业要求的专业化

本研究发现,参选村干部的回流农民工除了综合能力突出外,还往往兼具经济身份,如个体业主、种养大户或私营业主等。在村干部薪酬偏低的现实下,身份的重叠既为其竞选村干部并最终能够成为村干部提供了经济支撑,也为带领村民共同致富提供了条件和可能,但又难免遭遇分身乏术而难以兼顾的困境。为此,调查中会出现部分村干部难以平衡多重身份带来的工作负担。

这其实反映了当前乡村社会村干部职业能力和职业要求的一个现实矛盾,尤其是在乡村振兴、全面脱贫和共同致富的背景下,这一矛盾越发明显。

① 张江华:《卡里斯玛、公共性与中国社会有关"差序格局"的再思考》,《社会》2010年第5期,第1—24页。

在职业能力上,村干部不仅需要具备治理能力,同时还需要致富能力,换言之,当前乡村社会的村干部职业能力是多样化和综合性的。相对而言,创业成功者致富能力是明显的,在致富取向上,吸纳经济精英进入村干部行列是最优的,但是职业要求和工作量又在迫使村干部往专业化和职业化的方向发展。近年来,国家的相关政策在逐步推进村干部的职业化,如 2019 年 4 月中共中央、国务院印发的《关于建立健全城乡融合发展体制机制和政策体系的意见》提出,"强化农村基层党组织领导作用,全面推行村党组织书记通过法定程序担任村委会主任和村级集体经济组织、合作经济组织负责人,健全以财政投入为主的稳定的村级组织运转经费保障机制"。① 这表明在国家治理取向上,村干部的职业化将越来越明显。一些研究对村干部的职业化合理性和现实需要性做出了解释,王金豹认为村干部职业化顺应了农村改革发展形势,是农村组织职能转型的必然要求,是一种需求诱致型制度变迁。② 王扩建对村干部职业化生成逻辑做了解释,他指出村干部职业化是地方政府应对现代化和城镇化的双重挤压下的一种乡村治理制度创新,但是这种制度创新也面临一些困境,如干群关系悬浮化、村治导向市场化、村治方式格式化及村治资源私人化等问题。③ 杜园园同样也认为村干部的职业化会带来一些问题,她指出村干部的职业化过程实质是强化村干部作为国家代理人的角色,弱化作为村庄保护人的角色,从而给村民自治带来了行政消解自治的后果。④

这些既有的研究,无论是诠释村干部职业化形成的内在逻辑,还是阐述村干部职业化带来的可能效应,其实都难以回应本研究所呈现出的村干部身份

---

① 《中共中央 国务院关于建立健全城乡融合发展体制机制和政策体系的意见》,2019 年 5 月 5 日,见 http://www.gov.cn/xinwen/2019-05/05/content_5388880.htm。

② 王金豹:《关于"村干部职业化"的思考——以广东省东莞市为例》,《南方农村》2010 年第 6 期,第 85—89 页。

③ 王扩建:《城镇化背景下的村干部职业化:生成逻辑、困境与对策》,《中共天津市委党校学报》2017 年第 1 期,第 33—40 页。

④ 杜园园:《村干部职业化的内在逻辑及其后果》,《中共宁波市委党校学报》2015 年第 2 期,第 89—93 页。

重叠和职业要求专业化的矛盾，为此，在政策和研究上需要进一步关注该现象，为村干部的价值有效和充分发挥提供解决方案。

（二）农民工的流动与理论诠释

1. 农民工的流动与城市化、城镇化

流动促成了农民工群体的形成。因此，关于中国农民工的研究要从流动开始，段成荣在 1999 年从社会权利的角度阐释了中国人口流动问题。[1] 而后以户籍为核心的研究由此展开，[2]并延伸出农民工的社会融入和城市化问题，[3][4][5][6] 2006 年王春光将农民工在城市的融入状态理解为是一种"半城市化"。[7] 但时至今日，农民工的城市化又是一种怎样的状态呢？

本研究表明家庭因素深刻影响着农民工的回流，在代际之间，家庭因素仍未减弱，新生代家庭召唤型回流农民工占比甚至要大于老一代回流农民工。同时，乡村社会的文化价值取向也影响着农民工的回流，尽管家乡眷恋型回流农民工占比最小。这说明在目前这一时期，乡村社会仍有左右回流农民工返回农村的影响因素。此外，在市场经济环境下，农民工在地城市化能力是有限的，城乡二元体制带来的结构性差异依然发挥效应，农民工在地城市化之路变

① 段成荣：《关于当前人口流动和人口流动研究的几个问题》，《人口研究》1999 年第 2 期，第 48—54 页。

② 李强：《影响中国城乡流动人口的推力与拉力因素分析》，《中国社会科学》2003 年第 1 期，第 125—136 页。

③ 王桂新、王利民：《城市外来人口社会融合研究综述》，《上海行政学院学报》2008 年第 6 期，第 99—104 页。

④ 李春玲：《流动人口地位获得的非制度途径——流动劳动力与非流动劳动力之比较》，《社会学研究》2006 年第 5 期，第 85—106 页。

⑤ 杨菊华：《从隔离、选择融入到融合：流动人口社会融入问题的理论思考》，《人口研究》2009 年第 1 期，第 17—28 页。

⑥ 杨菊华：《流动人口在流入地社会融入的指标体系——基于社会融入理论的进一步研究》，《人口与经济》2010 年第 2 期，第 64—70 页。

⑦ 王春光：《农村流动人口的"半城市化"问题研究》，《社会学研究》2006 年第 5 期，第 107—122 页。

得异常艰难,由此,单纯从末端解决农民工城市化问题难有成效。

李强在2002年指出,"乡村生活的城市化有可能成为我国农民未来的一种选择"。① 十余年后反观李强的这种预判,乡村社会的现代化推进在某种程度上正在印证这种趋势。但是,这并不意味着农民工的城市化要在乡村社会完成。2019年王春光提出了大多数农村流动人口的第三条城镇化之路——"城乡两栖现象",即农村流动人口既不完全是城镇化,又不完全回归乡里。② 由此可以发现,农民工的城市化选择会随着城乡经济的融合发展、城镇化的推进和个体资本的积累等社会环境和个体能力的变化而顺势做出决策。

综合以上,对于农民工城市化、城镇化的路径和结果可以做出这样的论述:一是农民工城市化选择是个体能力、家庭因素和社会结果共同作用的,从而构成了个体在时间、空间下的城市化(城镇化)差异。二是农民工或者农民城市化、城镇化有三种可能,第一种是伴随着乡村社会的现代化而形成生活方式的城市化,尤其是随着乡村振兴战略的推进,这种趋势可能表现得更为明显;第二种是城乡两栖,在城镇化推进的过程中,目前这种现象正在发生;第三种是就地城市化或就近城镇化。三是囿于家庭观念或乡土文化的影响,农民工或者农民的彻底城市化需要经历一段较长过程,甚至是需要几代人来完成。乡土社会具有浓厚的家庭、家族观念,尽管当前农村社会家庭出现了原子化的现象,但是,乡土社会的文化根基仍未完全动摇。相比于西方社会"团体格局"下的城市化,中国社会的城市化之路仍有待探索和验证。此外,中国社会的城市化之路是深深嵌入了中国文化的基因,相较于西方社会的城市化,必然是会存在差异的,这意味着对中国社会背景下的城市化认识需要进一步探索和继续研究,从而为中国社会的城市化提供本土化理论解释。

---

① 李强:《当前我国城市化和流动人口的几个理论问题》,《江苏行政学院学报》2002年第1期,第61—67页。
② 王春光:《第三条城镇化之路:"城乡两栖"》,《四川大学学报(哲学社会科学版)》2019年第6期,第79—86页。

2.农民工流动的理论诠释

西方经济学在 17 世纪便开始了对流动人口问题的研究,从最初的"配第—克拉克定理"到广为熟悉的"推—拉理论"再到新经济迁移理论,从产业效应和差异、个体或家庭决策主体等角度解释人口流动的特点、规律和动因等,这些理论后被广泛引入到中国研究农民工流动问题。

相较于西方社会的人口流动,中国社会出现的农民工流动有其特殊性,主要反映在农民工身份的特殊——兼具工人和农民的双重身份。此外,中国社会结构、文化特质及具体制度实践存在差异,如费孝通指出中国传统社会是一种差序格局,而西方社会是团体格局,①这为人口流动现象的本土化理论诠释创造了条件并提出了要求。因此,关于农民工问题的探讨最早便从"社会权利"、"户籍"等角度展开,而后伴随着束缚人口流动的制度松解、农民工群体的规模化流动,以及城市化、现代化的加速推进,农民工的城市(社会)融入、城市化(城镇化)等议题逐渐展开。再随着社会经济结构的调整和个体、家庭以及农村发展的需要,农民工逐渐出现回流的现象,从影响因素、代际差异、回流效应、就业选择以及农村发展等角度探讨农民工回流的经验研究不断涌现。这些已有研究在深化农民工流动认识的同时,也对农民工流动的理论化诠释提出了要求。

从当前来看,农民工的流动经历了一个系统化过程。首先,农民基于各式原因,如产业效应、就业收益、个体或家庭发展需求以及束缚流动的制度松解等,离开农村走向城市进而成为农民工。其次,在城市务工过程中,个体城市化能力和需求出现了不同程度的变化,如部分农民工因职业晋升、创业成功等而实现了资本积累,为了个体和家庭成员的发展,他们更愿意选择在医疗、教育等社会保障和公共服务更优的城市定居;部分农民工向上流动难以实现,长期从事相似工作,此外,城市社会保障的待遇不公、城市社会融入艰难、文化价

---

① 费孝通:《乡土中国》,上海人民出版社 2007 年版。

值的不适应或家庭的召唤(子女教育、老人抚养或返乡结婚等)等因素发挥作用,个体形成了城市仅是赚钱营生的地方而返乡是最终选择的认知。最后,个体城市化能力和需求的变化导致了流动结果的分化:少数农民工凭借既有优势在城市就地完成城市化;而大部分农民由于城市化能力受限、制度性困境难以突破、城市化需求无法实现或对农村社会的偏好等原因,从而出现了"城乡两栖"或返回农村结束流动的状况。对回流农民工而言,其个体结构特征(如年龄、受教育程度等)、所具有的资源禀赋和回流动因是存在差异的,这种差异不仅构成了多种类型的回流群体,如本研究将其分为个人发展型、家庭召唤型、生存无奈型和家乡眷恋型,而且影响了其回流后的乡村参与。

传统经济迁移理论认为个体是迁移决策的主体,而新经济迁移理论认为家庭是决策的主体。但是,本研究发现,农民工的迁移决策难以明确区分是个体因素还是家庭因素,往往两者是深深交织在一起、相伴发生的。大部分农民是为了赚钱养家而外出务工,但也有部分农民是因向往城市生活和为了实现理想信念而外出务工。大部分回流农民工虽然是家庭召唤型,但还有生存无奈型、个人发展型和家乡眷恋型。此外,社会经济环境是激发个体做出迁移决策的关键因素。城乡经济发展不平等、城乡产业结构不对等和城乡居民收入不均衡激发了农民获取更高经济回报的需求,从而造就了农民到城市务工的结果;也正因为城市较高的社会保障水平和更优的公共服务供给,激发了农民工城市化的需求。

由此可以发现:1.流动是系统化的,是一个连续过程,深嵌于农民(工)人生历程之中;2.流动本身是一种机制,在为农民(工)创造社会再参与条件的同时,也造就农民(工)的个体差异;3.农民(工)的需求和满足需求的能力决定其流动选择和流动状态;4.农民(工)的需求是个体、家庭和社会因素共同作用而产生的,是社会性的结果。

马斯洛认为,人类需求像阶梯一样从低到高按层次分为五种,生理需求、安全需求、社交需求、尊重需求和自我实现需求,当个体浅层次需求满足后,将会引发更高层次的需求。① 按此理解,在整个流动过程中,回流农民工的需求满足状况整体不理想,且高层次需求无法满足,从而导致了农民工的回流。

　　农民外出务工主要是为了满足生理需求,如有近87%的回流农民工迫于生计、赚钱养家而选择外出;少数是因为向往城市生活和为了理想信念而外出,这主要表现在新生代回流农民工中。当满足生理需求后或生理需求在满足过程中,安全需求和社交需求逐渐延伸。如农民工价值观念发生了变化,政治、法律、权利及经济理性意识和互联网运用能力得到提升,更关注生活品质。但其需求满足状况是有限而浅层次的,如超过90%的回流农民工的居住形式是租房、集体宿舍和工地,超过一半的回流农民工认为职业技能未得到提高,超过67%的回流农民工没有参加过任何社会组织或社会团体,娱乐主要是喝酒、逛街、看电视等,物质消费主要是为了满足基本生活需求,精神产品消费极少,职业技能水平低且职业稳定性强,劳动合同签订率低,培训机会少,保险意识弱,社会保险率不足20%,在权益受侵风险高的背景下维权行动发生率低等等。当较高需求在城市难以满足时,农民工选择了回流。这种选择既有主动价值追求的存在,如个人发展型和家乡眷恋型回流农民工;又有规避风险的现实考量,如生存无奈型和家庭召唤型回流农民工。

　　但是,当农民工回流后,通过积极的社会、政治和经济的参与,部分回流农民工的高层次需求是能够得到满足的。农民工回流后,个体能力的差异造就了其社会、政治和经济的参与取向与参与程度的不同,如个人发展型和家乡眷恋型回流农民工更容易选择创业,而生存无奈型和家庭召唤型回流农民工偏向于传统型就业。回流农民工的乡村参与取向直观反映出其社会需求,但更高层次的需求满足并非单纯取决于个体的行动,如尊重需求和自我实现需求,还需要他者的参与。因此,创业者或者竞选村干部者需要带动村民共同致富,从而才能被乡村舆论和乡村社会所认可,由此,新思想带入者、积极行动者和

---

　　① Maslow,"A theory of Human Motivation",*Psychological Review*,No. 50(1943),pp. 370-396.

成功代言人便在乡村社会中得以建构。

本研究在第二章提出了基于农民工主体与流动状态的理论分析框架,通过"流出"、"回流"和"返乡参与"三个阶段的历时性考量和"人生历程"、"家庭分工"、"价值追求"、"风险规避"和"角色认知"等五个方面共时性特征的揭示,旨在说明对农民工流动问题的理解,既要从系统化的流动过程来认识,又要发现农民工的阶段性特征和需求变化,因为不同状况和特征下的农民工,其需求是不同的。因此,对于农民工流动问题的理解,需要在现有的理论基础之上,融入需求理论,通过揭示农民(工)需求的变化和"需求—满足"状态,来理解农民工流动决策的内在机理。

三、政策建议

回流农民工是乡村振兴的坚实社会基础,但目前一些回流农民工在乡村振兴中并没有发挥其应有的作用,这既有自身原因,也有外部原因。如果地方政府能够给予高度重视,为回流农民工提供必要的就业、创业空间、发展条件和平台,就能有效激活回流农民工在外出务工期间积累的经验和潜能,从而在乡村发展和振兴中找到更好发挥作用的空间和平台,同时会吸引越来越多年轻农民工返乡发展。因此,政府部门应高度关注并积极发挥回流农民工的价值和作用,在政策扶持、引导和激励上下足功夫。

(一)加强思想引领,改变回流农民工就业理念

回流农民工就业机会有限,为此,在现有条件下,需要大力推进回流农民工转变就业观念,提升就业意识和能力。

第一,转变职业价值观,主动扩宽就业领域。回流农民工的职业价值观是农民工回流后对待职业的一种信念和态度倾向,是农民工回流后以自身需要为内在尺度,对职业意义、好坏等的评价和态度取向。农民工回流是时代的产物,无论是主动回流发展类型、主动回流生存类型,还是被动回流生存类型都

应保有对自身的信心，这对回流后的职业目标选择、职业期望，以及职业行为取向都有重大影响。回流后的职业发展再定位无论是"工人"还是"农民"，抑或是"创业者"，甚至多重职业身份集一身，都应保有健康的心态主动作为，积极拓宽自身可就业领域。

第二，注重可替代职业技能的习得。传统的求职择业以"薪"为主，注重薪资待遇。而在农民工回流这一社会趋势日渐稳定并可能强化的社会背景下，无论是主动回流还是被动回流，无论是永久性回流还是往复式回流，都应当更加重视发展空间，不应局限于"钱途"，更应重视"前途"。当前社会是一个信息化社会，随着科技的发展，信息化时代学习知识技能的便利程度也在不断提高，各种技能学习平台不断创立、增设、完善，职业技能习得的成本减小。可替代职业技能的习得有利于回流农民工群体利用市场提供的资源和机会实现向上的社会流动。为此，要注意到社会流动中可能出现的利益固化、流动停滞、社会阶层结构固化现象，必须有相应的措施保障任何层次的社会群体都能够凭借自致性因素实现向上的流动，根据自身能力、按照自己的意愿得到相应的社会位置，从而实现"再结构化"。

（二）完善配套制度，优化回流农民工社会支持体系

为促进回流农民工成功就业创业，需要建立健全就业创业保障机制，强化政策扶持以及创新和完善扶持政策，消除制度待遇不公平现象；需要加强金融政策引导，拓宽融资渠道，以及建立扶持农民工就业创业专项基金用于政策性扶持和表彰奖励等；需要大力加强就业创业文化建设，建立积极就业创业文化培育机制，以及依靠平台建设完善农民工创业支持模式；需要整合社会资源，拓展服务空间，创新服务平台，强化服务保障。

第一，深化回归创业。要鼓励回流农民工以创业促进就业，创办经济实体。制定并认真落实农民工回归创业优惠政策，搭建农民工回归创业平台。积极引导土地向能人集中，引导回归农民通过租赁、承包等合法方式，利用闲

置土地、闲置厂房、农村撤并的中小学校舍、荒山、荒滩等场地进行创业。鼓励回流农民工把外出务工赚的钱优先投入乡村经济发展。加大农民工回归创业投入，建立政府回归创业基金，重点用于支持回归创业项目开发、劳动者培训和创业奖励。通过信贷担保、小额贷款等措施，解决回流农民工创业融资困难问题。对其中有先进技术、有可行性的项目但缺乏启动资金的，给予专项扶持资金和优惠金融政策。有关部门要窗口前移，深入基层为返乡创业农民工提供法律、法规、政策、证照办理等方面的服务。同时，建立回流农民工创业风险补助机制，这是激励回流农民工创业的一个有效措施。具体来说，可以通过个人投资、财政拨款等方式共同组建风险基金，对回流农民工创业进行风险管理。

第二，引导就近转移就业。各地要对当地返乡农民工情况进行调查摸底，力求全面了解和掌握返乡农民工的就业需求，将其就近转移纳入城乡统筹就业规划。同时，全面掌握市内各企业用工需求，在电视、报刊等媒体上公布、更新用工信息，到车站、码头开展"送政策、送信息、送岗位、送技能、送服务"活动。抓住广大农民工回家的机会，利用劳动力市场、车站、码头和广场公共电子显示屏等，为返乡农民工提供劳务信息、印发宣传资料、开展咨询服务，使部分农民工克服过去"舍近求远"的观念，帮助他们在家乡找到合适的工作岗位。定期举行招聘会，为广大回流农民工提供就业岗位。

第三，强化技能培训。农民工科技文化水平普遍偏低，缺乏职业技能。此次农民工回流是农民工"充电"，由"体力型"向"技术型"、"智力型"、"复合型"转变的绝佳时期。有关部门要加强协调与合作，充分利用各类培训机构，为返乡农民工接受职业教育培训提供支持和帮助。以农村服务业、农产品加工业、特色效益农业、农民工外出就业、农民工自主创业为重点，开展有针对性的培训工作，提高回流农民工的技能水平和就业竞争能力，确保农民工既"留得下"，又"走得出"。尽快建立返乡农民工职业技能培训体系，积极搭建劳务交流平台，为返乡农民工再就业提供服务。在当前经济形势下，应优先做好对需要培训的返乡农民工职业技术培训,重点围绕企业用工需求和人力资源市场需求,开展订单、定向、定点培训,提高农民工技能水平,为实现农民工再就业奠定基础。

第四,切实关注民生。对回流农民工存在的困难和问题,要尽力帮助解决。沿海部分企业倒闭,造成了少数农民工没有领到工资,或是受到工伤而没有得到及时、足额的赔付,其合法权益没有得到保障,各相关部门应及时为他们提供法律援助,维护合法权益。对回流农民工中的部分职业病患者、伤残病人要给予大力帮扶,对其在土地承包权益、社会保险转移接续、参加农村医保、住房建设、子女上学等各个方面存在的实际困难认真加以解决。各级工会组织和有关部门要深入开展"上门看望、座谈交心、分忧解难、温情相助"活动,使广大回流农民工切实感受到党和政府的温暖。此外,还应做好其他配套服务,如统计部门要做好回流农民工的统计分析工作及失业预警工作,做好回流农民工心理安抚,防止他们出现不满情绪,影响社会稳定。人力资源市场等社会中介机构要合理有效地安排回流农民工,及时反映农民工流动和就业的新动向。

(三)加强平台建设,深化回流农民工乡村参与

回流农民工是乡村振兴的坚实社会基础,如果他们能在乡村发展和振兴中找到更好发挥作用的空间和平台,就会吸引越来越多的年轻农民工返乡发展,因此,务必高度关注回流农民工的价值和作用,辅之以组织平台层面的引导和支持,顺应乡村振兴、城乡一体化发展的时代趋势。

第一,大力吸纳回流农民工入党,夯实农村基层党组织建设。乡村振兴战略提出了党管农村工作的基本原则。鉴于流动党员占回流农民工中党员总数的比例较大,我们应积极鼓励回流农民工入党,壮大农村基层党组织,并使其成为推动乡村振兴的坚强战斗堡垒。一是农村发展新党员,应重视其外出务工经历和表现,吸纳更多回流农民工成为党员,使其在乡村自治、德治、法治中

发挥更大作用。二是努力提升回流农民工中新、老党员的政治素养。通过增加组织生活次数、鼓励普通党员参加党校学习,加强党性锻炼和党性修养,使其增强振兴乡村的使命感、责任感,更好地发挥先锋模范作用。三是对仍在城市务工的农民工党员,村党组织应按照相关规定,根据其在外时间长短,协助其及时转出组织关系到务工城市,并加强对流动党员的监督管理,为下一步农民工返乡发展打下坚实政治基础。

第二,成立回流农民工协会,积极搭建创业就业平台。在实际工作中,可以由回流农民工党员中的乡村干部或"能人"牵头,成立回流农民工协会,从而建立起回流人员之间、回流人员和社会之间的连接。通过线上线下多渠道的交流合作,不仅可以使回流农民工找到创业项目、就业岗位,而且能够发挥他们在城市务工的经验和优势,实现创意凝聚、创意升级。同时,回流农民工协会还可以积极联络依然在外务工的农民工,使他们在乡村发展中有参与和表达的渠道,为乡村振兴提供信息和智力支持。回流农民工协会以社会团体形式出现在农村,形成一股乡村振兴的新生力量,可以更好地配合村党支部和村民委员会的工作,进一步提高乡村治理的能力和水平。

第三,充分发挥回流农民工的优势,积极参与实践作为,提高乡村社会文明程度。乡风文明建设贯穿于乡村振兴各个方面,是乡村振兴战略成功的重要保障。一是村委会可以通过"农民讲习所""乡风文明志愿服务站"等多种形式,使回流农民工习得的先进经验和技术得以在乡村中广泛应用。回流农民工以崭新的精神面貌为农村注入新的活力,改造旧习俗、树立新风尚,形成农耕文明和城市文明相融合的良好环境。二是在回流农民工中优先培育一批基层文化人才,参与农村公共文化建设。三是鼓励有条件的回流农民工从事文化产业,配合政府塑造高品质民俗文化品牌,以多种业态繁荣农村文化市场。

参考文献

一、中文著作、编著、译文

鲍霁主编：《费孝通学术精华录》，北京师范学院出版社 1998 年版。

程世寿：《公共舆论学》，华中科技大学出版社 2003 年版。

程同顺：《当代中国农村政治发展研究》，天津人民出版社 2000 年版。

费孝通：《乡土中国》，人民出版社 2012 年版。

贺雪峰：《乡村治理与秩序——村治研究论集》，华中师范大学出版社 2003 年版。

胡荣主编：《社会学概论》，高等教育出版社 2009 年版。

金太军：《村庄治理与权力结构》，广东人民出版社 2008 年版。

《列宁全集》第 42 卷，人民出版社 1987 年版。

刘成斌：《农民工的终结》，社会科学文献出版社 2017 年版。

刘建明：《基础舆论学》，中国人民大学出版社 1988 年版。

陆学艺主编：《当代中国社会阶层研究报告》，社会科学文献出版社 2002 年版。

《马克思恩格斯选集》第 1 卷，人民出版社 1995 年版。

王浦劬：《政治学基础》，北京大学出版社 1995 年版。

王维国编著：《公民有序政治参与的途径》，人民出版社 2007 年版。

项德生：《舆论与信息》，河南人民出版社 1992 年版。

中国大百科全书总编辑委员会：《中国大百科全书政治学卷》，中国大百科全书出版社 1992 年版。

中国基层政权建设研究会：《中国农村村民委员会换届选举制度》，中国社会科学出版社 1994 年版。

[法]卢梭:《社会契约论》,李平沤译,商务印书馆 1980 年版。

[法]孟德拉斯:《农民的终结》,李培林译,社会科学文献出版社 2010 年版。

[美]詹姆斯·M.布坎南:《自由、市场和国家》,吴良健、柔伍、曾获译,北京经济学院出版社 1988 年版。

[美]埃弗里特·M.罗吉斯、拉伯尔·J.伯德格:《乡村社会变迁》,王晓毅、王地宁译,浙江人民出版社 1988 年版。

[美]塞缪尔·亨廷顿、琼·纳尔逊:《难以抉择——发展中国家的政治参与》,汪晓寿、吴志华、项继权译,华夏出版社 1989 年版。

[美]亚伯拉罕·马斯洛:《动机和人格》,许金声译,中国人民大学出版社 2007 年版。

[日]蒲岛郁夫:《政治参与》,解莉莉译,经济日报出版社 1989 年版。

[意]维尔弗雷多·帕累托:《精英的兴衰》,刘北成译,上海人民出版社 2003 年版。

二、学位论文

马静:《安徽省回流农民工现象研究》,硕士学位论文,安徽大学,2010 年。

马欣荣:《中国近现代乡村治理结构研究》,博士学位论文,西北农林科技大学,2012 年。

卜璟:《农村精英回流对乡村治理的影响》,硕士学位论文,湘潭大学,2014 年。

戚迪明:《城市化进程中农民工回流决策与行为:机理与实证》,博士学位论文,沈阳农业大学,2013 年。

韦顺国:《广西桂西资源富集区乡村文化建设研究》,博士学位论文,陕西师范大学,2014 年。

夏国锋:《乡村社会公共生活的变迁——基于鲁西南夏村的考察》,硕士学位论文,华中师范大学,2007 年。

徐学庆:《社会主义新农村文化建设研究》,博士学位论文,华中师范大学,2017 年。

杨肖丽:《城市化进程中农民工的迁移行为模式及其决定》,博士学位论文,沈阳农业大学,2009 年。

周轶云:《加强社会主义新农村乡村文化建设研究》,硕士学位论文,新疆师范大学,2009 年。

周军：《中国现代化进程中乡村文化的变迁及其建构问题研究》，博士学位论文，吉林大学，2010年。

三、期刊文章

白南生、何宇鹏：《回乡，还是进城——中国农民外出劳动力回流研究》，《中国社会科学》2003年第4期。

保虎：《农民工"逆城市化"现状与反思》，《当代经济管理》2018年第6期。

陈菊娟、李振宇：《供给侧改革背景下农民工回流的社会治安困境与调和路径》，《河南警察学院学报》2017年第1期。

陈秋强：《乡贤：乡村治理现代化的重要力量》，《社会治理》2016年第2期。

陈世海：《农民工回流辨析：基于现有研究的讨论》，《农林经济管理学报》2014年第3期。

陈旭峰、钱民辉：《社会融入状况对社区文化参与的影响研究——两代农民工的比较》，《人口与发展》2012年第1期。

陈忠海：《乡贤与乡村治理》，《中国发展观察》2018年第8期。

邓秀华：《长沙、广州两市农民工政治参与问卷调查分析》，《政治学研究》2009年第2期。

丁成际：《当代乡村文化生活现状及建设》，《毛泽东邓小平理论研究》2014年第8期。

丁峰、李勇华：《论文化礼堂与农村社区治理功能》，《长白学刊》2018年第4期。

董江爱、陈晓燕：《精英主导下的参与式治理——权威与民主关系视角下的村治模式探索》，《华中师范大学学报（人文社会科学版）》2007年第6期。

杜园园：《村干部职业化的内在逻辑及其后果》，《中共宁波市委党校学报》2015年第2期。

段成荣：《关于当前人口流动和人口流动研究的几个问题》，《人口研究》1999年第2期。

高小康：《非物质文化遗产与乡土文化复兴》，《人文杂志》2010年第5期。

龚春明：《精致的利己主义者：村干部角色及"无为之治"——以赣东D镇乡村为例》，《南京农业大学学报（社会科学版）》2015年第3期。

龚志伟：《论农民工城市政治参与的非正式制度约束》，《学术交流》2010年第10期。

郭凤志：《价值、价值观念、价值观概念辨析》，《东北师大学报（哲学社会科学版）》

2003 年第 6 期。

郭军盈:《我国农民创业的区域差异研究》,《经济问题探索》2006 年第 6 期。

郭鹏飞:《进城农民工的人际关系问题与改善措施》,《学校党建与思想教育》2011 年第 6 期。

何军:《江苏省农民工城市融入程度的代际差异研究》,《农业经济问题》2012 年第 1 期。

贺雪峰:《面子、利益与村庄的性质——村支书与村主任关系的一个解释框架》,《开放时代》2000 年第 11 期。

郭庆海:《新型农业经营主体功能定位及成长的制度供给》,《中国农村经济》2013 年第 4 期。

贺雪峰:《缺乏分层与缺失记忆型村庄的权力结构——关于村庄性质的一项内部考察》,《社会学研究》2001 年第 2 期。

贺雪峰:《中国农民价值观的变迁及对乡村治理的影响——以辽宁大古村调查为例》,《学习与探索》2007 年第 5 期。

贺雪峰:《乡村建设的重点是文化建设》,《广西大学学报(哲学社会科学版)》2017 年第 4 期。

侯志阳、孙琼如:《新生代农民工的文化参与状况调查》,《重庆社会科学》2012 年第 9 期。

胡枫、史宇鹏:《农民工回流的选择性与非农就业:来自湖北的证据》,《人口学刊》2013 年第 2 期。

黄斌欢:《双重脱嵌与新生代农民工的阶级形成》,《社会学研究》2014 年第 2 期。

黄洁、蔡根女、买忆媛:《农村微型企业:创业者社会资本和初创企业绩效》,《中国农村经济》2010 年第 5 期。

黄鑫:《新农村建设旅游经济发展与回流农民工人力资本再开发关系探析》,《长沙铁道学院学报(社会科学版)》2014 年第 2 期。

季中扬:《乡村文化与现代性》,《江苏社会科学》2012 年第 3 期。

姜胜洪:《和谐社会视野下的农民工政治参与态度探析》,《前沿》2008 年第 2 期。

江胜蓝:《农民工的省际间回流行为影响因素研究——基于安徽省回流农民工问卷调查的实证分析》,《农业部管理干部学院学报》2014 年第 1 期。

蒋剑勇、郭红东:《创业氛围、社会网络和农民创业意向》,《中国农村观察》2012 年第 2 期。

孔祥成、刘芳:《20 世纪 90 年代以来中国农村剩余劳动力流动问题研究综述》,

《贵州财经学院学报》2002 年第 5 期。

李炳全、张旭东：《农民工城市适应的文化心理障碍探析——兼论城乡文化心理的差异及其根源》，《江苏师范大学学报（哲学社会科学版）》2015 年第 1 期。

李春玲：《流动人口地位获得的非制度途径——流动劳动力与非流动劳动力之比较》，《社会学研究》2006 年第 5 期。

李放、宗晓菲、沈苏燕：《老年回流农民工的生活变化及对生活满意度的影响研究》，《贵州省党校学报》2019 年第 1 期。

李红卫：《农村劳动力"回流"——中国农村发展的沉重包袱》，《农村经济》1990 年第 3 期。

李佳：《乡土社会变局与乡村文化再生产》，《中国农村观察》2012 年第 4 期。

李景治、熊光清：《中国城市中农民工群体的社会排斥问题》，《江苏行政学院学报》2006 年第 6 期。

李明桥、傅十和、王厚俊：《对农村劳动力转移"钟摆现象"的解释》，《人口研究》2009 年第 1 期。

李培林：《流动民工的社会网络和社会地位》，《社会学研究》1996 年第 4 期。

李培林、田丰：《中国农民工社会融入的代际比较》，《社会》2012 年第 5 期。

李强：《当前我国城市化和流动人口的几个理论问题》，《江苏行政学院学报》2002 年第 1 期。

李强：《影响中国城乡流动人口的推力与拉力因素分析》，《中国社会科学》2003 年第 1 期。

李强：《中国城市化进程中的"半融入"与"不融入"》，《河北学刊》2011 年第 5 期。

李蓉蓉：《影响农民政治效能感的多因素分析》，《当代世界与社会主义》2014 年第 2 期。

李蓉蓉、王东鑫：《关系取向下中国农民政治效能感形成研究》，《山西大学学报（哲学社会科学版）》2015 年第 5 期。

李维波、姜艳虹：《农民工回流对我国农村经济结构及农民收入的影响》，《商业经济》2010 年第 2 期。

李伟东：《消费、娱乐和社会参与——从日常行为看农民工与城市社会的关系》，《城市问题》2006 年第 8 期。

李蔚蔚：《农民工子女城市生活技能现状及影响因素分析——以浙西南丽水市莲都区为例》，《出国与就业（就业版）》2011 年第 1 期。

廖小平、曾祥云：《"代"论》，《江海学刊》2004 年第 4 期。

刘红岩：《国内外社会参与程度与参与形式研究述评》，《中国行政管理》2012 年第 7 期。

刘彤、杨郁：《城镇化进程中村治精英的蜕变风险与防治对策》，《理论探讨》2014 年第 2 期。

刘小燕、李慧娟、王敏、赵雨思：《乡村传播基础结构、政治信任与政治参与的实证研究——"政府与乡村居民间的距离"研究报告之二》，《国际新闻界》2014 年第 7 期。

刘新争、任太增：《农民工回流意愿的影响因素与农民工分流机制的构建——基于二分类 Logistic 模型的实证分析》，《学术研究》2017 年第 7 期。

刘玉侠、喻佳：《社会网络对回流农民工的影响分析》，《江淮论坛》2018 年第 2 期。

刘玉侠、陈瑞伞：《回流农民工代际差异比较分析》，《浙江社会科学》2018 年第 10 期。

刘玉侠、石峰浩：《农民工回流背景下村治精英互动问题探析》，《浙江学刊》2019 年第 2 期。

刘迎君：《禀赋特质、农民工回流创业与地域分层意愿》，《贵州社会科学》2017 年第 3 期。

刘延华：《农民工回流原因、回乡就业现状与对策研究》，《山东行政学院学报》2018 年第 4 期。

刘铮：《劳动力无限供给的现实悖论——"农民工回流"的成因及效应分析》，《清华大学学报（哲学社会科学版）》2006 年第 3 期。

罗霞、王春光：《新生代农村流动人口的外出动因与行动选择》，《浙江社会科学》2003 年第 1 期。

吕方：《再造乡土团结：农村社会组织发展与"新公共性"》，《南开学报（哲学社会科学版）》2013 年第 3 期。

马忠国：《社会流动视角下农民工返乡创业路径研究》，《特区经济》2009 年第 12 期。

孟传慧、田奇恒：《进城农民工人际交往心理探析》，《社会心理科学》2003 年第 3 期。

潘华：《"回流式"市民化：新生代农民工市民化的新趋势——结构化理论视角》，《理论月刊》2013 年第 3 期。

穆艳杰、罗莹：《新时代农民政治认同与有序参政的维度分析》，《北华大学学报（社会科学版）》2018 年第 1 期。

宁光杰、段乐乐：《流动人口的创业选择与收入——户籍的作用及改革启示》，《经济学季刊》2017 年第 2 期。

朴忠焕等:《乡村与都市:当代中国的现代性与城乡差异》,《中国农业大学学报(社会科学版)》2007 年第 2 期。

戚迪明、张广胜、杨肖丽、程瑶:《农民创业意愿的影响因素分析——基于沈阳市119 户农民的微观数据》,《农业经济》2012 年第 1 期。

齐小兵:《我国回流农民工研究综述》,《西部论坛》2013 年第 2 期。

齐小兵:《国外回流人口研究对我国回流农民工研究的启示》,《人口与经济》2013年第 5 期。

任洲、刘爱军:《农民工回流问题研究综述》,《农村经济与科技》2015 年第 5 期。

沈君彬:《乡村振兴背景下农民工回流的决策与效应研究——基于福建省三个山区市 600 位农民工的调研》,《中共福建省委党校学报》2018 年第 9 期。

石智雷、杨云彦:《家庭禀赋、农民工回流与创业参与——来自湖北恩施州的经验证据》,《经济管理》2012 年第 3 期。

石智雷、杨云彦:《家庭禀赋、家庭决策与农村迁移劳动力回流》,《社会学研究》2012 年第 3 期。

唐兴军、李定国:《文化嵌入:新时代乡风文明建设的价值取向与现实路径》,《求实》2019 年第 2 期。

汤谨铭、傅新红、朱俊峰:《金融危机下农民工返乡创业的影响因素分析——基于达州市 149 名返乡农民工的调查》,《湖南农业大学学报(社会科学版)》2011 年第4 期。

陶琳:《西双版纳曼飞龙村回流农民工就近就地就业及其影响》,《广西民族大学学报(哲学社会科学版)》2018 年第 2 期。

王兵:《当代中国人的社会参与研究述评》,《哈尔滨工业大学学报(社会科学版)》2012 年第 6 期。

王春超、李兆能、周家庆:《躁动中的农民流动就业——基于湖北农民工回流调查的实证研究》,《华中师范大学学报(人文社会科学版)》2009 年第 3 期。

王春光:《新生代的农村流动人口对基本公民权的渴求》,《民主与科学》2000 年第1 期。

王春光:《新生代农村流动人口的社会认同与城乡融合的关系》,《社会学研究》2001 年第 3 期。

王春光、孙兆霞、罗布龙等:《村民自治的社会基础和文化网络——对贵州省安顺市 J 村农村公共空间的社会学研究》,《浙江学刊》2004 年第 1 期。

王春光:《农村流动人口的"半城市化"问题研究》,《社会学研究》2006年第5期。

王春光:《中国社会政策调整与农民工城市融入》,《探索与争鸣》2011年第5期。

王春光:《新生代农村流动人口的社会认同与城乡融合的关系》,《社会学研究》2001年第3期。

王春光:《城镇化与机会平等》,《团结》2016年第2期。

王春光:《财政政策如何助力农业转移人口市民化》,《人民论坛》2016年第28期。

王春光:《第三条城镇化之路:"城乡两栖"》,《四川大学学报(哲学社会科学版)》2019年第6期。

王飞绒、池仁勇:《发达国家与发展中国家创业环境比较研究》,《外国经济与管理》2005年第11期。

王桂新、王利民:《城市外来人口社会融合研究综述》,《上海行政学院学报》2008年第6期。

王沪宁:《中国的村落家族文化:状况与前景》,《上海社会科学院学术季刊》1991年第1期。

王扩建:《城镇化背景下的村干部职业化:生成逻辑、困境与对策》,《中共天津市委党校学报》2017年第1期。

王佳靖:《为乡村振兴注入文化动能》,《人民论坛》2018年第15期。

王金豹:《关于"村干部职业化"的思考——以广东省东莞市为例》,《南方农村》2010年第6期。

王西玉、崔传义、赵阳:《打工与回乡:就业转变和农村发展——关于部分进城民工回乡创业的研究》,《管理世界》2003年第7期。

王晓东:《农民工回流对农村经济发展的影响——基于金融共享视角下的分析研究》,《山东社会科学》2011年第5期。

王晓莹、罗教讲:《农民工的社会支持、社会参与和身份认同》,《中国劳动关系学院学报》2017年第2期。

王旭宽:《构建和谐社会视野下的农民政治参与》,《求索》2005年第9期。

王旭宽:《乡村政治关系和谐构建与农民有序政治参与》,《青岛农业大学学报(社会科学版)》2008年第4期。

汪娜、李强:《农民工的城市适应:人际关系作用的质性研究》,见《第十七届全国心理学学术会议论文摘要集(北京)》,2014年。

温铁军、杨帅:《中国农村社会结构变化背景下的乡村治理与农村发展》,《理论探讨》2012年第6期。

温忠麟、张雷、侯杰泰、刘红云：《中介效应检验程序及其应用》，《心理学报》2004年第5期。

乌丙安、孙庆忠：《农业文化研究与农业文化遗产保护——乌丙安教授访谈录》，《中国农业大学学报（社会科学版）》2012年第1期。

伍俊斌：《政治参与和有序政治参与的基本内涵分析》，《上海大学学报（社会科学版）》2013年第4期。

吴昊：《返乡农民工家庭的贫困风险与策略应对——基于"脆弱性—生计资本"框架的分析》，《湖北师范学院学报（哲学社会科学版）》2016年第1期。

吴际、尹海洁、曲鹏：《流动人口社会参与度的性别差异及其影响因子检验》，《统计与决策》2017年第3期。

吴理财、解胜利：《文化治理视角下的乡村文化振兴：价值耦合与体系建构》，《华中农业大学学报（社会科学版）》2019年第1期。

吴宁：《论人的信念、理想在社会历史发展中的作用》，《暨南学报（哲学社会科学版）》1996年第2期。

吴艳文、李蓓蓓：《高质量发展背景下农民工回流问题探析》，《理论导刊》2019年第3期。

[美]小约翰·柯布、刘敏：《和中国农民朋友说点心里话》，《学术评论》2015年第6期。

谢治菊：《农民对基层政府的信任与选举参与的关联性探索》，《吉首大学学报（社会科学版）》2012年第5期。

徐双军：《返乡农民工再就业社会支持问题研究》，《安阳工学院学报》2019年第3期。

杨国才、储平平：《区际产业转移对农民工利益的影响及其政策建议》，《江西财经大学学报》2011年第2期。

杨菊华：《从隔离、选择融入到融合：流动人口社会融入问题的理论思考》，《人口研究》2009年第1期。

杨菊华：《流动人口在流入地社会融入的指标体系——基于社会融入理论的进一步研究》，《人口与经济》2010年第2期。

杨林峰：《回流经济精英掌权的辩证思考》，《山西农业大学学报（社会科学版）》2008年第4期。

杨其静、王宇锋：《个人禀赋、制度环境与创业决策：一个实证研究》，《经济理论与经济管理》2010年第1期。

杨忍、徐茜、张琳、陈燕纯:《珠三角外围地区农村回流劳动力的就业选择及影响因素》,《地理研究》2018 年第 11 期。

杨智勇、李玲:《论农民工"回流"现象的原因及其消极影响》,《当代青年研究》2015 年第 1 期。

阳立高、廖进中、张文婧、李伟舵:《农民工返乡创业问题研究——基于对湖南省的实证分析》,《经济问题》2008 年第 4 期。

姚华平、陈伟东:《城市农民工社区文化参与及其相关性因素分析——以武汉市为分析个案》,《理论与改革》2006 年第 3 期。

于扬铭:《农民工政治参与的困境与实现路径》,《海南大学学报(人文社会科学版)》2016 年第 1 期。

俞慈珍:《扩大公民有序政治参与的现实意义及路径依赖》,《中国行政管理》2008 年第 3 期。

喻贞:《基于异质性特征的新生代农民工回流决策研究》,《财经问题研究》2016 年第 5 期。

袁方、史清华、卓建伟:《农民工回流行为的一个新解释:基于森的可行能力理论》,《中国人力资源开发》2015 年第 1 期。

袁方、安凡所:《就业稳定性、市民化意愿与农民工消费》,《中国劳动关系学院学报》2019 年第 3 期。

张冲、万远英:《村民政治参与、民主观念与政府信任》,《统计与信息论坛》2016 年第 10 期。

张江华:《卡里斯玛、公共性与中国社会有关"差序格局"的再思考》,《社会》2010 年第 5 期。

张胜利、孙良:《农民工政治参与的现状及对社会稳定的挑战》,《中国青年研究》2008 年第 7 期。

张协奎、袁红叶:《城市农民工住房保障问题研究——以南宁市为例》,《广西大学学报(哲学社会科学版)》2010 年第 3 期。

张照新、赵海:《新型农业经营主体的困境摆脱及其体制机制创新》,《改革》2013 年第 2 期。

章秀英:《城镇化对农民政治意识的影响研究》,《政治学研究》2013 年第 3 期。

赵德昭:《农民工返乡创业绩效的影响因素研究》,《经济学家》2016 年第 7 期。

赵亮、张世伟、樊立庄:《金融危机环境下农民工回流问题分析》,《江西社会科学》2009 年第 8 期。

赵西华、周曙东:《农民创业现状、影响因素及对策分析》,《江海学刊》2006 年第 1 期。

赵玉峰、扈新强:《流动人口社会参与的民族差异——基于 2014 年流动人口动态监测的实证研究》,《西北人口》2019 年第 2 期。

郑风田、孙谨:《从生存到发展——论我国失地农民创业支持体系的构建》,《经济学家》2006 年第 1 期。

郑文杰、李忠旭:《大城市新生代农民工返乡意愿更强烈吗?——基于北京市的实证分析》,《农业经济》2015 年第 7 期。

《中国农民工战略问题研究》课题组:《中国农民工现状及其发展趋势总报告》,《改革》2009 年第 2 期。

周斌:《农民工维权行动的路径分析》,《学术交流》2009 年第 1 期。

周大鸣、姬广绪:《回流的主位视角:企业农民工流动研究》,《广西民族大学学报(哲学社会科学版)》2010 年第 3 期。

周蕾、李林桐:《外出务工人力资本积累、家乡社会资本与回流农民工收入》,《农村经济》2019 年第 4 期。

朱红根:《政策资源获取对农民工返乡创业绩效的影响——基于江西调查数据》,《财贸研究》2012 年第 1 期。

朱红根、解春艳:《农民工返乡创业企业绩效的影响因素分析》,《中国农村经济》2012 年第 4 期。

朱力:《农民工阶层的特征与社会地位》,《南京大学学报(哲学·人文科学·社会科学版)》2003 年第 6 期。

四、外文文献

(一)著作等

Angus Campbel, Gerald Gurin, Miller Warren E., *The Voter Decides*, New York: Row, Peterson and Company, 1954.

M-H.Nancy, J.Hinterlong, M.Sherraden, *Productive Aging: Concepts and Challenges*, Baltimore: The Johns Hopkins University Press, 2001.

Tianjian Shi, *Political Participation in Beijing*, Cambridge: Harvard University Press, 1997.

(二)期刊文章

Baron R.M., Kenny D.A., "The Moderator-mediator Variable Distinction in Social Psychological Research: Conceptual, Strategic, and Statistical Considerations", *Journal of Personality & Social Psychology*, Vol. 51(1986).

Blanchflower D.G., "Self-employment in OECD Countries", *Labour Economics*, Vol. 7, No. 5 (2000).

Black S.E., Strahan P.E., "Entrepreneurship andBank Credit Availability", *Journal of Finance*, Vol. 57, No. 6 (2002).

Cullen J.B., Gordon R.H., "Taxes and Entrepreneurial Activity: Theory and Evidence for the U.S.", *NBER Working Paper*(2002).

Eric Fong, Emi Ooka, "Patterns of Participation in Informal Social Activities among Chinese Immigrants in Toronto", *International Migration Review*, Vol. 40, No. 2 (2006).

Figen UZAR, "Social Participation of Turkish and Arabic Immigrants in the Neighborhood: Case Study of Moabit West, Berlin", *Journal of Identity and Migration Studies*, Vol. 1, No. 2 (2007).

Fonseca R.E., "Entrepreneurship: Start-up and Employment", *European Economic Review*, Vol. 45, No. 4-6 (2001).

Maslow, "A Theory of Human Motivation", *Psychological Review*, No. 50 (1943).

Vered Slonim-Nevo, Julia Mirsky, Bernhard Nauck, Tamar Horowitz, "Social Participation and Psychological Distress among Immigrants from the former Soviet Union: A Comparative Study in Israel and Germany", *International Social Work*, Vol. 50, No. 4 (2007).

Zhao X, Lynch J.C., Chen Q, "Reconsidering Baron and Kenny: Myths and Truths about Mediation Analysis", *Journal of Consumer Research*, Vol. 37 (2010).

附 录 一

《回流农民工的社会作用及其
影响因素研究》调查问卷

问卷编号：＿＿＿＿＿＿＿＿

您好，我们是《回流农民工的社会作用及其影响因素研究》调研员，此次在国家社科基金重点项目支持下，对曾经外出务工，现因各种原因返回家乡的群体进行调查，以全面了解回流群体工作生活状况，为政府提供政策建议和设想。非常感谢您的合作！

调查地点			＿＿省＿＿市＿＿县＿＿镇＿＿＿＿＿村		
被访者	姓名		所属群体	回流农民工	
				在外农民工	
				在地村民	
调查员	姓名		学校		手机号码
调查时间					

说明：第一部分　三个群体都填写
　　　第二部分：回流农民工和在外农民工填写
　　　第三部分：回流农民工填写
　　　第四部分：回流农民工和在外农民工填写
　　　第五部分：回流农民工和在地村民填写

第一部分 样本基本情况

A1	A2	A3	A4	A5	A6	A7	A8
性别 ①男②女	出生年份	婚姻状况 ①已婚②未婚③离婚④丧偶	文化水平 （见注解）	政治面貌 ①党员②团员③群众④民主党派	健康状况 ①健康②一般③较差④残疾	现居住地点（见注解）	具体职业

注:A4 文化水平:①文盲②小学③初中④高中⑤中专或技校⑥大专⑦本科及以上

　A7 现居住地点:① 农村老家② 务工城市③本市县、镇、乡④ 其他地区农村

A9.现在您家有几亩地? _____ 亩

A10.您家中的土地经营状况? （　　　）

①家人经营　② 撂荒　③ 有偿出租(年租金____ 元)　④其他_____

A11.您全家的收入来源有哪些? （　　　）【可多选】

①打工收入　②农业收入(种植和养殖)　③在农村务工(帮工)　④自营(指经营小买卖或小加工厂等)　⑤其他收入(补贴、馈赠)

A12.您觉得您家的收入在家乡属于? （　　　）

①上等　②中上　③中等　④中下　⑤下等

A13.您觉得农村这两年变化大吗? （　　　）

①变化很大,变好　②有变化,变好　③变化不大　④一点变化也没有

⑤变糟了

A14.您对农村近几年的优惠政策有所了解吗? （　　　）

①十分了解　②了解　③有一点点了解　④完全不知道

A15.您是否外出打过工? （　　　）选择"是",不回答 A16,直接回答第二

部分

①是　②否

A16.您为什么没有选择外出务工?（　　）【可多选】【排序】

①没有相应的技能,外出不好就业　②远离家人,忍受不了这样的生活　③在农村发展挺好,收入也不差　④在农村生活熟悉、比较安定　⑤其他_____

第二部分　外出务工经历

B1.当初您为什么要离开农村老家,进城务工?（　　）【可多选】【排序】

①为了挣钱养家　②向往城市生活　③看到亲戚朋友外出打工受影响　④与丈夫(妻子)相聚　⑤为子女提供更好的受教育环境　⑥其他_____

B2.在外累计务工时间有_____年,其间换了_____份工作。

B3.最后一份工作的月收入_____元,占家庭总收入比例为____%,您对收入满意吗?（　　）

①很满意　②满意　③一般满意　④不满意_____

B4.在外工作期间,您与打工单位是否签订过劳动合同?（　　）

①是　②否　③没听说过劳动合同,不清楚　④在外个体经营等,不需要签订劳动合同

B5.您外出务工期间是否接受过培训?（　　）,共_____次?选择"否",不回答 B6,直接回答 B7

①是　②否

B6.您务工期间接受的培训是什么部门组织的?（　　）

①打工所在单位　②商业培训(自己花钱)　③政府部门组织的培训　④其他_____

B7.您在外务工时住的地方是（　　）。

①租的房子　②住在亲戚家　③单位的集体宿舍　④工地或工棚　⑤自

己购买　⑥其他_____

B8.您在外务工时下班后有什么娱乐活动?（　　）【可多选】

①聊天或喝酒　②逛街　③看电视　④看书报　⑤上网　⑥打牌、下棋、打麻将等　⑦没有娱乐活动　⑧其他_____

B9.您外出务工时是否有保险?（　　）选择"没有",不回答 B10,直接回答 B11

①有　②没有

B10.您外出务工时如果有保险,是什么保险?（　　）

①单位参与的社会保险　②自己购买的商业保险　③两者都有　④不知道

其中:

B10.1 单位参与的社会保险有哪些?（　　）【可多选】

B10.2 自己购买的商业保险有哪些?（　　）【可多选】

①养老保险　②医疗保险　③工伤保险　④失业保险　⑤生育保险⑥意外伤害险　⑦其他_____

B11.外出务工期间,您与当地人的关系相处得如何?（　　）

①很好,大家相处愉快　②还行,只是一般交往　③相处得不好,总觉得他们对我有歧视　④没有来往　⑤其他_____

B12.在外务工期间您参加过哪些社会组织或团体?（　　）【可多选】

①当地的工会组织　②宗教团体　③宗亲会(以家族或亲戚关系为纽带结成的)　④同乡会　⑤联谊组织(以共同爱好或兴趣结成的)　⑥职业团体(职业相同或相关联)　⑦其他___　⑧没有

B13.您在城市工作时,是否向所在单位或社区提过自己的建议?（　　）

①是　②否

B14.您是否有被侵权的经历?（　　）如果"有",您是否进行了维权?（　　）

①有　②没有　③其他

第三部分　回流动因

C1.您返乡的时间是:_____年___月

C2.您选择离开城市返回农村,是出于下列哪些原因?(　　)【排序、最多选3项】

①有了一定积蓄回村办养殖场、加工厂等

②有了一定积蓄回村办养老院、幼儿园、学校等

③各种惠农政策的出台,回农村种地

④在城市就业没有达到自己的预期,回家也好

⑤回村参与村委会工作

⑥回家照顾老人

⑦孩子读书、成长需要陪伴

⑧回家结婚

⑨与家人团聚,过安定的生活

⑩家里经济状况还可以了,不用辛苦在外打工了

⑪家里发生变故,不得不回家

⑫年纪大了,在城市很难就业

⑬身体有病,在城市赚不到钱

⑭城中村改造,已经很难找到廉价房租的住所

⑮没有一技之长,找不到合适的工作

⑯劳动合同到期或被解雇,索性回家

⑰工作条件过分恶劣,被迫返乡

⑱感觉在农村人们之间的关系是温暖的,城里人之间关系比较冷淡

⑲自己的关系网络还是在老家,回去办事情方便些

⑳"农民"终归是"农民",回农村有归属感

㉑"叶落归根"的想法

㉒被城里人看不起,回村里大家都是平等的

23 城里物价太高,农村消费低

24 其他_____

C3.您对目前的生活满意吗?(　　　)

①十分满意　②满意　③没太多感觉　④不满意　⑤极度不满意

C4.您现在的收入,与在城市务工相比(　　　)

①明显增加　②增加　③差不多　④减少　⑤明显减少

C5.您家的经济地位在家乡属于哪个等级?请将选项填入下列表格中。

①上等　②中上　③中等　④中下　⑤下等　⑥不知道

	不 同 时 间 段	生活水平在家乡的等级
(1)	在您和您的家人都没出来打工之前	
(2)	在您外出打工时	
(3)	在您返乡后	

第四部分　城市生活带来的改变

D1.您觉得城市务工经历,是否给您带来了技能的改变?(　　　)

让您掌握了哪些技能_____

①是　②否　③其他_____　④不知道

D2.您觉得城市务工经历,是否给您带来了观念的改变?(　　　)

①是　②否　③其他_____　④不知道

D3.您在面对权益受损或纠纷时,外出务工前会选择(　　　),现在会选择

(　　　)。【可多选】【排序】

①法律途径　②寻求相关单位、部门或社会组织的帮助　③与对方协商

解决　④找亲戚、朋友、老乡帮忙　⑤自认倒霉,默认了　⑥用过激言行恐吓对方　⑦静坐、打横幅堵路　⑧其他_____

D4.您通过哪些方式关注国家政策新闻,外出务工前(　　　),现在(　　　)。【可多选】

①不关注　②电视　③朋友交谈　④电脑　⑤报纸、杂志　⑥其他_____

D5.经历城市生活后,您希望家乡的哪些方面得到改善?(　　　)【可多选】【排序】

①道路交通　②物流　③文化类基础设施　④环境卫生　⑤互联网等科技设施　⑥诊所和卫生院　⑦其他_____

D6.外出务工前使用互联网用于(　　　),现在(　　　)。【可多选】

①娱乐、打游戏　②浏览新闻　③搜寻工作相关信息　④聊天　⑤收发邮件　⑥购物(包括买车票)　⑦没使用过互联网　⑧其他_____

D7.外出务工前,您每年是否外出旅游?(　　　)现在您每年是否外出旅游?(　　　)

①经常　②偶尔　③否

D8.您现在经常联系的朋友多数在哪里?(　　　)【可多选】【排序】

①打工过的城市　②农村老家　③其他城市　④其他农村　⑤没有什么朋友

D9.外出务工前的休闲娱乐方式是(　　　),现在(　　　)。【可多选】

①闲聊　②打麻将或打牌　③村中组织的文化娱乐活动　④上网　⑤广场舞　⑥看电视　⑦其他_____

D10.外出务工前是否注意个人穿衣搭配?(　　　)现在?(　　　)

①不注意　②很少注意　③经常注意　④十分注意

D11.外出务工前购买衣服的主要方式是(　　　),现在(　　　)。【可多选】

①网上购买　②村镇集市　③县市一般实体店　④县市专卖店

D12.外出务工前出门主要乘坐的交通工具是(　　　),现在(　　　　　)。
【可多选】

①私家车　②出租车　③公交车　④摩托车、电瓶车　⑤自行车　⑥其他_____

第五部分　当下在农村的情况

E1.您现在的具体工作或职业是_____,您是否起到了带头作用?
(　　)【可多选】

①否　②带动家人　③带动除家人以外的其他人　④不回答

E2.您现在是否雇佣了人?(　　　)雇佣人数?____

①是　　②否

E3.您是通过哪些途径获取新技术、新品种等信息的?(　　　)【可多选】

①企业　②合作社　③协会　④种养大户　⑤政府组织培训或指导
⑥农技人员下乡指导　⑦电视、书刊、网络　⑧周围农户介绍　⑨其他____
⑩没有

E4.如果您开展规模经营,您担心的有哪些?(　　　)(请选三项,按担心程度由高到低排列)

①启动资金大　②资金回收慢　③气候影响大,风险高　④生产收益低
⑤销售难　⑥缺少专业技术指导　⑦其他_____

E5.您在农业生产方面做过以下工作(在框里打"√"),有以下打算(在框里打"o")

采用新的种植技术		采用新的品种	
购买大型农机具		搞经济作物种植	
搞经济动物养殖		扩大生产规模	

续表

采用新的种植技术		采用新的品种	
做农产品经纪人		带头成立合作社	
其他(请注明)		没有	
不知道			

E6.如果当地农村开展农业产业化生产,您是否愿意加入?(　　　)

①非常愿意,能够带来很多好处　②愿意,能够增加收入　③一般　④不太愿意,不了解　⑤非常不愿意,困难大　⑥不知道

E7.党员在村里的带头模范作用是否明显?(　　　)

①明显　②比较明显　③不太明显　④不明显　⑤不知道

E8.您知道《村民委员会组织法》吗?(　　　)

①非常了解　②知道一些　③听说过,但不知道是咋回事　④没听说过

E9.您对村民自治的认识(　　　)

①农民群众自己当家作主　②走过场,搞形式　③村干部的事情,与我无关　④其他　⑤不回答

E10.您参加村委会选举的原因(　　　)。【可多选】

①村里要求我参加　②大家都去,所以我也去　③这是我的权利　④选举对自己有好处　⑤不选会得罪人　⑥没参加过村委会选举　⑦不回答

E11.您自己是否会竞选村干部?(　　　)

①想当,并会积极争取　②不想当　③想当,但不会积极争取

E12.您对现在村里事务的管理现状满意吗?(　　　)

①非常满意　②满意　③一般　④不太满意　⑤不满意　⑥不回答

E13.您是否关心时事类的新闻消息?(　　　)关心什么样的新闻消息?

①关注　②偶尔　③不关注

E14.您认为影响自己政治参与(选举、被选举、利益愿望诉求表达等)的

主要因素有哪些?（　　　）

①经济条件差　②自身素质和能力不具备　③政府的制度安排有欠缺
④信息传输渠道不畅

E15.在婚恋中村中传统认为_____最重要? 您在婚恋方面更倾向
于_____?

①经济条件　②外貌因素　③性格因素　④家庭因素　⑤感情因素

E16.村中传统认为_____最重要? 您更倾向于_____观点?

①男孩比女孩重要　②男女都一样　③女孩比男孩重要

E17.您认为子女教育问题重要吗?（　　　）

①不重要　②一般　③有点重要　④十分重要

E18.您现在是否参加了商业保险?（　　　）

①否　　②是

E19.当前村里老年人的养老方式是（　　　）,您希望以后您的养老方式是
（　　　）。【可多选】

①自我养老　②社区养老　③机构养老　④儿女养老　⑤其他_____

第六部分　补充问题（回流农民工回答）

F1.您外出务工时是否转移过党组织关系?（　　　）【党员回答】
①否　　②是

F2.回村后是否担任过村干部?（　　　）【党员回答】
①否　　②是

F3.您在村里是否有威望?（　　　）【党员回答】
①很有威望　②比较有威望　③一般有威望　④没有威望

F4.您是否认同自己的党员身份?（　　　）【党员回答】
①非常认同　②认同　③一般　④不认同

F5.您在选举时投票的依据是什么?（　　　）

①有好处拿　②熟人，抹不开面子　③看竞选者的能力和品德　④随便选　⑤其他

F6.本村是否有村务监督委员会？（　　）

①有　②没有　若有，您认为其作用是否明显？（　　）

①明显　②一般　③不明显　④不清楚

F7.回流到农村后，您获取工作的渠道是？（　　）

①网络等公众平台　②他人介绍（亲戚朋友）　③人才市场（包括政府提供）　④用工单位招聘

F8.回流到农村后，您找工作的过程中遇到的最大的问题是（　　）

①信息缺乏　②自身能力不足　③工资待遇差　④亲友或用工单位不认同　⑤其他

F9.您返乡后接受过职业培训吗？（　　）若有，_____次

①没有　　②有

F10.您对以后的生活有何规划？（　　）

①务农　②创业　③在本地打工　④不知道

附 录 二

村庄基本情况描述

1.村庄名称:_____省_____县(市)_____镇(乡)_____(村)

2.行政村总面积_____亩,管辖_____个村民小组。

3.本村所属经济趋于类型(　　)

A.农区　B.牧区　C.林区　D.其他____

4.村里耕地总面积_____亩,村里有土地撂荒吗?(　　)

A.有　　B.没有

5.村里主要粮食作物有(　　　)【可多选】

A.小麦　B.稻谷　C.玉米　D.大豆　E.薯类　F.其他　G.没有

6.村里主要非粮食经济作物有_____。

7.人口状况

项　目	数　值	项　目	数　值
全村总户数(户)		劳动力总数(人)	
户籍总人口数(人)		回流农民工人数(人)	

8.您家距离最近乘车点的距离是( )

A.1公里以内 B.5公里以内 C.5—10公里 D.10公里以上

9.本村经济发达程度占所在县(市)( )水平？

A.上等 B.中上等 C.中等 D.中下等 E.下等

10.全村上年实际总收入＿＿＿＿万元,其中村集体经营性收入＿＿＿＿＿万元。村民收入主要来源依次是＿＿＿＿＿＿＿＿＿＿＿＿＿＿＿＿＿＿＿＿＿。

11.村里重要资源或者特色资源有？( )

A.矿产 B.土特产 C.风景名胜古迹 D.特色文化民俗 E.其他

F.没有

12.您所在村有无农村合作社？( )

A.有 B.没有

13.村里是否有企业？( )

A.有,有＿＿＿个,经营方式(集体、私营) B.没有

14.村内是否有市场？( )

A.有 B.没有

15.您所在村有＿＿＿＿个图书馆,占地＿＿＿＿平方米。

16.您所在村是否有学校？( )。是＿＿＿＿＿阶段的学校(小学、初中、高中等)

A.有 B.没有

17.村里有＿＿＿＿个卫生所或诊所,性质是公有的＿＿＿＿个,床位数＿＿＿,村医＿＿＿＿个。性质是私有的＿＿＿＿个,床位数＿＿＿＿,村医＿＿＿＿个。

18.周边有公共设施吗？如广场、公园、免费健身器材、敬老院等。( )

A.有 B.没有

19.村里有没有特定节日或习俗？( )

A.有 B.没有

若有,有哪些？(1)＿＿＿＿ (2)＿＿＿＿ (3)＿＿＿＿

20.村干部的平均年龄?(　　　)

A. 20—30 岁　B. 30—40 岁　C. 40—50 岁　D. 50 岁以上

21.村里有老人协会吗?(　　　)

A.有　　　B.没有

22.村里有信教的吗?(　　　)信什么教?(　　　)信教的人多吗?_____

A.有(①佛教;②道教;③天主教;④基督教;⑤无信仰;⑥其他_____)

B.没有

23.村里有无祠堂、庙宇?(　　　)

A.有　　　B.没有

24.宗族力量在村庄生活中有无影响?(　　　)

A.有　　　B.没有

若有,体现在哪些方面:①经济援助;②政治选举;③文化娱乐;④祭奠仪式;⑤平息争端;⑥其他____

25.您村里有没有专人打扫卫生?(　　　)

A.有　　　B.没有

26.回流农民工与当地村民的关系如何?(　　　)

A.非常融洽　B.融洽　C.一般　D.不太融洽　E.不融洽

后　记

　　习近平总书记在党的十九大报告中提出实施乡村振兴战略,进而科学有序地推动乡村产业振兴、人才振兴、文化振兴、生态振兴、组织振兴。其中,人才是最关键的生产要素,是强农、兴农、富民的根本。《乡村振兴战略规划(2018—2022年)》中强调,要破解人才瓶颈制约,汇聚全社会力量来培育更多的乡土人才。尤其在城乡融合的社会发展大方向上,乡村的发展迫切需要内生于农村、长于农村、熟悉农村、热爱农村,拥有前瞻且开阔的视野并能够运用现代化的发展理念及管理方法积极参与到乡村发展中的乡土人才。但是在当前农村各项事业的发展中,乡土人才短缺问题愈发严重。本书始于2016年的国家社科基金重点项目"回流农民工的社会作用及其影响因素研究",历经4年,研究已置于乡村振兴战略视域下,目光瞄准了农民工回流现象以及回流农民工群体的研究。

　　改革开放以来,随着城乡壁垒逐渐被打破以及我国工业化、城市化的快速发展,农村剩余劳动力大规模向城市转移,农民工这一群体因此受到社会各界的广泛关注。然而,农村剩余劳动力外流和回流是相伴发生的。在大量农民进城务工的同时,也有部分农民工由城市向农村回流,且近年来农民工回流趋势愈发明显。他们在主客观因素共同影响下做出返乡决策,选择回流寻求发展机会,并演化出返乡创业、就业、竞选并担任村干部等多种类型,在一定程度上促进了农村政治、经济、文化等各方面的发展。从理论和现实来看,回流农民工是推进实施乡村振兴战略的重要人才支撑。因此,学界在农民工回流决策、回流农民工就业与发展现状以及回流农民工社会适应等方面展开分析和讨论，取得了丰富的研究成果。而在本书中，我试图将农民工的回流动因与其社会作用的发挥联系在一起，从回流农民工的个体认知、行动能力和资源禀赋等身份特质入手，对其回流动因进行分析，进而探究这一群体的乡村社会参与问题，以充分挖掘他们的潜在价值并发挥其社会作用。

客观来讲，回流农民工是促进乡村振兴不可忽视的重要力量。他们并没有因经受"现代性的洗礼"而变得浮躁和势利，回流后也没有因长期远离农村生产、生活而显得格格不入。虽然他们也会抱怨，抱怨在城市的苦难经历、家乡的社会环境、自己目前的境遇等，但他们在抱怨时也学会了思考，同时内心也多了份沉淀。很多回流农民工有梦想、有拼劲、有活力，他们内生内长于农村，对农村感情深厚，多年来在外打拼并没有割断其与村庄的联系。因自身发展需要、个人社会价值的实现以及对家乡和家庭的怀念和眷恋等因素，他们带着相对雄厚的社会资本回流，希望在家乡有所成就。但诚然，更多的回流农民工是由于年纪较大、自身综合素质局限、家庭出现变故等客观现实因素的影响，进而做出回流决策。然而，无论是主动回流还是被动回流，若能充分发掘其人力资源优势并给予政策解读与鼓励，这些回流农民工都会成为促进农村发展的有利契机。

迄今为止，本书的写作工作已三年有余。在这里，我要由衷感谢团队所有成员在此期间所付出的心血和努力。2016 年 7 月，课题立项后，团队便着手准备相关工作，设计问卷和访谈提纲、进行预调研等。为获得第一手调研数据和访谈资料，调研小组从 2017 年 1 月到 2018 年 9 月，先后深入到安徽省六安市、贵州省安顺市关岭县、浙江省衢州市龙游县、江西省抚州市等农村地区进行实地调研。调研有时很辛苦，但不辛苦就无法深入其中。农家小院、山间小路、小作坊、小卖部等都是我们的调研阵地，团队成员从未抱怨辛苦，也未对调研工作敷衍了事。我们曾在数九寒天住过没有空调和热水的小宾馆至感冒发烧；曾在烈日炎炎下蹲在田间地头做访谈至中暑；也曾为节省时间，在村里小卖部以饼干作午餐;甚至被野狗追赶……但一想到调研任务的艰巨、村民的热情以及村干部的积极配合,阻力就化为动力。村干部不辞辛苦为我们引路,热心帮助我们寻找合适的调研对象,并使我们取得村民的信任;热心的村民邀请我们到家中吃饭,并为我们准备茶水、水果等。在贵州农村实地调研时,我们还遇到了语言不通的难题,当地两名小学生主动为我们做起了翻译,一名大学生也加入到调研中。实地调研的顺利开展离不开团队成员的精诚协作,我至今仍清楚地记得每日收工后他们认真核对问卷的场景以及完成任务后开心的脸庞。在对相关数据进行描述分析时,我意识到了农村基层党建数据的缺失,团队成员迅速将数据库中近两百名党员的信息筛选出来并逐一打电话进行调研,得到几乎所有党员的积极配合,这是坚持党的领导的必然结果。

感谢所有调查对象对我们工作的积极配合,感谢调研地区乡镇干部对我们工作的支持与帮助,感谢团队成员戚迪明、戚学祥、宿月荣、高俞奇、方森君、喻佳、陈啸冉、陈冰颜、钟维萍、贺晓振、石峰浩、陈柯依、陈瑞伞、任丹丹、洪丽丽、王少春、孙毅龙、贺文俊、张剑宇等老师和研究生为调研和访谈付出的努力;感谢王春光、毛丹、刘少杰三位老师对本书框架的指导和建议;感谢鲁文博士对本书文字、语句的梳理、修正。众人拾柴火焰高,谨向以上老师和同学致以诚挚的谢意。

实证调查类研究存在无法避免的缺陷,由于调研地点以及调研对象选择方面的制约,我们只能在部分地区对部分人群展开相关调研。样本选择的偏差可能会导致研究结果的偏差,希望本书的调研结果能够对各位学者、同仁提供些许参考意见。如有不当之处,更期许各位学者、同仁能够提出宝贵建议,让本书能够得到完善。

刘玉侠

2020 年 7 月 1 日于温州

责任编辑:吴继平
封面设计:石笑梦
封面制作:姚 菲
版式设计:胡欣欣

图书在版编目(CIP)数据

回归与超越:回流农民工的社会作用研究/刘玉侠,鲁文 著. —北京:
人民出版社,2020.10
ISBN 978－7－01－022443－5

Ⅰ.①回… Ⅱ.①刘…②鲁… Ⅲ.①农村劳动力-劳动力转移-研究-中国
Ⅳ.①F323.6

中国版本图书馆 CIP 数据核字(2020)第 160859 号

回归与超越:回流农民工的社会作用研究
HUIGUI YU CHAOYUE HUILIU NONGMINGONG DE SHEHUI ZUOYONG YANJIU

刘玉侠 鲁 文 著

人民出版社 出版发行
(100706 北京市东城区隆福寺街 99 号)

北京汇林印务有限公司印刷 新华书店经销

2020 年 10 月第 1 版 2020 年 10 月北京第 1 次印刷
开本:710 毫米×1000 毫米 1/16 印张:24.25
字数:318 千字

ISBN 978－7－01－022443－5 定价:59.80 元

邮购地址 100706 北京市东城区隆福寺街 99 号
人民东方图书销售中心 电话 (010)65250042 65289539